DIVISIONAL REFERENCE LIBRARY
HIGH WYCOMBE LIBRARY
QUEEN VICTORIA ROAD
HIGH WYCOMBE, BUCKS.
HP11 1BD
0494 510241/464004
FAX 0494 533086

BRITAIN VOTES
5

BRITAIN VOTES 5

BRITISH PARLIAMENTARY ELECTION RESULTS 1988-1992

Compiled and Edited by

COLIN RALLINGS AND MICHAEL THRASHER

Dartmouth
Aldershot · Brookfield USA · Hong Kong · Singapore · Sydney

© Colin Rallings and Michael Thrasher 1993

All rights reserved. No part of this publication may be reproduced, stored in a retrieval system, or transmitted in any form or by any means, electronic, mechanical, photocopying, recording, or otherwise without the prior permission of Dartmouth Publishing Company Limited.

Published by
Dartmouth Publishing Company Limited
Gower House
Croft Road
Aldershot
Hants GU11 3HR
England

Dartmouth Publishing Company
Old Post Road
Brookfield
Vermont 05036
USA

A CIP catalogue record for this book is available from the British Library

ISBN 0 900178 36 1

Printed and bound in Great Britain
by Hartnolls Ltd, Bodmin, Cornwall

CONTENTS

PREFACE	vi
INTRODUCTORY NOTES	vii
PARTY LABELS AND ABBREVIATIONS	x
PARLIAMENTARY CONSTITUENCY RESULTS	1
TABLES	161
INDEX TO GENERAL ELECTION CANDIDATES	183
STATISTICS ON THE ADMINISTRATION OF THE ELECTION	213

PREFACE

This is the fifth volume in a series of definitive reference books intended to provide an interim supplement to the previously published *British Parliamentary Election Results*. The sixth volume in that series will appear following the dissolution of the current Parliament, assuming that changes in constituency boundaries have been enacted before the next general election.

Having taken on responsibility from the late F.W.S. Craig for the continuation of this series, we have made a number of changes to his format. First, all constituencies are now listed in alphabetical order. We have followed the numbering system used by the Press Association at the 1987 general election, with the new constituencies of Milton Keynes North East and Milton Keynes South West inserted at the appropriate place. We believe we were not alone in finding the Press Association's decision in 1992 to allow a ',' in a constituency name such as Edinburgh, Leith to involve placing it alphabetically after say Edinburgh West confusing and unhelpful. We hope that at the next election they will revert to a more natural order.

In three other ways we have departed from previous practice. All women (except those using titles) are listed as Ms.; accurate figures for the electorate 'on the day' are used wherever they have been provided by Returning Officers; only titles, styles and initials used either in nomination papers or on Returns of Election Expenses have been used. Fred Craig's comment in *Britain Votes 3* that 'the requirement that a candidate gives his full christian names on the nomination paper is increasingly ignored' seems even more valid today.

Despite these changes we hope that we have successfully striven for the same standard of accuracy as in previous volumes, and we have benefited from having Leslie Raphael examine the entire manuscript for errors. We believe that this is the first edition in the *Britain Votes* series produced with the aid of a computer, and we have taken advantage of technological advance to provide a range of statistical tables which we hope users will find interesting and useful.

Inevitably we have incurred a range of debts in the production of this volume. Returning Officers and their staffs too numerous to mention have been on the receiving end of constant enquiries and requests for information. Almost without exception they have been eager to help us. Richard Allen and his colleagues in the Home Office (Statistical Division 3) enabled us to check results against their returns. At Plymouth, the data were handled and processed by Linda Grinstead and John Mark. Most particularly though we wish to thank Phyllis Craig for smoothing our path in so many ways. Her kindness, hospitality and enthusiasm were important stimuli in encouraging us to take on this task.

We shall, of course, be happy to receive comments from readers and, more especially, notes of errors which may then be corrected in future editions.

Colin Rallings and Michael Thrasher,
University of Plymouth,
October 1992

INTRODUCTORY NOTES

As new editors we have made a number of changes to the style and format of the British Parliamentary Election Results series as compiled by F.W.S. Craig. Most immediately, we have listed and numbered all constituencies in the United Kingdom in alphabetical order following the practice of the Press Association. Thus Aberavon is number 1 and York number 651. However, to aid previous users we have also included the previous 'Britain Votes' reference number in square brackets after the constituency name. Constituencies with a * after their name have had a boundary change involving fewer than 5% of the electorate since 1987; those with ** have had a more significant change in boundaries.

Under the name of each constituency are seven columns:

1. Electors	The estimated (*) or actual number of electors on the Register on April 9th 1992.
2. Turnout	The number of valid votes cast expressed as a percentage of the total electorate.
3. Candidate	The surname and initials of the candidate. All women are listed as 'Ms.'; those candidates who were elected to Parliament at the 1987 general election are denoted by a *.
4. Party	The party affiliation of the candidate.
5. Vote	The number of votes polled by the candidate.
6. Share	The number of votes polled by the candidate expressed as a percentage of the total valid votes cast. A * indicates a forfeited deposit.
7. Change	The percentage change in the share of the vote for the party since the 1987 general election. In all cases we have taken the successor party to the Liberal Party and the Social Democratic Party to be the Liberal Democrats.

At the foot of each set of voting figures appears the majority of the successful candidate and this is also expressed as a percentage. (The rounding of percentages originally calculated to two decimal places sometimes results in the percentage majority figure differing by + or -0.1% from that obtained by subtracting the share of the first placed party from that of the second placed party). The party which won the seat at the 1987 general election is also noted.

BY ELECTIONS

These are denoted by the date -day, month, year. The cause of the byelection is shown in square brackets. All change figures relate to the 1987 general election. A list of all by elections during the 1987-92 Parliament is given in the tables section (see p.164). Full names of candidates and detailed party labels are available in Britain Votes/Europe Votes: By election Supplement 1987-92. Further information from the authors at Local Government Chronicle Elections Centre, University of Plymouth, PLYMOUTH PL4 8AA.

CHANGE OF PARTY ALLEGIANCE

In a number of cases MPs changed their party allegiance following election. R.G. Douglas was elected as Labour MP for Dunfermline West in 1987, but subsequently sat both as an Independent and as a Scottish Nationalist. In 1992 he contested Glasgow Garscadden for the SNP. T. Fields and D.J. Nellist were elected as Labour MPs for Liverpool Broadgreen and Coventry South East respectively in 1987. They were later expelled from the party and sat and defended their seats as Independents. The three SDP MPs who did not join the merged party continued to sit as Independent Social Democrats. Ms. R.S. Barnes and J.C. Cartwright defended their seats at Greenwich and Woolwich under this label. A number of other sitting MPs who were not re-selected by their constituency parties contested the general election as Independents.

CONSTITUENCY BOUNDARIES

There were minor changes to the boundaries of 98 constituencies between the general elections of 1987 and 1992. These were usually designed to ensure consistency with changes in local government boundaries. Details can be found in Statutory Instruments, 1987, Nos. 2050, 2208 and 2209; 1988, No. 1992.
A more significant change involved the creation of an additional seat in Buckinghamshire. The boundaries of the two existing seats of Buckingham and Milton Keynes were re-drawn to create three new constituencies - Buckingham, Milton Keynes North East, and Milton Keynes South West. Details of the changes can be found in House of Commons Paper, 1990, No. 298. The figures for the change in share of the vote in these constituencies are based on estimates of the likely 1987 'result' in the new seats provided by the authors for the BBC and ITN.

ELECTORATE STATISTICS

For this volume two different calculations have been used for electorate statistics. Where the electorate figure for a constituency is followed by a *, then it has been estimated from the statistics published in the Office of Population Censuses and Surveys Monitor EL92/1. For an explanation of the formula used to calculate the electorate on a given date, see F.W.S. Craig (ed), British Electoral Facts, 1832-1987 (Aldershot: Dartmouth, 1989) p. xiii.
The increase in the availability of machine-readable electoral registers has meant that many Returning Officers were able to supply us with more exact counts of their electorates on the day of the election. Wherever possible we have used these, not least because in a number of constituencies the 'on the day' electorate differs quite sharply from that 'as first published' owing to a high incidence of late claims. Constituencies which fall into this category have NO * after their electorate.

FORFEITED DEPOSITS

A candidate forfeited a deposit of £500 if s/he was not elected and did not poll more than one-twentieth of the valid votes cast.

GENERAL ELECTION POLLING DATE

Polling took place on April 9th 1992.

Britain Votes 5

SURNAMES AND INITIALS

The surnames and initials of candidates are based on returns made to the authors by Returning Officers and subsequently checked against the Returns of Election Expenses compiled by the Home Office. Only initials and titles which can be derived from either of these sources are listed.

VOTING STATISTICS

The number of votes cast for candidates are based on returns made to the authors by Returning Officers and subsequently checked against the Returns of Election Expenses compiled by the Home Office.

PARTY LABELS AND ABBREVIATIONS

AFE	Anti-Federal Europe
AFL	Anti-Federal League
AP	Alliance Party of Northern Ireland
BNP	British National Party
CDP	Christian Democrat Party
CL	Communist League
Con	Conservative and Unionist Party
CPGB	Communist Party of Great Britain
DUP	Democratic Unionist Party
FP	Fellowship Party
GP/PC	Green Party/Plaid Cymru
Green	Green Party
ICP	International Communist Party
Ind	Independent (when placed before a party label indicates an unofficial candidate)
Ind U	Independent Unionist
Islam	Islamic Party
Lab	Labour Party
Lab/Coop	Labour/Cooperative Party joint candidate
LD	Liberal Democrat Party (successor to the Liberal Party and Social Democratic Party in previous elections)
Lib	Liberal Party
LTU	Labour and Trade Union Party
MRLP	Monster Raving Loony Party
NA	New Agenda
Nat	Nationalist
NF	National Front
NLP	Natural Law Party
PC	Plaid Cymru
PC/GP	Plaid Cymru/Green Party
PS	Progressive Socialist
RCP	Revolutionary Communist Party
RLGG	Raving Loony Green Giant Party
SD	Social Democrat
SDLP	Social Democratic and Labour Party
SF	Sinn Fein
SML	Scottish Militant Labour
SNP	Scottish National Party
Soc	Socialist
UPUP	Ulster Popular Unionist Party
UU	Ulster Unionist Party
WP	Workers Party
WRP	Workers Revolutionary Party

PARLIAMENTARY CONSTITUENCY RESULTS

001		**Aberavon*** [524]				
51,655	77.6	Morris J.*	Lab	26,877	67.1	0.3
		Williams W.H.	Con	5,567	13.9	-0.5
		Harris M. Ms.	LD	4,999	12.5	-3.6
		Saunders D.W.J.	PC	1,919	4.8*	2.0
		Beany C.	Ind	707	1.8*	
1987: Lab				21,310	53.2	

002		**Aberdeen North** [562]				
59,911	66.9	Hughes R.*	Lab	18,845	47.0	-7.6
		McGugan J.A.	SNP	9,608	24.0	10.8
		Cook P.S.	Con	6,836	17.1	2.7
		Ford M.A.	LD	4,772	11.9	-5.9
1987: Lab				9,237	23.1	

003		**Aberdeen South** [563]				
58,494	70.2	Robertson R.S.	Con	15,808	38.5	3.6
		Doran F.*	Lab	14,291	34.8	-2.9
		Davidson J.C.	SNP	6,223	15.1	8.6
		Keith I. Ms.	LD	4,767	11.6	-9.3
1987: Lab				1,517	3.7	

004		**Aldershot** [85]				
81,755*	78.7	Critchley J.M.*	Con	36,974	57.5	-1.5
		Collett A.P.	LD	17,786	27.6	-1.6
		Smith J.A.	Lab	8,552	13.3	1.5
		Robinson D.H.	Lib	1,038	1.6*	
1987: Con				19,188	29.8	

005		**Aldridge-Brownhills** [86]				
63,404*	82.6	Shepherd R.C.S.*	Con	28,431	54.3	1.0
		Fawcett N.E.	Lab	17,407	33.3	4.9
		Reynolds S.	LD	6,503	12.4	-5.9
1987: Con				11,024	21.1	

006	**Altrincham and Sale** [87]					
66,248*	80.2	Montgomery W.F.*	Con	29,066	54.7	1.2
		Atherton M.E. Ms.	Lab	12,275	23.1	2.6
		Mulholland J.H.	LD	11,601	21.8	-4.2
		Renwick J.C.	NLP	212	0.4*	
1987: Con				16,791	31.6	

007	**Alyn and Deeside** [525]					
60,478*	80.1	Jones S.B.*	Lab	25,206	52.0	3.5
		Riley J.J.	Con	17,355	35.8	0.8
		Britton R.A.	LD	4,687	9.7	-5.7
		Rogers J.D.	PC	551	1.1*	0.1
		Button V.J.	Green	433	0.9*	
		Cooksey J.M.	Ind	200	0.4*	
1987: Lab				7,851	16.2	

008	**Amber Valley*** [88]					
70,156*	84.7	Oppenheim P.A.C.L.*	Con	27,418	46.1	-5.3
		Cooper J.G.	Lab	26,706	44.9	10.6
		Brocklebank G.	LD	5,294	8.9	-5.3
1987: Con				712	1.2	

009	**Angus East*** [564]					
63,170*	75.0	Welsh A.*	SNP	19,006	40.1	-2.3
		Harris R.O.	Con	18,052	38.1	-0.9
		Taylor D.G.	Lab	5,994	12.6	1.9
		McLeod C.A.	LD	3,897	8.2	0.4
		McCabe D.M.	Green	449	0.9*	
1987: SNP				954	2.0	

010   Antrim East [634]

62,864	62.4	Beggs R.*	UU	16,966	43.2	-28.3
		Dodds N.A.	DUP	9,544	24.3	
		Neeson S.	AP	9,132	23.3	-2.4
		Boal M.M. Ms.	Con	3,359	8.6	
		Palmer A. Ms.	NLP	250	0.6*	
1987: UU				7,422	18.9	

011   Antrim North [635]

69,114	65.8	Paisley I.R.K.*	DUP	23,152	50.9	-17.8
		Gaston J.A.	UU	8,216	18.1	
		Farren S.N.	SDLP	6,512	14.3	1.8
		Williams J.G.	AP	3,442	7.6	-4.9
		Sowler T.R.H.	Con	2,263	5.0*	
		McCarry J.K.	SF	1,916	4.2*	-2.2
1987: DUP				14,936	32.8	

012   Antrim South [636]

67,192	62.9	Forsythe C.*	UU	29,956	70.9	1.2
		McClelland D.	SDLP	5,397	12.8	2.9
		Blair J.K.	AP	5,224	12.4	-3.6
		Cushinan H.J.	SF	1,220	2.9*	-1.5
		Dino-Martin D.J.	Ind	442	1.0*	
1987: UU				24,559	58.1	

013   Argyll and Bute [565]

47,921	76.1	Michie R. Ms.*	LD	12,739	34.9	-2.4
		Corrie J.A.	Con	10,117	27.7	-5.8
		MacCormick D.N.	SNP	8,689	23.8	6.7
		Browne D.	Lab	4,946	13.6	1.5
1987: Lib				2,622	7.2	

014 Arundel [89]

79,299	77.0	Marshall R.M.*	Con	35,405	58.0	-3.4
		Walsh J.M.M.	LD	15,542	25.5	-2.2
		Nash R.A.	Lab	8,321	13.6	2.6
		Renson D.A. Ms.	Lib	1,103	1.8*	
		Corbin R.D.	Green	693	1.1*	

1987: Con   19,863   32.5

015 Ashfield [90]

72,528	80.4	Hoon G.W.	Lab	32,018	54.9	13.2
		Robertson L.A.	Con	19,031	32.6	-1.0
		Turton J.S.	LD	7,291	12.5	-12.2

1987: Lab   12,987   22.3

016 Ashford [91]

71,768*	79.2	Speed H.K.*	Con	31,031	54.6	-1.9
		Headley C.L.B. Ms.	LD	13,672	24.1	-3.3
		Cameron D.A. Ms.	Lab	11,365	20.0	5.3
		Porter C.A.	Green	773	1.4*	-0.1

1987: Con   17,359   30.5

017 Ashton-Under-Lyne [92]

58,702*	73.9	Sheldon R.E.*	Lab	24,550	56.6	4.8
		Pinniger J.R.	Con	13,615	31.4	1.1
		Turner C.W.	LD	4,005	9.2	-8.7
		Hall C.L.	Lib	907	2.1*	
		Brannigan J.	NLP	289	0.7*	

1987: Lab   10,935   25.2

018 Aylesbury [93]

79,090*	80.4	Lidington D.R.	Con	36,500	57.4	-0.1
		Bowles S.M. Ms.	LD	17,640	27.7	-0.9
		Priest R.	Lab	8,517	13.4	-0.5
		Foster N.A.	Green	702	1.1*	
		D'Arcy B.H.M.	NLP	239	0.4*	

1987: Con   18,860   29.7

019	**Ayr** [566]					
65,534	83.0	Gallie P.R.	Con	22,172	40.8	1.3
		Osborne A.G.	Lab	22,087	40.6	1.5
		Mullin B.A. Ms.	SNP	5,949	10.9	4.3
		Boss J.A.	LD	4,067	7.5	-7.3
		Scott R.B.	NLP	132	0.2*	
1987: Con				85	0.2	

020	**Banbury** [94]					
71,847	81.5	Baldry A.B.*	Con	32,215	55.0	-1.2
		Billingham A.T. Ms.	Lab	15,495	26.5	6.1
		Fisher G.J.	LD	10,602	18.1	-5.3
		Ticciati R.	NLP	250	0.4*	
1987: Con				16,720	28.6	

021	**Banff and Buchan** [567]					
64,472	71.6	Salmond A.*	SNP	21,954	47.5	3.3
		Manson S.P.	Con	17,846	38.6	-0.1
		Balcombe B.R.	Lab	3,803	8.2	0.8
		Kemp R.C. Ms.	LD	2,588	5.6	-4.0
1987: SNP				4,108	8.9	

022	**Barking** [2]					
50,480	70.0	Richardson J. Ms.*	Lab	18,224	51.6	7.3
		Kennedy J.	Con	11,956	33.9	-0.6
		Churchman S.W.	LD	5,133	14.5	-6.7
1987: Lab				6,268	17.8	

023	**Barnsley Central** [95]					
55,374*	70.5	Illsley E.E.*	Lab	27,048	69.3	2.5
		Senior D.	Con	7,687	19.7	1.6
		Cowton S.R.	LD	4,321	11.1	-4.1
1987: Lab				19,361	49.6	

024	**Barnsley East** [96]				
53,956*	72.9	Patchett T.*	Lab	30,346	77.2	2.7
		Procter J.M.	Con	5,569	14.2	0.2
		Anginotti S. Ms.	LD	3,399	8.6	-2.9
1987: Lab				24,777	63.0	

025	**Barnsley West and Penistone** [97]				
63,391*	75.7	Clapham M.	Lab	27,965	58.3	0.9
		Sawyer G.	Con	13,461	28.0	1.4
		Nicolson I.H.	LD	5,610	11.7	-4.3
		Jones D.	Green	970	2.0*	
1987: Lab				14,504	30.2	

026	**Barrow and Furness** [98]				
67,835	82.0	Hutton J.M.P.	Lab	26,568	47.7	8.5
		Franks C.S.*	Con	22,990	41.3	-5.1
		Crane C.J.	LD	6,089	10.9	-3.3
1987: Con				3,578	6.4	

027	**Basildon** [99]				
67,442	79.8	Amess D.A.A.*	Con	24,159	44.9	1.4
		Potter J.R.	Lab	22,679	42.2	3.9
		Williams G.	LD	6,963	12.9	-5.3
1987: Con				1,480	2.8	

028	**Basingstoke** [100]				
82,962	82.8	Hunter A.R.F.*	Con	37,521	54.6	-1.4
		Bull D.J.C.	Lab	16,323	23.8	6.1
		Curtis C.I.	LD	14,119	20.6	-5.7
		Oldaker V.J. Ms.	Green	714	1.0*	
1987: Con				21,198	30.9	

029   Bassetlaw [101]

68,583*	79.4	Ashton J.W.*	Lab	29,061	53.4	5.3
		Spelman C.A. Ms.	Con	19,064	35.0	-2.5
		Reynolds M.J.	LD	6,340	11.6	-2.8
1987: Lab				9,997	18.4	

030   Bath [102]

63,838	82.4	Foster D.M.E.	LD	25,718	48.9	6.3
		Patten C.F.*	Con	21,950	41.8	-3.6
		Richards P.R. Ms.	Lab	4,102	7.8	-2.8
		McCanlis D.	Green	433	0.8*	-0.5
		Barker M.J. Ms.	Lib	172	0.3*	
		Sked A. Dr.	AFL	117	0.2*	
		Rumming J.A.S.	Ind	79	0.2*	
1987: Con				3,768	7.2	

031   Batley and Spen [103]

76,387	79.7	Peacock E.J. Ms.*	Con	27,629	45.4	2.0
		Durkin E.A. Ms.	Lab	26,221	43.1	2.0
		Beever G.J.	LD	6,380	10.5	-3.8
		Lord C.R.	Green	628	1.0*	
1987: Con				1,408	2.3	

032   Battersea [3]

68,207*	76.7	Bowis J.C.*	Con	26,390	50.5	6.2
		Dubs A.	Lab	21,550	41.2	-1.2
		O'Brien R.	LD	3,659	7.0	-4.9
		Wingrove I.B.	Green	584	1.1*	-0.1
		Stevens W.A.	NLP	98	0.2*	
1987: Con				4,840	9.3	

033		**Beaconsfield** [104]				
66,899*	79.0	Smith T.J.*	Con	33,817	64.0	-2.0
		Purse P.A. Ms.	LD	10,220	19.3	-4.4
		Smith D.G.	Lab	7,163	13.5	3.2
		Foulds W.F.	Ind Con	1,317	2.5*	
		Foss A.P.O.	NLP	196	0.4*	
		Martin J. Ms.	Ind	166	0.3*	
1987: Con				23,597	44.6	

034		**Beckenham** [4]				
59,469	77.8	Merchant P.R.G.	Con	26,323	56.9	0.6
		Ritchie K.G.H.	Lab	11,038	23.8	6.0
		Williams M.C. Ms.	LD	8,038	17.4	-8.5
		Williams G.	Lib	643	1.4*	
		Shaw P.J.	NLP	243	0.5*	
1987: Con				15,285	33.0	

035		**Bedfordshire Mid** [105]				
81,950*	84.4	Lyell Sir N.W.*	Con	40,230	58.2	-0.8
		Clayton R.A.	Lab	15,092	21.8	3.8
		Hills N.C.	LD	11,957	17.3	-5.7
		Cottier D.P.	Lib	1,582	2.3*	
		Lorys M.J.	NLP	279	0.4*	
1987: Con				25,138	36.4	

036		**Bedfordshire North** [106]				
73,789*	80.1	Skeet Sir T.H.H.*	Con	29,970	50.7	-1.9
		Hall P.	Lab	18,302	31.0	7.8
		Smithson M.	LD	10,014	16.9	-6.6
		Smith L. Ms.	Green	643	1.1*	
		Bence B.H.	NLP	178	0.3*	
1987: Con				11,668	19.7	

037		**Bedfordshire South West** [107]				
80,120	81.9	Madel W.D.*	Con	37,498	57.1	-1.0
		Elliott B.E.	Lab	16,225	24.7	6.5
		Freeman J.M.	LD	10,988	16.7	-5.5
		Rollings P.J.	Green	689	1.0*	-0.3
		Gilmour J.D.	NLP	239	0.4*	
1987: Con				21,273	32.4	

038		**Belfast East** [637]				
52,869	67.7	Robinson P.D.*	DUP	18,437	51.5	-10.4
		Alderdice J.T.	AP	10,650	29.8	-2.4
		Greene D.	Con	3,314	9.3	
		Dunlop D. Ms.	Ind U	2,256	6.3	
		O'Donnell J.	SF	679	1.9*	-0.1
		Bell J.	WP	327	0.9*	-3.1
		Redden G.F.	NLP	128	0.4*	
1987: DUP				7,787	21.8	

039		**Belfast North** [638]				
55,068	65.2	Walker A.C.*	UU	17,240	48.0	9.0
		Maginness A.	SDLP	7,615	21.2	5.5
		McManus T.P.	SF	4,693	13.1	-0.7
		Campbell T.	AP	2,246	6.3	-1.5
		Redpath M.R. Ms.	Con	2,107	5.9	
		Lynch S.	NA	1,386	3.9*	
		Smith M. Ms.	WP	419	1.2*	-7.2
		O'Leary D.	NLP	208	0.6*	
1987: UU				9,625	26.8	

040 Belfast South [639]

52,050	64.5	Smyth W.M.*	UU	16,336	48.6	-9.2
		McDonnell A.	SDLP	6,266	18.7	5.6
		Montgomery J.A.	AP	5,054	15.0	-6.2
		Fee A.L.	Con	3,356	10.0	
		Hayes S.	SF	1,123	3.3*	0.2
		Hadden P.	LTU	875	2.6*	
		Lynn P.J.T.	WP	362	1.1*	-3.6
		Mullan T.M.M. Ms.	NLP	212	0.6*	
1987: UU				10,070	30.0	

041 Belfast West [639]

54,644	73.1	Hendron J.G.	SDLP	17,415	43.6	7.8
		Adams G.*	SF	16,826	42.1	0.9
		Cobain F.	UU	4,766	11.9	-6.7
		Lowry J.	WP	750	1.9*	-2.6
		Kennedy M.F.	NLP	213	0.5*	
1987: SF				589	1.5	

042 Berkshire East [108]

90,414	81.4	Mackay A.J.*	Con	43,898	59.7	-0.6
		Murray L.A. Ms.	LD	15,218	20.7	-4.7
		Dibble K.	Lab	14,458	19.7	5.3
1987: Con				28,680	39.0	

043 Berwick-Upon-Tweed [109]

54937*	79.1	Beith A.J.*	LD	19,283	44.4	-7.7
		Henfrey A.W.	Con	14,240	32.8	3.3
		Adam G.J.	Lab	9,933	22.9	5.4
1987: Lib				5,043	11.6	

044 Bethnal Green and Stepney [5]

55,675*	65.5	Shore P.D.*	Lab	20,350	55.8	7.6
		Shaw J.A.	LD	8,120	22.3	-9.5
		Emmerson J.E. Ms.	Con	6,507	17.9	-1.4
		Edmonds R.C.	BNP	1,310	3.6*	
		Kelsey S.E.	CPGB	156	0.4*	
1987: Lab				12,230	33.6	

045 Beverley [110]

81,033	79.9	Cran J.D.*	Con	34,503	53.3	1.1
		Collinge A.	LD	17,986	27.8	-3.5
		Challen C.R.	Lab	12,026	18.6	2.1
		Hetherington D.	NLP	199	0.3*	
1987: Con				16,517	25.5	

046 Bexhill and Battle [111]

65,829*	79.1	Wardle C.F.*	Con	31,380	60.3	-6.2
		Prochak S.M. Ms.	LD	15,023	28.9	3.0
		Taylor F.	Lab	4,883	9.4	1.7
		Prus J.L.	Green	594	1.1*	
		Smith M.F. Ms.	Ind	190	0.4*	
1987: Con				16,357	31.4	

047 Bexleyheath [6]

57684*	82.2	Townsend C.D.*	Con	25,606	54.0	0.3
		Browning R.J.	Lab	11,520	24.3	6.5
		Chaplin A.W. Ms.	LD	10,107	21.3	-7.2
		Cundy R.W.C.	Ind	170	0.4*	
1987: Con				14,086	29.7	

048 Billericay [112]

80,287	82.5	Gorman T.E. Ms.*	Con	37,406	56.5	1.6
		Bellard F.	LD	14,912	22.5	-3.1
		Miller A.F. Ms.	Lab	13,880	21.0	1.5
1987: Con				22,494	34.0	

049		**Birkenhead** [113]				
62,673	73.0	Field F.*	Lab	29,098	63.6	4.9
		Hughes R.G.M.	Con	11,485	25.1	-1.2
		Williams P.M. Ms.	LD	4,417	9.7	-5.3
		Fox T.R. Ms.	Green	543	1.2*	
		Griffiths B. Ms.	NLP	190	0.4*	
1987: Lab				17,613	38.5	

050		**Birmingham Edgbaston** [114]				
53,058	71.3	Knight Dame J.C.J.*	Con	18,529	49.0	-0.8
		Wilton J.F.	Lab	14,222	37.6	10.8
		Robertson-Steel I.R.S.	LD	4,419	11.7	-9.3
		Simpson P.M.	Green	643	1.7*	0.2
1987: Con				4,307	11.4	

051		**Birmingham Erdington** [115]				
52,414	70.1	Corbett R.*	Lab	18,549	50.5	4.6
		Hope S.N.	Con	13,814	37.6	-1.7
		Campbell J.R.B.	LD	4,398	12.0	-2.9
1987: Lab				4,735	12.9	

052		**Birmingham Hall Green** [116]				
60,103	78.2	Hargreaves A.R.*	Con	21,649	46.1	1.2
		Slowey J.E. Ms.	Lab	17,984	38.3	10.1
		McGrath D.A.	LD	7,342	15.6	-11.4
1987: Con				3,665	7.8	

053		**Birmingham Hodge Hill** [117]				
57,581	70.9	Davis T.A.G.*	Lab	21,895	53.6	4.9
		Gibson E.M. Ms.	Con	14,827	36.3	-0.6
		Hagan S.C.G.	LD	3,740	9.2	-5.2
		Whicker E.J.	NF	370	0.9*	
1987: Lab				7,068	17.3	

054   Birmingham Ladywood [118]

56,995	65.9	Short C. Ms.*	Lab	24,887	66.3	8.6
		Ashford B.S. Ms.	Con	9,604	25.6	-5.8
		Worth B.L.	LD	3,068	8.2	-1.1
1987: Lab				15,283	40.7	

055   Birmingham Northfield [119]

70,563	76.1	Burden R.H.	Lab	24,433	45.5	6.3
		King R.D.*	Con	23,803	44.4	-0.8
		Cropp D.L.	LD	5,431	10.1	-5.5
1987: Con				630	1.2	

056   Birmingham Perry Barr [120]

72,186	71.6	Rooker J.W.*	Lab	27,507	53.2	2.8
		Green G.G.	Con	18,917	36.6	-0.3
		Philpott T.P.J.G.	LD	5,261	10.2	-2.5
1987: Lab				8,590	16.6	

057   Birmingham Selly Oak [121]

72,195	76.6	Jones L.M. Ms.	Lab	25,430	46.0	6.7
		Beaumont-Dark A.M.*	Con	23,370	42.3	-1.9
		Osborne D.	LD	5,679	10.3	-5.1
		Slatter P.G.	Green	535	1.0*	-0.2
		Barwood C.W.	NLP	178	0.3*	
		Malik K.	RCP	84	0.2*	
1987: Con				2,060	3.7	

058   Birmingham Small Heath [122]

55,233	62.8	Godsiff R.D.	Lab	22,675	65.3	-1.0
		Chaudhary A.Q.	Con	8,686	25.0	3.9
		Thomas H.A.	LD	2,515	7.2	-3.2
		Clawley H.M. Ms.	Green	824	2.4*	0.7
1987: Lab				13,989	40.3	

059 Birmingham Sparkbrook [123]

51,682	66.8	Hattersley R.S.G.*	Lab	22,116	64.1	3.2
		Khamisa M.J.	Con	8,544	24.8	-0.9
		Parry D.J.	LD	3,028	8.8	-2.5
		Alldrick C.J.	Green	833	2.4*	0.9
1987: Lab				13,572	39.3	

060 Birmingham Yardley [124]

54,755	78.0	Morris E. Ms.	Lab	14,884	34.9	-1.8
		Bevan A.D.G.*	Con	14,722	34.5	-8.1
		Hemming J.A.M.	LD	12,899	30.2	9.5
		Read P. Ms.	NF	192	0.4*	
1987: Con				162	0.4	

061 Bishop Auckland [125]

72,573*	76.5	Foster D.*	Lab	27,763	50.0	2.0
		Williamson D.R.	Con	17,676	31.8	-3.0
		Wade W.P.	LD	10,099	18.2	1.0
1987: Lab				10,087	18.2	

062 Blaby [126]

81,791*	83.4	Robathan A.R.G.	Con	39,498	57.9	-2.6
		Ranson E.M. Ms.	Lab	14,151	20.7	6.2
		Lewin M. Ms.	LD	13,780	20.2	-4.8
		Peacock J.A.	BNP	521	0.8*	
		Lincoln S.I. Ms.	NLP	260	0.4*	
1987: Con				25,347	37.2	

063 Blackburn [127]

73,337	75.0	Straw J.W.*	Lab	26,633	48.4	-1.5
		Coates R.M.	Con	20,606	37.5	-2.6
		Mann D.E.	LD	6,332	11.5	1.5
		Field R.R.C.	Green	878	1.6*	
		Carmichael-Grimshaw M. Ms.	Ind	334	0.6*	
		Ayliffe W.J.	NLP	195	0.4*	
1987: Lab				6,027	11.0	

064 Blackpool North [128]

58,142	77.5	Elletson H.D.H.	Con	21,501	47.7	-0.3
		Kirton E.T.	Lab	18,461	41.0	10.0
		Lahiff A.P.	LD	4,786	10.6	-10.3
		Francis Sir G.	MRLP	178	0.4*	
		Walker H.B.	NLP	125	0.3*	
1987: Con				3,040	6.8	

065 Blackpool South [129]

56,829	77.3	Hawkins N.J.	Con	19,880	45.2	-2.8
		Marsden G.	Lab	18,213	41.4	9.4
		Wynne R.E.	LD	5,675	12.9	-7.0
		Henning D.	NLP	173	0.4*	
1987: Con				1,667	3.8	

066 Blaenau Gwent* [526]

55,643*	78.1	Smith L.T.	Lab	34,333	79.0	3.1
		Melding D.R.M.	Con	4,266	9.8	-1.7
		Burns A.	LD	2,774	6.4	-2.5
		Davies T.A.R.	PC/GP	2,099	4.8*	
1987: Lab				30,067	69.2	

067	**Blaydon** [130]					
66,044*	77.7	McWilliam J.D.*	Lab	27,028	52.7	2.3
		Pescod P.R.	Con	13,685	26.7	2.5
		Nunn P.	LD	10,602	20.7	-4.8
1987: Lab				13,343	26.0	

068	**Blyth Valley** [131]					
60,975	80.7	Campbell R.*	Lab	24,542	49.9	7.4
		Tracey P.M.	LD	16,498	33.5	-7.1
		Revell M.J.	Con	7,691	15.6	-1.3
		Tyley S.P.	Green	470	1.0*	
1987: Lab				8,044	16.4	

069	**Bolsover*** [132]					
66,551	79.1	Skinner D.E.*	Lab	33,978	64.5	8.3
		James T.D.R.	Con	13,323	25.3	-3.0
		Barber S.P. Ms.	LD	5,368	10.2	-5.3
1987: Lab				20,655	39.2	

070	**Bolton North East** [133]					
58,660*	82.3	Thurnham P.G.*	Con	21,644	44.9	0.5
		Crausby D.A.	Lab	21,459	44.5	1.8
		Dunning B.F.	LD	4,971	10.3	-2.7
		Tong P.	NLP	181	0.4*	
1987: Con				185	0.4	

071	**Bolton South East** [134]					
65,600*	75.5	Young D.W.*	Lab	26,906	54.3	0.0
		Wood-Dow N.J.S.	Con	14,215	28.7	-2.5
		Lee D.S.	LD	5,244	10.6	-3.9
		Hardman W.	Ind Lab	2,894	5.8	
		Walch L.J.	NLP	290	0.6*	
1987: Lab				12,691	25.6	

072	**Bolton West** [135]				
71,345*	83.5	Sackville T.G.*	Con	26,452	44.4	0.1
		Morris C.	Lab	25,373	42.6	6.5
		Ronson B.O. Ms.	LD	7,529	12.6	-6.9
		Phillips J.R. Ms.	NLP	240	0.4*	
1987: Con				1,079	1.8	

073	**Boothferry*** [136]				
80,561	79.9	Davis D.M.*	Con	35,266	54.8	-0.9
		Coubrough L. M. Ms.	Lab	17,731	27.5	5.6
		Goss J.M.	LD	11,388	17.7	-4.7
1987: Con				17,535	27.2	

074	**Bootle** [137]				
69,308*	72.5	Benton J.E.	Lab	37,464	74.6	7.7
		Varley C.J.	Con	8,022	16.0	-4.1
		Cunningham J.J.	LD	3,301	6.6	-6.5
		Hall M.G. Ms.	Lib	1,174	2.3*	
		Haynes T.P.	NLP	264	0.5*	
1987: Lab				29,442	58.6	

24/05/90	[Death of Allan Roberts on 21/02/90]				
70,718	50.6	Carr M.	Lab	26,737	75.4	8.5
		Clappison W.J.	Con	3,220	9.1	-11.0
		Cunningham J.J.	LD	3,179	9.0	-4.0
		Brady F.P.S.	Green	1,267	3.6*	
		White K.J.	Lib	474	1.3*	
		Sutch D.E.	Ind	418	1.2*	
		Holmes J.	SDP	155	0.4*	
		Schofield T.J.	Ind	27	0.1*	
				23,517	66.3	

[**Bootle** 074 contd.]

08/11/90		[Death of Michael Carr on 20/07/90]					
70,881	39.7	Benton J.E.	Lab	22,052	78.4	11.5
		Clappison W.J.	Con	2,587	9.2	-10.9
		Cunningham J.J.	SLD	2,216	7.9	-5.1
		Brady F.P.S.	Green	557	2.0*	
		Sutch D.E.	Ind	310	1.1*	
		White K.J.	Lib	291	1.0*	
		Black D.	Ind	132	0.5*	
				19,465	69.2	

075	**Bosworth*** [138]						
80,260*	84.1	Tredinnick D.A.S.*	Con	36,618	54.2	-0.2
		Everitt D.B.	Lab	17,524	26.0	8.8
		Drozdz G.M.	LD	12,643	18.7	-8.6
		Fewster B.	Green	716	1.1*	0.0
1987: Con				19,094	28.3	

076	**Bournemouth East** [139]						
75,131	72.8	Atkinson D.A.*	Con	30,820	56.4	-1.9
		Russell N.R.	LD	15,998	29.3	-1.4
		Brushett P.	Lab	7,541	13.8	2.7
		Holmes S.T. Ms.	NLP	329	0.6*	
1987: Con				14,822	27.1	

077	**Bournemouth West** [140]						
74,729	75.7	Butterfill J.V.*	Con	29,820	52.7	-2.5
		Dover J. Ms.	LD	17,117	30.2	-1.7
		Grower B.B.	Lab	9,423	16.7	3.8
		Springham A.R.	NLP	232	0.4*	
1987: Con				12,703	22.5	

078 Bow and Poplar [7]

56,685*	65.8	Gordon M. Ms.*	Lab	18,487	49.5	3.1
		Hughes P.J.	LD	10,083	27.0	-5.7
		Pearce S.N.C.	Con	6,876	18.4	-1.6
		Tyndall J.H.	BNP	1,107	3.0*	
		Petter S.	Green	612	1.6*	
		Hite W.R.	NLP	158	0.4*	
1987: Lab				8,404	22.5	

079 Bradford North [141]

66,711	73.4	Rooney T.H.	Lab	23,420	47.8	5.0
		Riaz M.	Con	15,756	32.2	-7.3
		Ward D.	LD	9,133	18.7	1.0
		Beckett W.	MRLP	350	0.7*	
		Nasr M.H.	Islam	304	0.6*	
1987: Lab				7,664	15.7	

8/11/90		[Death of Pat Wall on 6/08/90]				
67,444	53.4	Rooney T.H.	Lab	18,619	51.7	+8.9
		Ward D.	LD	9,105	25.3	+7.6
		Atkin M.E.J. Ms.	Con	6,048	16.8	-22.7
		Pidcock D.M.	Islam	800	2.2*	
		Knott M.L.	Green	447	1.2*	
		Tenney R.I.	NF	305	0.8*	
		Floyd J.	Ind	219	0.6*	
		Beckett W.	Ind	210	0.6*	
		Nowosielski N.A.B.	Lib	187	0.5*	
		Wigglesworth M.	Ind	89	0.2*	
				9,514	26.4	

080 Bradford South [142]

69,930	75.6	Cryer G.R.*	Lab	25,185	47.6	6.2
		Popat S.	Con	20,283	38.4	-2.4
		Boulton B.J.	LD	7,243	13.7	-4.1
		Naseem M.	Islam	156	0.3*	
1987: Lab				4,902	9.3	

081   Bradford West [143]

70,017	69.9	Madden M.F.*	Lab	26,046	53.2	1.3
		Ashworth A.J.	Con	16,544	33.8	-2.9
		Griffiths A.O.	LD	5,150	10.5	-0.9
		Braham P.	Green	735	1.5*	
		Pidcock D.M.	Islam	471	1.0*	
1987: Lab				9,502	19.4	

082   Braintree* [144]

78,880*	83.4	Newton A.H.*	Con	34,415	52.3	-1.9
		Willmore I.	Lab	16,921	25.7	6.4
		Wallis D.P. Ms.	LD	13,603	20.7	-5.8
		Abbott J.E.	Green	855	1.3*	
1987: Con				17,494	26.6	

083   Brecon and Radnor* [527]

51,564	85.9	Evans J.P.	Con	15,977	36.1	1.4
		Livsey R.A.L.*	LD	15,847	35.8	1.0
		Mann C.J.	Lab	11,634	26.3	-2.9
		Meredudd S.R. Ms.	PC	418	0.9*	-0.3
		Richards H.W.	Green	393	0.9*	
1987: Lib				130	0.3	

084   Brent East [8]

53,436	68.7	Livingstone K.R.*	Lab	19,387	52.8	10.2
		Green D.H.	Con	13,416	36.6	-1.9
		Cummins M.	LD	3,249	8.9	-5.7
		Dean T.M. Ms.	Green	548	1.5*	-0.3
		Murphy A.G. Ms.	CPGB	96	0.3*	
1987: Lab				5,971	16.3	

085	**Brent North** [9]				
58,923	70.6	Boyson R.*	Con	23,445	56.4	-3.5
		Moher J.	Lab	13,314	32.0	7.2
		Lorber P.	LD	4,149	10.0	-5.4
		Thakore V.D.	Ind	356	0.9*	
		Davids T.F.	NLP	318	0.8*	
1987: Con				10,131	24.4	

086	**Brent South** [10]				
56,054	64.1	Boateng P.Y.*	Lab	20,662	57.5	5.6
		Blackman R.J.	Con	10,957	30.5	-1.9
		Harskin M.	LD	3,658	10.2	-5.5
		Johnson D.P.	Green	479	1.3*	
		Jani C.I.	NLP	166	0.5*	
1987: Lab				9,705	27.0	

087	**Brentford and Isleworth** [11]				
72,193	74.8	Deva N.J.A.	Con	24,752	45.8	-1.9
		Keen A. Ms.	Lab	22,666	42.0	8.7
		Salmon J.C.N. Ms.	LD	5,683	10.5	-7.0
		Bradley J.W.	Green	927	1.7*	0.2
1987: Con				2,086	3.9	

088	**Brentwood and Ongar*** [145]				
65,884	84.7	Pickles E.J.	Con	32,145	57.6	-2.9
		Bottomley E.T. Ms.	LD	17,000	30.5	5.5
		Keohane J.F.	Lab	6,080	10.9	-2.3
		Bartley C. Ms.	Green	555	1.0*	-0.3
1987: Con				15,145	27.2	

089	**Bridgend*** [528]				
58,518*	80.5	Griffiths W.J.*	Lab	24,143	51.3	3.7
		Unwin D.A.	Con	16,817	35.7	-2.3
		Mills D.	LD	4,827	10.3	-1.9
		Jones A.L.	PC	1,301	2.8*	0.5
1987: Lab				7,326	15.6	

090	**Bridgwater** [146]					
71,575	79.5	King T.J.*	Con	26,610	46.8	-4.8
		Revans W.J.	LD	16,894	29.7	-0.6
		James P.E.	Lab	12,365	21.7	3.5
		Dummett G.M.J.	Green	746	1.3*	
		Body A.C.	Ind	183	0.3*	
		Sanson G.F. Ms.	NLP	112	0.2*	
1987: Con				9,716	17.1	

091	**Bridlington** [147]					
84,950	77.8	Townend J.E.*	Con	33,604	50.8	-4.0
		Leeman J.A.	LD	17,246	26.1	0.6
		Hatfield S.M.	Lab	15,263	23.1	5.0
1987: Con				16,358	24.7	

092	**Brigg and Cleethorpes** [148]					
83,510	77.0	Brown M.R.*	Con	31,673	49.2	0.6
		Cawsey I.A.	Lab	22,494	35.0	12.2
		Cockbill M.R. Ms.	LD	9,374	14.6	-14.0
		Jacques N.	Green	790	1.2*	
1987: Con				9,179	14.3	

093	**Brighton Kemptown** [149]					
57,649*	76.1	Bowden A.*	Con	21,129	48.1	-5.4
		Haynes G.O. Ms.	Lab	18,073	41.2	8.3
		Scott P.D.	LD	4,461	10.2	-3.4
		Overall E.J. Ms.	NLP	230	0.5*	
1987: Con				3,056	7.0	

094	**Brighton Pavilion** [150]					
57,618*	76.8	Spencer D.H.	Con	20,630	46.6	-4.2
		Lepper D.	Lab	16,955	38.3	8.6
		Pearce T.H.	LD	5,606	12.7	-6.8
		Brodie I.M.	Green	963	2.2*	
		Turner E.J. Ms.	NLP	103	0.2*	
1987: Con				3,675	8.3	

095   Bristol East [151]

62,659	80.3	Corston J.A. Ms.	Lab	22,418	44.6	9.1
		Sayeed J.*	Con	19,726	39.2	-4.4
		Kiely J.F.	LD	7,903	15.7	-4.7
		Anderson I.H.M.	NF	270	0.5*	
1987: Con				2,692	5.4	

096   Bristol North West [152]

72,760	82.3	Stern M.C.*	Con	25,354	42.3	-4.3
		Naysmith J.D.	Lab/Coop	25,309	42.3	7.7
		Taylor J.D.	LD	8,498	14.2	-4.6
		Long H.S. Ms.	SD	729	1.2*	
1987: Con				45	0.1	

097   Bristol South [153]

64,403	77.8	Primarolo D. Ms.*	Lab	25,164	50.2	9.3
		Bercow J.S.	Con	16,245	32.4	-5.7
		Crossley P.N.	LD	7,822	15.6	-3.9
		Boxall J.H.	Green	756	1.5*	0.3
		Phillips N.D.	NLP	136	0.3*	
1987: Lab				8,919	17.8	

098   Bristol West [154]

70,945	74.0	Waldegrave W.A.*	Con	22,169	42.2	-3.3
		Boney C.R.	LD	16,098	30.7	-0.7
		Bashforth H.	Lab	12,992	24.8	3.9
		Sawday G.A.	Green	906	1.7*	-0.3
		Cross D.J.	NLP	104	0.2*	
		Brent B.	RCP	92	0.2*	
		Hammond P.J.	Ind	87	0.2*	
		Hedges T.P.E.	AFL	42	0.1*	
1987: Con				6,071	11.6	

099   **Bromsgrove** [155]

71,085*	82.5	Thomason K.R.	Con	31,709	54.1	-0.7
		Mole C.M.V. Ms.	Lab	18,007	30.7	7.4
		Cassin A.J. Ms.	LD	8,090	13.8	-8.2
		Churchman J.C.	Green	856	1.5*	
1987: Con				13,702	23.4	

100   **Broxbourne** [156]

72,127	79.9	Roe M.A. Ms.*	Con	36,094	62.6	-0.6
		Hudson M.	Lab	12,124	21.0	4.1
		Davies J.M. Ms.	LD	9,244	16.0	-3.9
		Woolhouse G.	NLP	198	0.3*	
1987: Con				23,970	41.6	

101   **Broxtowe*** [157]

73,124*	83.4	Lester J.T.*	Con	31,096	51.0	-2.6
		Walker J.R.W.	Lab	21,205	34.8	10.5
		Ross J.D.	LD	8,395	13.8	-8.3
		Lukehurst D.	NLP	293	0.5*	
1987: Con				9,891	16.2	

102   **Buckingham**** [158]

56,064*	84.2	Walden G.G.H.*	Con	29,496	62.5	1.1
		Jones H.T.	LD	9,705	20.6	-6.2
		White K.M.	Lab	7,662	16.2	4.3
		Sheaff L.R.	NLP	353	0.7*	
1987: Con				19,791	41.9	

103   **Burnley*** [159]

69,128*	74.2	Pike P.L.*	Lab	27,184	53.0	4.6
		Binge B. Ms.	Con	15,693	30.6	-3.2
		Birtwistle G.	LD	8,414	16.4	-1.4
1987: Lab				11,491	22.4	

104 Burton [160]

75,293*	82.4	Lawrence I.J.*	Con	30,845	49.7	-1.0
		Muddyman P.K. Ms.	Lab	24,849	40.0	6.4
		Renold R.C.	LD	6,375	10.3	-5.5
1987: Con				5,996	9.7	

105 Bury North [161]

69,531*	84.8	Burt A.J.H.*	Con	29,266	49.7	-0.5
		Dobbin J.	Lab	24,502	41.6	3.8
		McGrath C.F.L.	LD	5,010	8.5	-3.6
		Sullivan M.S.	NLP	163	0.3*	
1987: Con				4,764	8.1	

106 Bury South [162]

65,793*	82.1	Sumberg D.A.G.*	Con	24,873	46.0	0.0
		Blears H.A. Ms.	Lab	24,085	44.6	3.7
		Cruden A.H.	LD	4,832	8.9	-4.1
		Sullivan N.A. Ms.	NLP	228	0.4*	
1987: Con				788	1.5	

107 Bury St Edmunds [163]

79,462*	78.9	Spring R.J.G.	Con	33,554	53.5	-5.8
		Sheppard T.	Lab	14,767	23.6	6.2
		Williams J.B.	LD	13,814	22.0	0.5
		Lillis J.B. Ms.	NLP	550	0.9*	
1987: Con				18,787	30.0	

108 Caernarfon [529]

45,348	80.1	Wigley D.W.*	PC	21,439	59.0	1.9
		Fowler P.E.H.	Con	6,963	19.2	-2.0
		Mainwaring S. Ms.	Lab	5,641	15.5	-0.3
		Williams R.A.W.	LD	2,101	5.8	-0.1
		Evans G.	NLP	173	0.5*	
1987: PC				14,476	39.9	

109	**Caerphilly*** [530]					
64,555*	77.2	Davies R.*	Lab	31,713	63.7	5.2
		Philpott H.L.	Con	9,041	18.1	-1.3
		Whittle L.G.	PC	4,821	9.7	1.6
		Wilson S.W.	LD	4,247	8.5	-5.6
1987: Lab				22,672	45.5	

110	**Caithness and Sutherland** [568]					
30,677	72.5	Maclennan R.A.R.*	LD	10,032	45.1	-8.5
		Bruce G.	Con	4,667	21.0	4.3
		MacGregor K.	SNP	4,049	18.2	7.9
		Coyne M.F.	Lab	3,483	15.7	0.7
1987: SDP				5,365	24.1	

111	**Calder Valley** [164]					
74,418*	82.1	Thompson D.*	Con	27,753	45.4	1.9
		Chaytor D.M.	Lab	22,875	37.4	4.1
		Pearson S.J.	LD	9,842	16.1	-7.0
		Smith V.P. Ms.	Green	622	1.0*	
1987: Con				4,878	8.0	

112	**Cambridge** [165]					
69,011	73.2	Campbell A. Ms.	Lab	20,039	39.7	11.4
		Bishop M.A.	Con	19,459	38.5	-1.4
		Howarth D.R.	LD	10,037	19.9	-10.7
		Cooper T.H.	Green	720	1.4*	0.3
		Brettell-Winnington N.J.	MRLP	175	0.3*	
		Chalmers R.A.	NLP	83	0.2*	
1987: Con				580	1.2	

113 Cambridgeshire North East [166]

79,991	79.3	Moss M.D.*	Con	34,288	54.0	7.1
		Leeke M.L.	LD	19,195	30.3	-14.2
		Harris R.J.	Lab	8,746	13.8	5.3
		Ash C.D.	Lib	998	1.6*	
		Chalmers M.J. Ms.	NLP	227	0.4*	
1987: Con				15,093	23.8	

114 Cambridgeshire South East [167]

78601*	80.6	Paice J.E.T.*	Con	36,693	57.9	-0.8
		Wotherspoon R.E.	LD	12,883	20.3	-7.2
		Jones A.M.	Lab	12,688	20.0	6.3
		Marsh J.W.	Green	836	1.3*	
		Langridge B.D. Ms.	NLP	231	0.4*	
1987: Con				23,810	37.6	

115 Cambridgeshire South West [168]

84419*	81.1	Grant J.A.*	Con	38,902	56.8	-0.9
		Sutton S.M. Ms.	LD	19,263	28.1	-0.8
		Price K.A.	Lab	9,378	13.7	0.4
		Whitebread L. Ms.	Green	699	1.0*	
		Chalmers F.C.	NLP	225	0.3*	
1987: Con				19,639	28.7	

116 Cannock and Burntwood [169]

72,522	84.3	Wright A.W.	Lab	28,139	46.0	6.5
		Howarth J.G.D.*	Con	26,633	43.6	-0.9
		Treasaden P.W.	LD	5,899	9.6	-6.3
		Hartshorne M.	MRLP	469	0.8*	
1987: Con				1,506	2.5	

117	**Canterbury*** [170]				
75,180	78.1	Brazier J.W.H.*	Con	29,827	50.8	-3.0
		Vye M.J.	LD	19,022	32.4	5.0
		Whitemore M.F.	Lab/Coop	8,936	15.2	-1.7
		Arnall W.J. Ms.	Green	747	1.3*	-0.4
		Curphey S.E. Ms.	NLP	203	0.3*	
1987: Con				10,805	18.4	

118	**Cardiff Central** [531]				
57,780*	74.3	Jones J.O.	Lab/Coop	18,014	42.0	9.7
		Grist I.*	Con	14,549	33.9	-3.2
		Randerson J Ms.	LD	9,170	21.4	-8.0
		Marshall H.	PC	748	1.7*	0.4
		Von Ruhland C.J.	Green	330	0.8*	
		Francis B.M.	NLP	105	0.2*	
1987: Con				3,465	8.1	

119	**Cardiff North** [532]				
56,757*	84.1	Jones G.H.*	Con	21,547	45.1	-0.1
		Morgan J. Ms.	Lab	18,578	38.9	12.2
		Warlow E. Ms.	LD	6,487	13.6	-12.9
		Bush E.M. Ms.	PC	916	1.9*	0.4
		Morse J.	BNP	121	0.3*	
		Palmer D.L.	NLP	86	0.2*	
1987: Con				2,969	6.2	

120	**Cardiff South and Penarth** [533]				
61,490*	77.2	Michael A.E.*	Lab/Coop	26,383	55.5	8.8
		Jarvie T.H.	Con	15,958	33.6	-2.9
		Verma P.K.	LD	3,707	7.8	-7.6
		Anglezarke B.A. Ms.	PC	776	1.6*	0.3
		Davey L.	Green	676	1.4*	
1987: Lab				10,425	22.0	

121	**Cardiff West** [534]				
58,936* 77.5	Morgan H.R.*	Lab	24,306	53.2	7.7
	Prior M.J.	Con	15,015	32.9	-3.6
	Gasson J.A. Ms.	LD	5,002	10.9	-5.4
	Bestic P.M. Ms.	PC	1,177	2.6*	0.9
	Harding A.E.	NLP	184	0.4*	
1987: Lab			9,291	20.3	

122	**Carlisle** [171]				
55,140* 79.4	Martlew E.A.*	Lab	20,479	46.8	4.5
	Condie C.W.	Con	17,371	39.7	-0.4
	Aldersey R.E.	LD	5,740	13.1	-4.5
	Robinson N.E. Ms.	NLP	190	0.4*	
1987: Lab			3,108	7.1	

123	**Carmarthen*** [535]				
68,920 82.7	Williams A.W.*	Lab	20,879	36.6	1.3
	Thomas H.R.G.	PC	17,957	31.5	8.5
	Cavenagh S.J.	Con	12,782	22.4	-5.0
	Hughes J.M-J. Ms.	LD	5,353	9.4	-3.9
1987: Lab			2,922	5.1	

124	**Carrick, Cumnock and Doon Valley** [569]				
55,332 77.0	Foulkes G.*	Lab/Coop	25,182	59.1	-1.0
	Boswell J.A.D.	Con	8,516	20.0	-0.8
	Douglas C.E.	SNP	6,910	16.2	6.6
	Paris M.C. Ms.	LD	2,005	4.7*	-4.9
1987: Lab			16,666	39.1	

125	**Carshalton and Wallington** [12]				
65,209 80.9	Forman F.N.*	Con	26,243	49.7	-4.2
	Brake T.A.	LD	16,300	30.9	4.7
	Moran M. Ms.	Lab	9,333	17.7	-0.5
	Steel R.W.	Green	614	1.2*	-0.5
	Bamford D.J.B.	RLGG	266	0.5*	
1987: Con			9,943	18.9	

126 Castle Point [172]

66,229*	80.4	Spink R.M.	Con	29,629	55.6	-4.3
		Flack D.F.L.	Lab	12,799	24.0	5.0
		Petchey A.R.K.	LD	10,208	19.2	-1.9
		Willis I.L. Ms.	Green	643	1.2*	
				16,830	31.6	

1987: Con

127 Ceredigion and Pembroke North* [536]

66,166*	77.4	Dafis C.G.	PC/GP	16,020	31.3	15.0
		Howells G.W.*	LD	12,827	25.1	-11.6
		Williams O.J.	Con	12,718	24.8	-2.0
		Davies J.R.	Lab	9,637	18.8	0.3
				3,193	6.2	

1987: Lib

128 Cheadle [173]

66,131*	84.4	Day S.R.*	Con	32,504	58.2	3.2
		Calton P. Ms.	LD	16,726	30.0	-5.9
		Broadhurst S.R. Ms.	Lab	6,442	11.5	2.4
		Whittle P.M. Ms.	NLP	168	0.3*	
				15,778	28.3	

1987: Con

129 Chelmsford* [174]

83,440	84.6	Burns S.H.M.*	Con	39,043	55.3	3.4
		Nicholson H.P.	LD	20,783	29.4	-11.1
		Chad R.K.	Lab	10,010	14.2	7.3
		Burgess E.J. Ms.	Green	769	1.1*	0.4
				18,260	25.9	

1987: Con

130 Chelsea [13]

42,372*	63.3	Scott N.P.*	Con	17,471	65.1	0.5
		Horton R.E. Ms.	Lab	4,682	17.5	2.0
		Broidy S.N. Ms.	LD	4,101	15.3	-2.7
		Kortvelyessy N. Ms.	Green	485	1.8*	-0.2
		Armstrong D.G.F.	AFL	88	0.3*	
				12,789	47.7	

1987: Con

131   Cheltenham [175]

79,806*	80.3	Jones N.D.	LD	30,351	47.3	5.0
		Taylor J.D.B.	Con	28,683	44.7	-5.4
		Tatlow P.R. Ms.	Lab	4,077	6.4	-1.2
		Rendell M.D.	AFE	665	1.0*	
		Brighouse H.W.	NLP	169	0.3*	
		Bruce-Smith M.A.	Ind	162	0.3*	

1987: Con   1,668   2.6

132   Chertsey and Walton [176]

70,675	80.3	Pattie G.E.*	Con	34,164	60.2	0.7
		Kremer A.L.	LD	11,344	20.0	-7.2
		Hamilton I. Ms.	Lab	10,793	19.0	5.7
		Bennell S.A. Ms.	NLP	444	0.8*	

1987: Con   22,820   40.2

133   Chesham and Amersham* [177]

69,898*	81.9	Gillan C. Ms.	Con	36,273	63.3	1.2
		Ketteringham A.	LD	14,053	24.5	-2.6
		Atherton C. Ms.	Lab	5,931	10.4	1.0
		Strickland C. Ms.	Green	753	1.3*	-0.1
		Griffith-Jones M	NLP	255	0.4*	

1987: Con   22,220   38.8

134   Chester, City of [178]

63,319	83.9	Brandreth G.D.	Con	23,411	44.1	-0.8
		Robinson D.E.	Lab	22,310	42.0	6.4
		Smith J.G.	LD	6,867	12.9	-6.6
		Barker M.T.	Green	448	0.8*	
		Cross S.R.H.	NLP	98	0.2*	

1987: Con   1,101   2.1

135   Chesterfield [179]

71,685	78.1	Benn A.N.W.*	Lab	26,461	47.3	0.1
		Rogers A.H.	LD	20,047	35.8	9.0
		Lewis P.G.	Con	9,473	16.9	-9.0
1987: Lab				6,414	11.5	

136   Chichester [180]

82,126*	77.8	Nelson R.A.*	Con	37,906	59.3	-2.5
		Gardiner P.F.	LD	17,019	26.6	-1.7
		Andrewes D.M. Ms.	Lab	7,192	11.3	3.4
		Paine E.	Green	876	1.4*	-0.6
		Weights J.L. Ms	Lib	643	1.0*	
		Jackson J.L. Ms	NLP	238	0.4*	
1987: Con				20,887	32.7	

137   Chingford [14]

55,466	78.3	Duncan-Smith G.I.	Con	25,730	59.2	-3.0
		Dawe P.J.	Lab	10,792	24.8	9.6
		Banks S.G.	LD	5,705	13.1	-7.9
		Green D.W.	Lib	602	1.4*	
		Baguley J.M.	Green	575	1.3*	-0.1
		Johns C.M. Ms.	Ind	41	0.1*	
1987: Con				14,938	34.4	

138   Chipping Barnet [15]

57,150*	78.6	Chapman S.B.*	Con	25,589	57.0	-0.9
		Williams A.J.	Lab	11,638	25.9	6.9
		Smith D.H.	LD	7,247	16.1	-6.9
		Derksen D. Ms.	NLP	222	0.5*	
		Johnson C.V.	Ind	213	0.5*	
1987: Con				13,951	31.1	

139 Chislehurst [16]

53,783	78.9	Sims R.E.*	Con	24,761	58.4	0.7
		Wingfield R.I.	Lab	9,485	22.4	3.0
		Hawthorne T.W.	LD	6,683	15.8	-7.3
		Richmond I.	Lib	849	2.0*	
		Speed F.M. Ms.	Green	652	1.5*	
1987: Con				15,276	36.0	

140 Chorley* [181]

78,514*	82.8	Dover D.R.*	Con	30,715	47.2	-0.8
		McManus R.C.	Lab	26,469	40.7	6.0
		Ross-Mills J. Ms.	LD	7,452	11.5	-4.6
		Leadbetter P.D.N.	NLP	402	0.6*	
1987: Con				4,246	6.5	

141 Christchurch [182]

71,469	80.7	Adley R.J.*	Con	36,627	63.5	-2.4
		Bussey D.	LD	13,612	23.6	-0.9
		Lloyd A.	Lab	6,997	12.1	2.6
		Barratt J.T.	NLP	243	0.4*	
		Wareham A.D.	Ind	175	0.3*	
1987: Con				23,015	39.9	

142 Cirencester and Tewkesbury [183]

88,413	82.0	Clifton-Brown G.R.	Con	40,258	55.6	0.2
		Weston E.J.	LD	24,200	33.4	-2.6
		Page T.A.	Lab	7,262	10.0	1.9
		Clayton R.	NLP	449	0.6*	
		Trice-Rolph P.A.	Ind	287	0.4*	
1987: Con				16,058	22.2	

143   City of London and Westminster South [17]

54,830	63.3	Brooke P.L.*	Con	20,938	60.3	2.5
		Smith C.	Lab	7,569	21.8	1.4
		Smithard J.C.G. Ms.	LD	5,392	15.5	-6.3
		Herbert G.E.S.	Green	458	1.3*	
		Stockton P.F.	MRLP	147	0.4*	
		Farrell A.	Ind	107	0.3*	
		Johnson R.P.	NLP	101	0.3*	
1987: Con				13,369	38.5	

144   Clackmannan* [570]

48,362	79.3	O'Neill M.J.*	Lab	18,829	49.1	-4.6
		Brophy A.	SNP	10,326	26.9	6.0
		Mackie J.A.	Con	6,638	17.3	2.4
		Watters A.M. Ms.	LD	2,567	6.7	-3.8
1987: Lab				8,503	22.2	

145   Clwyd North West [537]

67,352*	78.6	Richards R.	Con	24,488	46.2	-2.3
		Ruane C.S.	Lab	18,438	34.8	10.0
		Ingham R.V.	LD	7,999	15.1	-7.6
		Taylor N.H.	PC	1,888	3.6*	-0.4
		Swift M.S. Ms.	NLP	158	0.3*	
1987: Con				6,050	11.4	

146   Clwyd South West [538]

60,607	81.5	Jones M.D.*	Lab	21,490	43.5	8.1
		Owen G.G.V.	Con	16,549	33.5	0.2
		Williams W.G.	LD	6,027	12.2	-10.7
		Jones E.L.	PC	4,835	9.8	1.3
		Worth N.C.	Green	351	0.7*	
		Leadbetter J.B. Ms.	NLP	155	0.3*	
1987: Lab				4,941	10.0	

147 Clydebank and Milngavie* [571]

47,337	77.8	Worthington T.*	Lab	19,642	53.3	-3.6
		Hughes G.	SNP	7,207	19.6	7.1
		Harvey W.A.	Con	6,650	18.1	2.3
		Tough A.G.	LD	3,216	8.7	-6.2
		Barrie J. Ms.	NLP	112	0.3*	
1987: Lab				12,435	33.8	

148 Clydesdale* [572]

61,914	77.6	Hood J.*	Lab	21,418	44.6	-0.7
		Goodwin C.E. Ms.	Con	11,231	23.4	-0.1
		Gray I.	SNP	11,084	23.1	8.3
		Buchanan E. Ms.	LD	3,957	8.2	-8.2
		Cartwright S.F.	BNP	342	0.7*	
1987: Lab				10,187	21.2	

149 Colchester North* [184]

86,479*	79.1	Jenkin B.C.	Con	35,213	51.5	-0.8
		Raven J.R.	LD	18,721	27.4	-3.2
		Lee D.J.	Lab	13,870	20.3	3.1
		Shabbeer M.T.	Green	372	0.5*	
		Mears M.L.	NLP	238	0.3*	
1987: Con				16,492	24.1	

150 Colchester South and Maldon [185]

86,406*	79.2	Whittingdale J.F.L.	Con	37,548	54.8	-0.1
		Thorn I.L.	LD	15,727	23.0	-7.6
		Pearson C.A.	Lab	14,158	20.7	6.2
		Paterson M.B.	Green	1,028	1.5*	
1987: Con				21,821	31.9	

151	**Colne Valley** [186]				
72,029	82.0	Riddick G.E.G.*	Con	24,804	42.0	5.6
		Harman J.A.	Lab	17,579	29.8	0.7
		Priestley N.J.	LD	15,953	27.0	-6.4
		Stewart R.J.A.	Green	443	0.8*	-0.3
		Staniforth M.E. Ms.	MRLP	160	0.3*	
		Hosty J.G.	Ind	73	0.1*	
		Tattersall J.P.	NLP	44	0.1*	
1987: Con				7,225	12.2	

152	**Congleton** [187]				
70,475*	84.5	Winterton J.A. Ms.*	Con	29,163	49.0	0.7
		Brodie-Browne I.M.	LD	18,043	30.3	-3.5
		Finnegan M.	Lab	11,927	20.0	2.2
		Brown P.	NLP	399	0.7*	
1987: Con				11,120	18.7	

153	**Conwy** [539]				
53,668	78.7	Roberts I.W.P.*	Con	14,250	33.7	-5.0
		Roberts J.R.	LD	13,255	31.4	0.1
		Williams B.H. Ms.	Lab	10,883	25.8	3.5
		Davies R.V.	PC	3,108	7.4	-0.5
		Wainwright O.	Ind Con	637	1.5*	
		Hughes D.E.	NLP	114	0.3*	
1987: Con				995	2.4	

154	**Copeland** [188]				
54,911*	83.5	Cunningham J.A.*	Lab	22,328	48.7	1.5
		Davies P.G.	Con	19,889	43.4	0.4
		Putman R.C.	LD	3,508	7.6	-1.5
		Sinton J.R.	NLP	148	0.3*	
1987: Lab				2,439	5.3	

155   Corby [189]

68,334*	82.9	Powell W.R.*	Con	25,203	44.5	0.2
		Feather H.A.	Lab	24,861	43.9	3.0
		Roffe M.W.	LD	5,792	10.2	-4.6
		Wood J.I. Ms.	Lib	784	1.4*	

1987: Con   342   0.6

156   Cornwall North [190]

76,333*	82.1	Tyler P.A.	LD	29,696	47.4	5.5
		Neale G.A.*	Con	27,775	44.3	-7.4
		Jordan F.R.	Lab	4,103	6.6	0.1
		Andrews P.J.	Lib	678	1.1*	
		Rowe G.	Ind	276	0.4*	
		Treadwell R.H. Ms.	NLP	112	0.2*	

1987: Con   1,921   3.1

157   Cornwall South East [191]

73,028*	82.1	Hicks R.*	Con	30,565	51.0	-0.6
		Teverson R.	LD	22,861	38.1	-1.6
		Gilroy L.W. Ms.	Lab/Coop	5,536	9.2	0.6
		Cook M.H. Ms.	Lib	644	1.1*	
		Quick A.O.H.	AFL	227	0.4*	
		Allen R. Ms.	NLP	155	0.3*	

1987: Con   7,704   12.8

158   Coventry North East [192]

64,788*	73.2	Ainsworth R.W.	Lab	24,896	52.5	-1.8
		Perrin K.R.	Con	13,220	27.9	-1.5
		McKee V.J.	LD	5,306	11.2	-4.6
		Hughes J.*	Ind Lab	4,008	8.5	

1987: Lab   11,676   24.6

159		**Coventry North West** [193]				
50,671*	77.6	Robinson G.*	Lab	20,349	51.7	2.7
		Hill A.A.B. Ms.	Con	13,917	35.4	0.6
		Simpson E.A. Ms.	LD	5,070	12.9	-3.4
1987: Lab				6,432	16.4	

160		**Coventry South East** [194]				
48,797*	74.9	Cunningham J.D.	Lab	11,902	32.6	-14.9
		Hyams M. Ms.	Con	10,591	29.0	-0.9
		Nellist D.J.*	Ind Lab	10,551	28.9	
		Armstrong A.	LD	3,318	9.1	-12.3
		Tomkinson N.D.W.	NF	173	0.5*	
1987: Lab				1,311	3.6	

161		**Coventry South West** [195]				
63,475*	80.1	Butcher J.P.*	Con	23,225	45.7	2.4
		Slater R.E.G.	Lab	21,789	42.8	5.8
		Sewards G.B.	LD	4,666	9.2	-10.5
		Wheway R.	Lib	989	1.9*	
		Morris D.S.	NLP	204	0.4*	
1987: Con				1,436	2.8	

162		**Crawley** [196]				
78,268*	79.2	Soames A.N.W.*	Con	30,204	48.7	-0.8
		Moffatt L.J. Ms.	Lab	22,439	36.2	7.2
		Seekings G.K.	LD	8,558	13.8	-7.6
		Wilson M.	Green	766	1.2*	
1987: Con				7,765	12.5	

163		**Crewe and Nantwich** [197]				
75,001	81.9	Dunwoody G.P. Ms.*	Lab	28,065	45.7	1.7
		Silvester B.G.	Con	25,370	41.3	-0.8
		Griffiths G.	LD	7,315	11.9	-2.0
		Wilkinson N.J. Ms.	Green	651	1.1*	
1987: Lab				2,695	4.4	

164 Crosby [198]

82,538*	82.5	Thornton M.*	Con	32,267	47.4	1.3
		Eagle M. Ms.	Lab	17,461	25.7	7.7
		Clucas H.F. Ms.	LD	16,562	24.3	-11.6
		Marks J.	Lib	1,052	1.5*	
		Brady F.P.S.	Green	559	0.8*	
		Paterson N.L.	NLP	152	0.2*	
1987: Con				14,806	21.8	

165 Croydon Central [18]

55,947	71.5	Beresford A.P.	Con	22,168	55.4	-1.2
		Davies G.R.	Lab	12,518	31.3	6.9
		Richardson D.J. Ms.	LD	5,342	13.3	-5.7
1987: Con				9,650	24.1	

166 Croydon North East [19]

64,874	71.5	Congdon D.L.	Con	23,835	51.4	-3.6
		Walker M.M. Ms.	Lab	16,362	35.3	8.7
		Fraser J.	LD	6,186	13.3	-5.1
1987: Con				7,473	16.1	

167 Croydon North West [20]

57,821	70.1	Wicks M.H.	Lab	19,153	47.3	10.3
		Malins H.J.*	Con	17,626	43.5	-3.5
		Hawkins L.F. Ms.	LD	3,728	9.2	-6.8
1987: Con				1,527	3.8	

168 Croydon South [21]

64,895	77.4	Ottaway R.G.J.	Con	31,993	63.7	-0.4
		Billenness P.H.	LD	11,568	23.0	-1.3
		Salmon H.S. Ms.	Lab	6,444	12.8	3.1
		Samuel M.R.L.	Ind	239	0.5*	
1987: Con				20,425	40.7	

169	**Cumbernauld and Kilsyth** [573]				
46,515	79.0	Hogg N.*	Lab	19,855	54.0	-6.0
		Johnston T.R.	SNP	10,640	28.9	9.4
		Mitchell I.G.	Con	4,143	11.3	2.2
		Haddow J.M. Ms.	LD	2,118	5.8	-5.6
1987: Lab				9,215	25.1	

170	**Cunninghame North** [574]				
54,856	78.1	Wilson B.D.H.*	Lab	17,564	41.0	-3.4
		Clarkson E.L. Ms.	Con	14,625	34.1	0.1
		Crossan D.	SNP	7,813	18.2	8.7
		Herbison D.	LD	2,864	6.7	-5.4
1987: Lab				2,939	6.9	

171	**Cunninghame South** [575]				
49,025	75.9	Donohoe B.	Lab	19,687	52.9	-7.9
		Bell R.	SNP	9,007	24.2	13.2
		Leslie S.A.	Con	6,070	16.3	0.0
		Ashley B.	LD	2,299	6.2	-5.7
		Jackson W.T.	NLP	128	0.3*	
1987: Lab				10,680	28.7	

172	**Cynon Valley** [540]				
49,696*	76.5	Clwyd A. Ms.*	Lab	26,254	69.1	0.2
		Smith A.M.	Con	4,890	12.9	0.7
		Benney C.T.	PC	4,186	11.0	4.3
		Verma M.K.	LD	2,667	7.0	-5.2
1987: Lab				21,364	56.2	

173	**Dagenham** [22]				
59,656	70.7	Gould B.C.*	Lab	22,029	52.3	7.8
		Rossiter D.P.	Con	15,295	36.3	-2.2
		Marquand C.N.H.	LD	4,824	11.4	-5.6
1987: Lab				6,734	16.0	

174 Darlington [199]

66,094*	83.6	Milburn A.	Lab	26,556	48.1	6.5
		Fallon M.C.*	Con	23,758	43.0	-3.6
		Bergg P.J.	LD	4,586	8.3	-3.5
		Clarke D.	BNP	355	0.6*	
1987: Con				2,798	5.1	

175 Dartford [200]

72,373	83.1	Dunn R.J.*	Con	31,194	51.9	-1.6
		Stoate H.G.A.	Lab	20,880	34.7	7.2
		Bryden P.J.	LD	7,584	12.6	-5.6
		Munro A.	Ind	262	0.4*	
		Holland A. Ms.	NLP	241	0.4*	
1987: Con				10,314	17.1	

176 Daventry [201]

71,830*	82.7	Boswell T.E.*	Con	34,734	58.4	0.5
		Koumi L.M.A.W. Ms.	Lab	14,460	24.3	3.8
		Rounthwaite A.S.	LD	9,820	16.5	-5.0
		France R.B.	NLP	422	0.7*	
1987: Con				20,274	34.1	

177 Davyhulme [202]

62,667*	80.5	Churchill W.S.*	Con	24,216	48.0	1.4
		Brotherton B.	Lab	19,790	39.2	8.8
		Pearcey J. Ms.	LD	5,797	11.5	-11.5
		Brotheridge T.L.	NLP	665	1.3*	
1987: Con				4,426	8.8	

178 Delyn [541]

66,593*	83.4	Hanson D.G.	Lab	24,979	45.0	5.9
		Whitby M.J.	Con	22,940	41.3	-0.1
		Dodd R.C.	LD	6,208	11.2	-5.8
		Drake A.J.	PC	1,414	2.5*	0.0
1987: Con				2,039	3.7	

179	**Denton and Reddish** [203]				
68,463*	76.8	Bennett A.F.*	Lab	29,021	55.2	5.6
		Horswell J.	Con	16,937	32.2	-1.6
		Ridley H.F.	LD	4,953	9.4	-7.1
		Powell M.W.	Lib	1,296	2.5*	
		Fuller J.P.G.	NLP	354	0.7*	
1987: Lab				12,084	23.0	

180	**Derby North** [204]				
73,177*	80.7	Knight G.*	Con	28,574	48.4	-0.4
		Laxton R.	Lab	24,121	40.9	3.6
		Charlesworth R.A.	LD	5,638	9.6	-3.8
		Wall E.	Green	383	0.6*	0.1
		Hart P.G.	NF	245	0.4*	
		Onley N.M.	NLP	58	0.1*	
1987: Con				4,453	7.6	

181	**Derby South** [205]				
66,329*	75.5	Beckett M.M. Ms.*	Lab	25,917	51.7	8.1
		Brown N.P.	Con	18,981	37.9	-2.6
		Hartropp S.J.	LD	5,198	10.4	-5.4
1987: Lab				6,936	13.9	

182	**Derbyshire North East*** [206]				
73,320	80.6	Barnes H.*	Lab	28,860	48.8	4.4
		Hayes J.H.	Con	22,590	38.2	0.5
		Stone D.	LD	7,675	13.0	-4.9
1987: Lab				6,270	10.6	

183	**Derbyshire South** [207]				
83,104	84.7	Currie E. Ms.*	Con	34,266	48.7	-0.4
		Todd M.W.	Lab	29,608	42.1	8.8
		Brass D.J. Ms.	LD	6,236	8.9	-8.8
		Mercer T.W.	NLP	291	0.4*	
1987: Con				4,658	6.6	

184 Derbyshire West* [208]

71,201*	85.0	McLoughlin P.A.*	Con	32,879	54.3	1.2
		Fearn R.D.	LD	14,110	23.3	-11.9
		Clamp S.J.	Lab	13,528	22.4	10.7
1987: Con				18,769	31.0	

185 Devizes [209]

89,746*	81.7	Ancram M.A.F.J.K.	Con	39,090	53.3	-1.4
		Mactaggart J.L. Ms.	LD	19,378	26.4	-1.5
		Berry R.J. Ms.	Lab	13,060	17.8	0.5
		Coles S.C.	Lib	962	1.3*	
		Ripley J.D	Green	808	1.1*	
1987: Con				19,712	26.9	

186 Devon North [210]

68,991*	84.4	Harvey N.B.	LD	27,414	47.1	4.3
		Speller A.*	Con	26,620	45.7	-5.2
		Donner P.B.	Lab	3,410	5.9	-0.4
		Simmons C.H. Ms	Green	658	1.1*	
		Treadwell G.C.	NLP	107	0.2*	
1987: Con				794	1.4	

187 Devon West and Torridge [211]

76,936*	81.5	Nicholson E.H. Ms.*	Con	29,627	47.3	-3.0
		McBride D.I.	LD	26,013	41.5	2.3
		Brenton D.G.	Lab	5,997	9.6	1.1
		Williamson F.	Green	898	1.4*	-0.6
		Collins D.H.	NLP	141	0.2*	
1987: Con				3,614	5.8	

188	**Dewsbury** [212]					
72,833	80.2	Taylor W.A. Ms.*	Lab	25,596	43.8	1.4
		Whitfield J.	Con	24,962	42.7	1.1
		Meadowcroft R.S.	LD	6,570	11.2	-4.7
		Birdwood J.P. Ms.	BNP	660	1.1*	
		Denby N.M.	Green	471	0.8*	
		Marsden J. Ms.	NLP	146	0.2*	
1987: Lab				634	1.1	

189	**Doncaster Central** [213]					
68,890*	74.2	Walker H.*	Lab	27,795	54.3	3.2
		Glossop G.W.	Con	17,113	33.5	-1.7
		Hampson C.J.	LD	6,057	11.8	-1.8
		Driver M.R.	WRP	184	0.4*	
1987: Lab				10,682	20.9	

190	**Doncaster North** [214]					
74,733*	73.9	Hughes K.M.	Lab	34,135	61.8	0.0
		Light R.C.	Con	14,322	25.9	1.5
		Whiting S.	LD	6,787	12.3	-1.6
1987: Lab				19,813	35.9	

191	**Don Valley** [215]					
76,328*	76.3	Redmond M.*	Lab	32,008	55.0	1.9
		Paget-Brown N.	Con	18,474	31.7	-0.5
		Jevons M.	LD	6,920	11.9	-2.7
		Platt T.S.	Green	803	1.4*	
1987: Lab				13,534	23.3	

192	**Dorset North** [216]					
76,719*	81.8	Baker N.B.*	Con	34,234	54.6	-2.5
		Siegle L.E. Ms.	LD	24,154	38.5	2.1
		Fitzmaurice J.F.	Lab	4,360	6.9	0.3
1987: Con				10,080	16.1	

193 Dorset South [217]

75,802	76.9	Bruce I.C.*	Con	29,319	50.3	-4.5
		Ellis B.E.J.	LD	15,811	27.1	-0.3
		Chedzoy A.	Lab	12,298	21.1	3.8
		Hagel J.W. Ms.	Ind	673	1.2*	
		Griffiths M.R.F.	NLP	191	0.3*	
1987: Con				13,508	23.2	

194 Dorset West [218]

67,260*	81.2	Spicer J.W.*	Con	27,766	50.8	-5.3
		Legg R.A.S.	LD	19,756	36.2	4.5
		Mann J.P.B.	Lab	7,082	13.0	0.8
1987: Con				8,010	14.7	

195 Dover [219]

68,954	83.5	Shaw D.L.*	Con	25,395	44.1	-1.9
		Prosser G.M.	Lab	24,562	42.6	8.5
		Sole M.J.	LD	6,212	10.8	-9.1
		Sullivan A.C.W.	Green	637	1.1*	
		Sherred P.W.	Ind	407	0.7*	
		Philp B.J.	Ind Con	250	0.4*	
		Percy C.F.	NLP	127	0.2*	
1987: Con				833	1.5	

196 Down North [641]

68,662	65.5	Kilfedder J.A.*	UPUP	19,305	42.9	-2.2
		Kennedy L.	Con	14,371	32.0	
		Morrow A.J.	AP	6,611	14.7	-4.7
		Vitty D.	DUP	4,414	9.8	
		Wilmot A.	NLP	255	0.6*	
1987: UPUP				4,934	11.0	

197	**Down South** [642]				
76,186	80.8	McGrady E.*	SDLP	31,523	51.2	4.2
		Nelson D.	UU	25,181	40.9	-4.8
		Fitzpatrick S.	SF	1,843	3.0*	-1.2
		Healy M.G.	AP	1,542	2.5*	0.6
		McKenzie-Hill J.S. Ms.	Con	1,488	2.4*	
1987: SDLP				6,342	10.3	

198	**Dudley East** [220]				
75,355*	75.0	Gilbert J.W.*	Lab	29,806	52.8	6.9
		Holland C.J.	Con	20,606	36.5	-3.0
		Jenkins I.C.	LD	5,400	9.6	-5.1
		Cartwright G.E.	NF	675	1.2*	
1987: Lab				9,200	16.3	

199	**Dudley West** [221]				
86,633*	82.1	Blackburn J.G.*	Con	34,729	48.8	-1.0
		Lomax K.J.	Lab	28,940	40.7	6.7
		Lewis G.	LD	7,446	10.5	-5.7
1987: Con				5,789	8.1	

200	**Dulwich** [24]				
55,275	67.8	Jowell T.J.H.D. Ms.	Lab	17,714	47.3	5.3
		Bowden G.F.*	Con	15,658	41.8	-0.6
		Goldie G.M.A.	LD	4,078	10.9	-3.6
1987: Con				2,056	5.5	

201	**Dumbarton** [576]				
57,252	77.1	McFall J.*	Lab/Coop	19,255	43.6	0.6
		Begg T.	Con	13,126	29.7	-1.9
		Mackechnie W.	SNP	8,127	18.4	6.3
		Morrison J.	LD	3,425	7.8	-5.4
		Kras D. Ms.	NLP	192	0.4*	
1987: Lab				6,129	13.9	

202 Dumfries [577]

61,189	79.9	Monro H.S.P.*	Con	21,089	43.1	1.3
		Rennie P.R.	Lab	14,674	30.0	4.8
		Morgan A.N.	SNP	6,971	14.3	0.0
		Wallace N.C.	LD	5,749	11.8	-6.2
		McLeod G.W.S.	Ind Gr	312	0.6*	
		Barlow T.	NLP	107	0.2*	
1987: Con				6,415	13.1	

203 Dundee East [578]

58,959*	72.3	McAllion J.*	Lab	18,761	44.0	1.7
		Coutts D.M.	SNP	14,197	33.3	-6.8
		Blackwood S.F.	Con	7,549	17.7	4.9
		Yuill I.G.	LD	1,725	4.0*	-0.6
		Baird S.E. Ms.	Green	295	0.7*	
		Baxter R.	NLP	77	0.2*	
1987: Lab				4,564	10.7	

204 Dundee West [579]

59,953*	69.8	Ross E.*	Lab	20,498	49.0	-4.4
		Brown K.J.	SNP	9,894	23.6	8.3
		Spearman A.M.	Con	7,746	18.5	0.5
		Dick E.G. Ms.	LD	3,132	7.5	-5.2
		Hood E.C. Ms.	Green	432	1.0*	
		Arnold D.	NLP	159	0.4*	
1987: Lab				10,604	25.3	

205 Dunfermline East* [580]

50,180	75.6	Brown G.*	Lab	23,692	62.4	-2.3
		Tennant M.E.	Con	6,248	16.5	1.7
		Lloyd J.V.	SNP	5,746	15.1	5.2
		Little T.M. Ms.	LD	2,262	6.0	-4.6
1987: Lab				17,444	46.0	

206	**Dunfermline West*** [581]				
50,949	76.4	Squire R.A. Ms.	Lab	16,374	42.0	-5.0
		Scott-Hayward M.D.A.	Con	8,890	22.8	-0.3
		Smith J.	SNP	7,563	19.4	10.7
		Harris E.B.A. Ms.	LD	6,122	15.7	-5.4
1987: Lab				7,484	19.2	

207	**Durham, City of** [222]				
68,166*	74.6	Steinberg G.N.*	Lab	27,095	53.3	8.4
		Woodroofe M.I	Con	12,037	23.7	1.7
		Martin N.	LD	10,915	21.5	-11.7
		Banks S.J. Ms.	Green	812	1.6*	
1987: Lab				15,058	29.6	

208	**Durham North** [223]				
73,702*	76.1	Radice G.H.*	Lab	33,567	59.9	3.7
		Sibley E.A. Ms.	Con	13,930	24.8	3.6
		Appleby P.J.	LD	8,572	15.3	-7.3
1987: Lab				19,637	35.0	

209	**Durham North West** [224]				
61,168	75.5	Armstrong H.J. Ms.*	Lab	26,734	57.9	7.0
		May T.M. Ms.	Con	12,747	27.6	-0.8
		Farron T.J.	LD	6,728	14.6	-6.2
1987: Lab				13,987	30.3	

210	**Ealing Acton** [1]				
58,688*	76.0	Young Sir G.S.K.*	Con	22,579	50.6	-2.8
		Johnson Y.E. Ms.	Lab	15,572	34.9	7.1
		Rowe L.A.	LD	5,487	12.3	-6.5
		Seibe A.I. Ms.	Green	554	1.2*	
		Pitt-Aikens T.	Ind Con	432	1.0*	
1987: Con				7,007	15.7	

211   **Ealing North** [25]

63,528*	78.8	Greenway H.*	Con	24,898	49.7	-6.3
		Stears M.J.	Lab/Coop	18,932	37.8	10.0
		Hankinson P.C.D.	LD	5,247	10.5	-4.7
		Earl D.S	Green	554	1.1*	0.0
		Hill C.J.G.	NF	277	0.6*	
		Davies R.A.	CDP	180	0.4*	
1987: Con				5,966	11.9	

212   **Ealing Southall** [68]

65,574*	75.5	Khabra P.S.	Lab	23,476	47.4	-3.3
		Treleaven P.C.	Con	16,610	33.6	-1.9
		Bidwell S.J.*	Ind Lab	4,665	9.4	
		Nandhra P.K. Ms.	LD	3,790	7.7	-5.7
		Goodwin N.	Green	944	1.9*	
1987: Lab				6,866	13.9	

213   **Easington** [225]

65,062*	72.5	Cummings J.S.*	Lab	34,269	72.7	4.6
		Perry W.J.	Con	7,879	16.7	0.4
		Freitag P.	LD	5,001	10.6	-5.0
1987: Lab				26,390	56.0	

214   **Eastbourne** [226]

76,146	80.9	Waterson N.C.	Con	31,792	51.6	-8.3
		Bellotti D.F.	LD	26,311	42.7	13.0
		Gibbons I.A.	Lab	2,834	4.6*	-4.2
		Aherne D.	Green	391	0.6*	-0.9
		Williamson M-T. Ms.	Lib	296	0.5*	
1987: Con				5,481	8.9	

[**Eastbourne** 214 contd.

18/10/90   [Death of Ian Gow on 30/07/90]

75,904	60.7	Bellotti D.F.	LD	23,415	50.8	21.1
		Hickmet R.S.	Con	18,865	40.9	-19.0
		Atkins C.J.S. Ms.	Lab	2,308	5.0	-3.8
		Aherne D.	Green	553	1.2*	
		Williamson M-T. Ms.	Lib	526	1.1*	
		Whiplash C.L.L-R. Ms.	Ind	216	0.5*	
		McAuley J.C.	NF	154	0.3*	
		Page E.G.	Ind	35	0.1*	
				4,550	9.9	

215		**East Kilbride*** [582]				
64,100	80.0	Ingram A.*	Lab	24,055	46.9	-2.1
		McAlorum K. Ms.	SNP	12,063	23.5	11.0
		Lind G.	Con	9,781	19.1	4.4
		Grieve S. Ms.	LD	5,377	10.5	-13.3
1987: Lab				11,992	23.4	

216		**Eastleigh** [227]				
91,760	82.9	Milligan S.D.W.	Con	38,998	51.3	0.0
		Chidgey D.W.G.	LD	21,296	28.0	-4.0
		Sugrue J.E. Ms.	Lab	15,768	20.7	4.0
1987: Con				17,702	23.3	

217		**East Lothian*** [583]				
66,700*	82.4	Home Robertson J.D.*	Lab	25,537	46.5	-1.6
		Hepburne Scott J.P.	Con	15,501	28.2	-0.1
		Thomson G.	SNP	7,776	14.2	6.9
		McKay T.	LD	6,126	11.2	-4.3
1987: Lab				10,036	18.3	

218 Eastwood [584]

63,658	81.0	Stewart J.A.*	Con	24,124	46.8	7.3
		Grant-Hutchinson P.	Lab	12,436	24.1	-0.9
		Craig M. Ms.	LD	8,493	16.5	-10.8
		Scott P.	SNP	6,372	12.4	4.1
		Fergusson L.	NLP	146	0.3*	
1987: Con				11,688	22.7	

219 Eccles [229]

64,911*	74.1	Lestor J. Ms.*	Lab	27,357	56.9	6.1
		Ling G.J.	Con	14,131	29.4	-2.0
		Reid G.C.	LD	5,835	12.1	-5.8
		Duriez R.C.	Green	521	1.1*	
		Garner J.A. Ms.	NLP	270	0.6*	
1987: Lab				13,226	27.5	

220 Eddisbury [230]

75,081*	82.6	Goodlad A.R.*	Con	31,625	51.0	-0.1
		Edwards N.M. Ms.	Lab	18,928	30.5	7.0
		Lyon D.W.	LD	10,543	17.0	-6.6
		Basden A.	Green	783	1.3*	-0.4
		Pollard N.P.J.	NLP	107	0.2*	
1987: Con				12,697	20.5	

221 Edinburgh Central [585]

56,689	69.1	Darling A.M.*	Lab	15,189	38.8	-1.4
		Martin P.C.	Con	13,063	33.4	-1.3
		Devine L.J. Ms.	SNP	5,539	14.1	7.9
		Myles A.B.	LD	4,500	11.5	-6.4
		Harper R.C.M.	Green	630	1.6*	0.5
		Wilson D.	Lib	235	0.6*	
1987: Lab				2,126	5.4	

222 Edinburgh East* [586]

45,785	73.7	Strang G.S.*	Lab	15,446	45.7	-4.6
		Ward K.F.	Con	8,235	24.4	-0.3
		McKinney D.	SNP	6,225	18.4	9.0
		Scobie D.S.	LD	3,432	10.2	-5.3
		Farmer G.W.	Green	424	1.3*	
1987: Lab				7,211	21.4	

223 Edinburgh Leith [587]

56,654	71.1	Chisholm M.G.R.	Lab	13,790	34.2	-15.1
		Hyslop F.J. Ms.	SNP	8,805	21.8	12.4
		Rizvi M.B.A	Con	8,496	21.1	-1.8
		Campbell H.C. Ms.	LD	4,975	12.3	-6.0
		Brown R.D.M.*	Ind Lab	4,142	10.3	
		Swan A.J.	NLP	96	0.2*	
1987: Lab				4,985	12.4	

224 Edinburgh Pentlands [588]

55,646	80.1	Rifkind M.L.*	Con	18,128	40.7	2.4
		Lazarowicz M.J.	Lab/Coop	13,838	31.1	1.1
		Caskie K.M. Ms.	SNP	6,882	15.4	8.2
		Smith K.A.	LD	5,597	12.6	-12.0
		Rae D.C.	NLP	111	0.2*	
1987: Con				4,290	9.6	

225 Edinburgh South [589]

61,547	72.4	Griffiths N.*	Lab	18,485	41.5	3.8
		Stevenson S.J.S.	Con	14,309	32.1	-1.7
		McCreadie R.A.	LD	5,961	13.4	-9.2
		Knox R.T.	SNP	5,727	12.8	7.8
		Manclark G.F.	NLP	108	0.2*	
1987: Lab				4,176	9.4	

226 **Edinburgh West** [590]

59,078	82.6	Douglas-Hamilton J.A.*	Con	18,071	37.0	-0.3
		Gorrie D.C.E.	LD	17,192	35.2	0.4
		Kitson I.A. Ms.	Lab	8,759	18.0	-4.2
		Sutherland G.D.	SNP	4,117	8.4	2.8
		Fleming A.R.	Lib	272	0.6*	
		Hendry L.M. Ms.	Green	234	0.5*	
		Bruce D.J.	BNP	133	0.3*	
1987: Con				879	1.8	

227 **Edmonton** [26]

63,053*	75.7	Twinn I.D.*	Con	22,076	46.3	-4.9
		Love A.M.	Lab/Coop	21,483	45.0	9.0
		Jones E.V.	LD	3,940	8.3	-4.5
		Solly G.E. Ms.	NLP	207	0.4*	
1987: Con				593	1.2	

228 **Ellesmere Port and Neston** [231]

71,622	84.1	Miller A.P.	Lab	27,782	46.1	4.9
		Pearce D.A.	Con	25,793	42.8	-1.6
		Jewkes E.B. Ms.	LD	5,944	9.9	-4.2
		Money M.C.	Green	589	1.0*	
		Rae J.A.	NLP	105	0.2*	
1987: Con				1,989	3.3	

229 **Elmet** [232]

70,711	82.4	Batiste S.L.*	Con	27,677	47.5	0.6
		Burgon C.	Lab	24,416	41.9	4.8
		Beck A. Ms.	LD	6,144	10.5	-5.5
1987: Con				3,261	5.6	

230   **Eltham** [27]

51,989*	78.7	Bottomley P.J.*	Con	18,813	46.0	-1.5
		Efford C.S.	Lab	17,147	41.9	9.9
		McGinty C.P.	LD	4,804	11.7	-8.8
		Graham A.J.	Ind Con	165	0.4*	
1987: Con				1,666	4.1	

231   **Enfield North** [28]

67,422*	77.9	Eggar T.J.C.*	Con	27,789	52.9	-2.6
		Upham M.	Lab	18,359	34.9	6.5
		Tustin S.L. Ms.	LD	5,817	11.1	-3.7
		Markham J.P.	NLP	565	1.1*	
1987: Con				9,430	18.0	

232   **Enfield Southgate** [69]

64,312*	76.3	Portillo M.D.X.*	Con	28,422	57.9	-0.9
		Livney K.R. Ms.	Lab	12,859	26.2	7.4
		Keane K.J.M.	LD	7,080	14.4	-6.5
		Hollands M.C.P.H. Ms.	Green	696	1.4*	0.0
1987: Con				15,563	31.7	

233   **Epping Forest*** [233]

67,600	80.5	Norris S.J.	Con	32,407	59.5	-1.4
		Murray S.W.	Lab	12,219	22.4	4.1
		Austen B.H.M. Ms.	LD	9,265	17.0	-2.3
		O'Brien A.	Ind	552	1.0*	
1987: Con				20,188	37.1	

[**Epping Fores**t 233 contd.]

15/12/88		[Death of Sir J.A. Biggs-Davison 17/09/88]				
67,991	49.1	Norris S.J.	Con	13,183	39.5	-21.4
		Thompson A.J.	LD	8,679	26.0	+6.6
		Murray S.W.	Lab	6,261	18.7	0.3
		Pettman M.G.	SDP	4,077	12.2	
		Simms A.M.	Green	672	2.0*	0.7
		Wingfield T. Ms.	Ind NF	286	0.9*	
		Sutch D.E.	MRLP	208	0.6*	
		Moore J. Ms.	Ind	33	0.1*	
		Goodier B.G.	Ind	16	0.0*	
				4,504	13.5	

234 **Epsom and Ewell** [234]

68,138*	80.1	Hamilton A.G.*	Con	32,861	60.2	-2.0
		Emerson M.P.	LD	12,840	23.5	0.3
		Warren R.A.	Lab	8,577	15.7	1.2
		Hatchard G.D.	NLP	334	0.6*	

1987: Con | | | | 20,021 | 36.7 |

235 **Erewash*** [235]

75,729	83.7	Knight A.A. Ms.	Con	29,907	47.2	-1.4
		Stafford J.J.	Lab	24,204	38.2	6.1
		Tuck P.R.	LD	8,606	13.6	-5.7
		Johnson L.A.	BNP	645	1.0*	

1987: Con | | | | 5,703 | 9.0 |

236 **Erith and Crayford** [29]

59,214*	79.7	Evennett D.A.*	Con	21,926	46.5	1.3
		Beard C.N.	Lab	19,587	41.5	12.0
		Jamieson F.M. Ms.	LD	5,657	12.0	-13.3

1987: Con | | | | 2,339 | 5.0 |

237	**Esher** [236]					
58,862	80.8	Taylor I.C.*	Con	31,115	65.4	-0.1
		Richling J.H.	LD	10,744	22.6	-3.1
		Reay J.A. Ms.	Lab	5,685	12.0	3.2
1987: Con				20,371	42.9	

238	**Exeter** [237]					
77,134	80.5	Hannam J.G.*	Con	25,543	41.1	-3.3
		Lloyd J.N.	Lab	22,498	36.2	13.7
		Oakes G.J.	LD	12,059	19.4	-12.3
		Micklem A.C. Ms.	Lib	1,119	1.8*	
		Brenan T.J.R.	Green	764	1.2*	0.2
		Turnbull M.J.	NLP	98	0.2*	
1987: Con				3,045	4.9	

239	**Falkirk East*** [591]					
51,224	78.0	Connarty M.	Lab	18,423	46.1	-8.1
		Halliday R.N.F.	SNP	10,454	26.2	10.8
		Harding K.	Con	8,279	20.7	2.1
		Storr D.M. Ms.	LD	2,775	6.9	-4.8
1987: Lab				7,969	20.0	

240	**Falkirk West** [592]					
49,434	77.8	Canavan D.*	Lab	19,162	49.8	-3.4
		Houston W.	SNP	9,350	24.3	7.8
		Macdonald M.	Con	7,558	19.6	2.0
		Reilly M.J.	LD	2,414	6.3	-6.4
1987: Lab				9,812	25.5	

241 Falmouth and Camborne [238]

70,712	81.1	Coe S.N.	Con	21,150	36.9	-7.0
		Jones T.L. Ms.	LD	17,883	31.2	-3.4
		Cosgrove J.D.	Lab	16,732	29.2	8.3
		Holmes P.T.	Lib	730	1.3*	
		Saunders K.J.	Green	466	0.8*	
		Zapp F.	MRLP	327	0.6*	-0.1
		Pringle A.J.	NLP	56	0.1*	
1987: Con				3,267	5.7	

242 Fareham [239]

81,125*	81.9	Lloyd P.R.C.*	Con	40,482	61.0	-0.1
		Thompson J.C.	LD	16,341	24.6	-5.3
		Weston E.M. Ms.	Lab	8,766	13.2	4.1
		Brimecome M.J.	Green	818	1.2*	
1987: Con				24,141	36.4	

243 Faversham* [240]

82,037*	79.7	Moate R.D.*	Con	32,755	50.1	-1.0
		Brinton H.R. Ms.	Lab	16,404	25.1	4.3
		Truelove R.	LD	15,896	24.3	-3.8
		Bradshaw R.M.	NLP	294	0.4*	
1987: Con				16,351	25.0	

244 Feltham and Heston [30]

82,133	73.1	Keen A.	Lab/Coop	27,660	46.1	8.7
		Ground R.P.*	Con	25,665	42.8	-3.7
		Hoban M.F.	LD	6,700	11.2	-5.0
1987: Con				1,995	3.3	

245 Fermanagh and South Tyrone [643]

70,253	78.5	Maginnis K.*	UU	26,923	48.8	-0.7
		Gallagher T.	SDLP	12,810	23.2	4.1
		Molloy F.	SF	12,604	22.9	-3.5
		Kettyles D.	PS	1,094	2.0*	
		Bullick E.A.H.	AP	950	1.7*	0.0
		Cullen G.	NA	747	1.4*	
1987: UU				14,113	25.6	

246 Fife Central* [593]

56,092	74.4	McLeish H.B.*	Lab	21,036	50.4	-3.0
		Marwick T. Ms.	SNP	10,458	25.1	10.3
		Cender C.E. Ms.	Con	7,353	17.6	1.0
		Harrow C.T.A.	LD	2,892	6.9	-8.3
1987: Lab				10,578	25.3	

247 Fife North East* [594]

53,836	77.7	Campbell W.M.*	LD	19,430	46.4	1.6
		Scanlon M.E. Ms.	Con	16,122	38.5	-2.7
		Roche F.D.	SNP	3,589	8.6	2.0
		Clark M.L. Ms.	Lab	2,319	5.5	-1.9
		Flinn T.	Green	294	0.7*	
		Senior D.M.	Lib	85	0.2*	
1987: Lib				3,308	7.9	

248 Finchley [31]

52,908*	77.6	Booth V.E.H.	Con	21,039	51.2	-2.7
		Marjoram A.C. Ms.	Lab	14,651	35.7	4.0
		Leighter H.F. Ms.	LD	4,568	11.1	-2.8
		Gunstock A.	Green	564	1.4*	
		Johnson S.A. Ms.	Ind	130	0.3*	
		Macrae J.D.	NLP	129	0.3*	
1987: Con				6,388	15.6	

249		**Folkestone and Hythe*** [241]				
65,856*	79.6	Howard M.*	Con	27,437	52.3	-3.0
		Cufley L.W. Ms.	LD	18,527	35.3	-1.9
		Doherty P.	Lab	6,347	12.1	4.7
		Hobbs A.R.	Ind	123	0.2*	
1987: Con				8,910	17.0	

250		**Foyle** [644]				
74,673	69.5	Hume J.*	SDLP	26,710	51.5	2.7
		Campbell G.L.	DUP	13,705	26.4	-2.1
		McGuinness M.	SF	9,149	17.6	-0.3
		McIlroy L.A. Ms.	AP	1,390	2.7*	0.1
		MacKenzie G.	WP	514	1.0*	-1.1
		Burns J.J.P.	NLP	422	0.8*	
1987: SDLP				13,005	25.1	

251		**Fulham** [32]				
52,945	75.9	Carrington M.H.M.*	Con	21,438	53.4	1.6
		Moore N.P.	Lab	14,859	37.0	0.3
		Crystal P.M.	LD	3,339	8.3	-2.1
		Streeter E.G.A. Ms.	Green	443	1.1*	0.0
		Darby J.V.	NLP	91	0.2*	
1987: Con				6,579	16.4	

252		**Fylde*** [242]				
63,599	78.5	Jack J.M.*	Con	30,639	61.4	0.7
		Cryer N.	LD	9,648	19.3	-4.9
		Hughes C Ms.	Lab	9,382	18.8	4.5
		Leadbetter P.D.N.	NLP	239	0.5*	
1987: Con				20,991	42.1	

253 Gainsborough and Horncastle [243]

72,038*	80.9	Leigh E.J.E.*	Con	31,444	54.0	0.6
		Taylor N.	LD	15,199	26.1	-9.1
		Jones F.E.A. Ms.	Lab	11,619	19.9	8.5
1987: Con				16,245	27.9	

254 Galloway and Upper Nithsdale* [595]

54,500	81.6	Lang I.B.*	Con	18,681	42.0	1.6
		Brown M.	SNP	16,213	36.4	5.0
		Dowson J.	Lab	5,766	13.0	0.1
		McKerchar J.	LD	3,826	8.6	-6.0
1987: Con				2,468	5.6	

255 Gateshead East [244]

64,355*	73.6	Quin J.G. Ms.*	Lab	30,100	63.5	4.3
		Callanan M.J.	Con	11,570	24.4	0.5
		Beadle R.W.A.L.	LD	5,720	12.1	-4.8
1987: Lab				18,530	39.1	

256 Gedling [245]

68,954*	82.3	Mitchell A.J.B.*	Con	30,191	53.2	-1.3
		Coaker V.R.	Lab	19,554	34.4	10.5
		George D.G.	LD	6,863	12.1	-9.5
		Miszewska A.K.L. Ms.	NLP	168	0.3*	
1987: Con				10,637	18.7	

257 Gillingham* [246]

71,851*	80.3	Couchman J.R.*	Con	30,201	52.3	-0.7
		Clark P.G.	Lab	13,563	23.5	6.4
		Wallbank M.A.	LD	13,509	23.4	-6.5
		MacKinlay C.	Ind	248	0.4*	
		Jolicoeur D.	NLP	190	0.3*	
1987: Con				16,638	28.8	

258   Glanford and Scunthorpe [247]

73,404	79.1	Morley E.A.*	Lab	30,637	52.8	9.3
		Saywood A.M.	Con	22,226	38.3	-4.3
		Paxton W.	LD	4,186	7.2	-6.4
		Nottingham C.	SD	996	1.7*	

1987: Lab   8,411   14.5

259   Glasgow Cathcart* [596]

44,779	75.2	Maxton J.A.*	Lab	16,265	48.3	-3.8
		Young J.	Con	8,264	24.5	2.2
		Steven W.A.	SNP	6,107	18.1	7.8
		Dick G.C.	LD	2,614	7.8	-7.4
		Allan K.M. Ms.	Green	441	1.3*	

1987: Lab   8,001   23.8

260   Glasgow Central [597]

48,159	63.0	Watson M.	Lab	17,341	57.2	-7.3
		O'Hara B.	SNP	6,322	20.8	10.9
		Stewart E.N.	Con	4,208	13.9	0.9
		Rennie A.N.	LD	1,921	6.3	-4.2
		Brandt I. Ms.	Green	435	1.4*	0.6
		Burn T.D.	CPGB	106	0.3*	

1987: Lab   11,019   36.3

15/06/89   [Death of Robert McTaggart on 23/03/89]

50,254	52.8	Watson M.	Lab	14,480	54.6	-9.9
		Neil A.	SNP	8,018	30.2	20.2
		Hogarth A.	Con	2,028	7.6	-5.4
		Brandt I. Ms.	Green	1,019	3.8*	2.9
		McCreadie R.	LD	411	1.5*	-9.0
		Kerr P.	SDP	253	1.0*	
		Murdoch L. Ms.	Ind	141	0.5*	
		Kidd B.	Ind	137	0.5*	
		Lettice D.	Ind	48	0.2*	

                                                       6,462   24.4

261	**Glasgow Garscadden*** [598]				
41,214	71.3	Dewar D.C.*	Lab	18,920	64.4	-3.3
		Douglas R.G.*	SNP	5,580	19.0	6.7
		Scott J.L.	Con	3,385	11.5	0.8
		Brodie C.G.	LD	1,425	4.9*	-4.5
		Orr W.G.	NLP	61	0.2*	
1987: Lab				13,340	45.4	

262	**Glasgow Govan** [599]				
45,879	75.9	Davidson I.G.	Lab/Coop	17,051	48.9	-15.9
		Sillars J.	SNP	12,926	37.1	26.7
		Donnelly J.A.	Con	3,458	9.9	-2.0
		Stewart R.	LD	1,227	3.5*	-8.8
		Spaven D.	Green	181	0.5*	
1987: Lab				4,125	11.8	

10/11/88	[Resignation of B. Millan on 18/10/88]				
49,994	60.2	Sillars J.	SNP	14,677	48.8	38.4
		Gillespie R.P.	Lab	11,123	37.0	-27.8
		Hamilton G.M.	Con	2,207	7.3	-4.6
		Ponsonby B.	LD	1,246	4.1*	-8.2
		Campbell G.	Green	345	1.1*	
		Chalmers D.	Comm	281	0.9*	
		Sutch D.E.	MRLP	174	0.6*	
		Clark F.	Ind	51	0.2*	
				3,554	11.8	

263	**Glasgow Hillhead** [600]				
57,331	68.7	Galloway G.*	Lab	15,148	38.5	-4.4
		Mason C.M.	LD	10,322	26.2	-8.9
		Bates A. Ms.	Con	6,728	17.1	2.6
		White S. Ms.	SNP	6,484	16.5	10.0
		Collie L.R. Ms.	Green	558	1.4*	0.4
		Gold H. Ms.	RCP	73	0.2*	
		Paterson D.J.	NLP	60	0.2*	
1987: Lab				4,826	12.3	

264   **Glasgow Maryhill*** [601]

48,479	65.1	Fyfe M. Ms.*	Lab	19,452	61.6	-4.8
		Williamson C.	SNP	6,033	19.1	8.1
		Godfrey J.P.	Con	3,248	10.3	0.9
		Alexander J.	LD	2,215	7.0	-4.6
		O'Brien P.J.	Green	530	1.7*	0.2
		Henderson M.D.	NLP	78	0.2*	
1987: Lab				13,419	42.5	

265   **Glasgow Pollok** [602]

46,190	70.7	Dunnachie J.F.*	Lab	14,170	43.4	-19.7
		Sheridan T.	SML	6,287	19.3	
		Gray R.	Con	5,147	15.8	1.5
		Leslie G.	SNP	5,107	15.6	6.1
		Jago D.M.	LD	1,932	5.9	-6.2
1987: Lab				7,883	24.2	

266   **Glasgow Provan** [603]

36,579	65.3	Wray J.*	Lab	15,885	66.5	-6.4
		MacRae S. Ms.	SNP	5,182	21.7	9.6
		Rosindell A.R.	Con	1,865	7.8	0.1
		Bell C.E.	LD	948	4.0*	-3.3
1987: Lab				10,703	44.8	

267   **Glasgow Rutherglen** [604]

52,719	75.2	McAvoy T.*	Lab/Coop	21,962	55.4	-0.6
		Cooklin B.D.	Con	6,692	16.9	5.4
		Higgins J.	SNP	6,470	16.3	8.2
		Baillie D.S.	LD	4,470	11.3	-13.1
		Slaughter B. Ms.	ICP	62	0.2*	
1987: Lab				15,270	38.5	

268	**Glasgow Shettleston** [605]				
51,913	68.9	Marshall D.*	Lab	21,665	60.6	-3.0
		Sturgeon N. Ms.	SNP	6,831	19.1	6.4
		Mortimer N.R.	Con	5,396	15.1	1.8
		Orskov J.P. Ms.	LD	1,881	5.3	-5.2
1987: Lab				14,834	41.5	

269	**Glasgow Springburn** [606]				
45,831	65.7	Martin M.J.*	Lab	20,369	67.7	-6.0
		Miller S.	SNP	5,863	19.5	9.3
		Barnett A.	Con	2,625	8.7	0.5
		Ackland R.	LD	1,242	4.1*	-3.8
1987: Lab				14,506	48.2	

270	**Gloucester** [248]				
80,626	80.2	French D.C.*	Con	29,870	46.2	-3.5
		Stephens K.E.	Lab	23,801	36.8	7.2
		Sewell J.M.	LD	10,978	17.0	-3.7
1987: Con				6,069	9.4	

271	**Gloucestershire West** [249]				
80,054	83.8	Marland P.*	Con	29,232	43.6	-2.7
		Organ D.M. Ms.	Lab	24,274	36.2	8.4
		Boait J.E. Ms.	LD	13,366	19.9	-6.1
		Reeve A.	Ind	172	0.3*	
		Palmer C.R.	Ind	75	0.1*	
1987: Con				4,958	7.4	

272	**Gordon** [607]				
79,672	74.3	Bruce M.G.*	LD	22,158	37.4	-12.0
		Porter J.A.	Con	21,884	37.0	5.1
		Adam B.J.	SNP	8,445	14.3	7.1
		Morrell P.M.	Lab	6,682	11.3	-0.2
1987: Lib				274	0.5	

273   Gosport [250]

69,817	76.6	Viggers P.J.*	Con	31,094	58.1	-0.4
		Russell M.G.	LD	14,776	27.6	-3.9
		Angus M.F. Ms.	Lab	7,275	13.6	3.7
		Ettie P.F.F.	Ind	332	0.6*	
1987: Con				16,318	30.5	

274   Gower* [542]

57,229	81.9	Wardell G.L.*	Lab	23,485	50.1	3.5
		Donnelly A.L.	Con	16,437	35.1	0.6
		Davies C.G.	LD	4,655	9.9	-6.2
		Price A.	PC	1,639	3.5*	0.7
		Kingzett B.	Green	448	1.0*	
		Egan G.P.	MRLP	114	0.2*	
		Beresford M.S.	NLP	74	0.2*	
1987: Lab				7,048	15.0	

275   Grantham [251]

83,535*	79.2	Hogg D.M.*	Con	37,194	56.2	-0.9
		Taggart S.	Lab/Coop	17,606	26.6	6.1
		Heppell J.P.	LD	9,882	14.9	-6.4
		Hiley J.D.	Lib	1,500	2.3*	
1987: Con				19,588	29.6	

276   Gravesham [252]

70,790	83.4	Arnold J.A.*	Con	29,322	49.7	-0.4
		Green G.A.	Lab	23,829	40.4	5.5
		Deedman D.R.	LD	5,269	8.9	-6.2
		Bunstone A.J.	Ind	273	0.5*	
		Khilkoff-Boulding R.E.B.	Ind Con	187	0.3*	
		Buxton B.J.	Soc	174	0.3*	
1987: Con				5,493	9.3	

277 **Great Grimsby** [253]

67,427*	75.3	Mitchell A.V.*	Lab	25,897	51.0	5.5
		Jackson P.	Con	18,391	36.2	7.8
		Frankish P. Ms.	LD	6,475	12.8	-13.3
1987: Lab				7,506	14.8	

278 **Great Yarmouth** [254]

68,263*	77.9	Carttiss M.R.H.*	Con	25,505	47.9	-3.8
		Baughan B.J. Ms.	Lab	20,196	38.0	6.8
		Scott M.J.	LD	7,225	13.6	-3.5
		Larkin P. Ms.	NLP	284	0.5*	
1987: Con				5,309	10.0	

279 **Greenock and Port Glasgow** [608]

52,062*	73.7	Godman N.A.*	Lab	22,258	58.0	-5.9
		Black I.	SNP	7,279	19.0	10.4
		McCullough J.	Con	4,479	11.7	2.0
		Lambert C.N.D.	LD	4,359	11.4	-6.5
1987: Lab				14,979	39.0	

280 **Greenwich** [33]

47,790*	74.6	Raynsford W.R.N.	Lab	14,630	41.0	6.2
		Barnes R.S. Ms.*	SD	13,273	37.2	
		McNair A. Ms.	Con	6,960	19.5	-3.8
		McCracken R.H.J.	Green	483	1.4*	0.4
		Mallone R.S.	FP	147	0.4*	0.3
		Hardee M.G.	Ind	103	0.3*	
		Small J.D.	NLP	70	0.2*	
1987: SDP				1,357	3.8	

281 **Guildford** [255]

77,265*	78.5	Howell D.A.R.*	Con	33,516	55.3	-0.2
		Sharp M.L. Ms.	LD	20,112	33.2	-0.8
		Mann H.	Lab	6,781	11.2	0.6
		Law A.S.	NLP	234	0.4*	
1987: Con				13,404	22.1	

282   Hackney North and Stoke Newington [34]

56,768	61.2	Abbott D.J. Ms.*	Lab	20,083	57.8	9.1
		Manson C.D.	Con	9,356	26.9	-2.0
		Fitchett K.E.	LD	3,996	11.5	-7.7
		Hunt H.M. Ms.	Green	1,111	3.2*	0.6
		Windsor J.G.	NLP	178	0.5*	
1987: Lab				10,727	30.9	

283   Hackney South and Shoreditch [35]

60,220	61.4	Sedgemore B.C.J.*	Lab	19,730	53.4	5.5
		Turner A.J.	Con	10,714	29.0	0.3
		Wintle G.	LD	5,533	15.0	-7.5
		Lucas L.	Green	772	2.1*	
		Norman G.L. Ms.	NLP	226	0.6*	
1987: Lab				9,016	24.4	

284   Halesowen and Stourbridge [256]

77,644*	82.3	Hawksley P.W.	Con	32,312	50.6	0.5
		Hankon A.B.	Lab	22,730	35.6	7.8
		Sharma V.	LD	7,941	12.4	-9.6
		Weller T.	Green	908	1.4*	
1987: Con				9,582	15.0	

285   Halifax [257]

73,402*	78.7	Mahon A. Ms.*	Lab	25,115	43.5	0.1
		Martin T.R.	Con	24,637	42.7	1.4
		Howell I.R.	LD	7,364	12.7	-2.6
		Pearson R.	Nat	649	1.1*	
1987: Lab				478	0.8	

286 Halton [258]

74,909	78.3	Oakes G.J.*	Lab	35,005	59.7	4.2
		Mercer G.L.	Con	16,821	28.7	-1.6
		Reaper D.	LD	6,104	10.4	-3.9
		Herley S.	MRLP	398	0.7*	
		Collins N.G. Ms.	NLP	338	0.6*	

1987: Lab   18,184   31.0

287 Hamilton [609]

61,572	76.1	Robertson G.I.M.*	Lab	25,849	55.2	-4.5
		Morrison W.	SNP	9,246	19.7	7.0
		Mitchell J.M. Ms.	Con	8,250	17.6	3.2
		Oswald J.	LD	3,515	7.5	-5.7

1987: Lab   16,603   35.4

288 Hammersmith [36]

47,504	71.5	Soley C.S.*	Lab	17,329	51.0	6.0
		Hennessy J.A.	Con	12,575	37.0	-1.1
		Bates J.H.	LD	3,380	10.0	-5.0
		Crosskey R.S.	Green	546	1.6*	0.3
		Turner K.A.	NLP	89	0.3*	
		Szamuely H. Ms.	AFL	41	0.1*	

1987: Lab   4,754   14.0

289 Hampshire East [259]

93,393	79.3	Mates M.J.*	Con	47,541	64.2	-0.3
		Baring S.M Ms.	LD	18,376	24.8	-4.1
		Phillips J.A.	Lab	6,840	9.2	2.6
		Foster I.C.	Green	1,113	1.5*	
		Hale S.L.	Ind	165	0.2*	

1987: Con   29,165   39.4

290		**Hampshire North West** [260]				
73,036	80.8	Mitchell D.B.*	Con	34,310	58.1	0.4
		Simpson M.S.	LD	16,462	27.9	-5.2
		Stockwell M.A.D.	Lab	7,433	12.6	3.5
		Ashley D.A. Ms.	Green	825	1.4*	
1987: Con				17,848	30.2	

291		**Hampstead & Highgate** [37]				
58,452	72.7	Jackson G.M. Ms.	Lab	19,193	45.1	7.6
		Letwin O.	Con	17,753	41.8	-0.7
		Wrede C.D.H.	LD	4,765	11.2	-8.1
		Games S.N.	Green	594	1.4*	
		Prosser R.D.	NLP	86	0.2*	
		Wilson C.	Ind	44	0.1*	
		Hall A. Ms.	Ind	44	0.1*	
		Rizz C.	Ind	33	0.1*	
1987: Con				1,440	3.4	

292		**Harborough** [261]				
76,514*	82.1	Garnier E.H..	Con	34,280	54.6	-4.9
		Cox M.A.	LD	20,737	33.0	5.3
		Mackay C. Ms.	Lab	7,483	11.9	-1.0
		Irwin A.P.	NLP	328	0.5*	
1987: Con				13,543	21.6	

293		**Harlow*** [262]				
69,467	81.6	Hayes J.J.J.*	Con	26,608	47.0	-0.3
		Rammell W.E.	Lab	23,668	41.8	5.2
		Spenceley L.H. Ms.	LD	6,375	11.3	-4.9
1987: Con				2,940	5.2	

294 Harrogate [263]

76,250*	78.0	Banks R.G.*	Con	32,023	53.9	-1.7
		Hurren T.J.	LD	19,434	32.7	-1.7
		Wright A.J.	Lab	7,230	12.2	2.0
		Warneken A.F.	Green	780	1.3*	
1987: Con				12,589	21.2	

295 Harrow East [38]

74,837	77.7	Dykes H.J.M.*	Con	30,752	52.9	-1.3
		McNulty A.J.	Lab	19,654	33.8	10.2
		Chamberlain V.M. Ms.	LD	6,360	10.9	-11.3
		Burrows P.J.	Lib	1,142	2.0*	
		Hamza S.J. Ms.	NLP	212	0.4*	
		Lester J.C.	AFL	49	0.1*	
1987: Con				11,098	19.1	

296 Harrow West [39]

69,675	78.6	Hughes R.G.*	Con	30,240	55.2	0.0
		Moraes C.A.	Lab	12,343	22.5	5.0
		Noyce C.D.	LD	11,050	20.2	-7.1
		Aitman G.	Lib	845	1.5*	
		Argyle J.F.T. Ms.	NLP	306	0.6*	
1987: Con				17,897	32.7	

297 Hartlepool [264]

67,969*	76.1	Mandelson P.B.	Lab	26,816	51.9	3.4
		Robb G.M.	Con	18,034	34.9	1.0
		Cameron I.J.H.	LD	6,860	13.3	-0.8
1987: Lab				8,782	17.0	

298 Harwich [265]

80,261*	77.7	Sproat I.M.	Con	32,369	51.9	0.1
		Bevan P.A. Ms.	LD	15,210	24.4	-6.1
		Knight R.	Lab	14,511	23.3	5.8
		McGrath E.P. Ms.	NLP	279	0.4*	
1987: Con				17,159	27.5	

299 Hastings and Rye [266]

71,839*	74.9	Lait J.A.H. Ms.	Con	25,573	47.6	-2.5
		Palmer M.E.	LD	18,939	35.2	-0.8
		Stevens R.D.	Lab	8,458	15.7	2.7
		Phillips M.S. Ms.	Green	640	1.2*	
		Howell D.	MRLP	168	0.3*	-0.2
1987: Con				6,634	12.3	

300 Havant [267]

74,245	79.0	Willetts D.L.	Con	32,233	55.0	-2.2
		Van Hagen S.F.	LD	14,649	25.0	-3.1
		Morris G.R.J.	Lab	10,968	18.7	4.6
		Mitchell T.A.F.	Green	793	1.4*	
1987: Con				17,584	30.0	

301 Hayes and Harlington [40]

55,024	78.9	Dicks T.P.*	Con	19,489	44.9	-4.3
		McDonnell J.M.	Lab	19,436	44.8	9.3
		Little A.J.	LD	4,472	10.3	-5.0
1987: Con				53	0.1	

302 Hazel Grove [268]

64,300*	85.0	Arnold T.R.*	Con	24,479	44.8	-0.7
		Stunell R.A.	LD	23,550	43.1	1.1
		MacAlister C.D.	Lab	6,390	11.7	-0.1
		Penn M.S.	NLP	204	0.4*	
1987: Con				929	1.7	

303 Hemsworth [269]

55,696	75.9	Enright D.A.	Lab	29,942	70.8	3.8
		Harrison G.	Con	7,867	18.6	1.4
		Megson V. Ms.	LD	4,459	10.5	-5.2
1987: Lab				22,075	52.2	

[**Hemsworth** 303 contd.]

7/11/91   [Death of George Buckley on 14th September 1991]

56,247	42.6	Enright D.E.	Lab	15,895	66.3	-0.7
		Megson V. Ms.	LD	4,808	20.1	4.3
		Harrison G.	Con	2,512	10.5	-6.7
		Ablett P.A.	Ind Lab	648	2.7*	
		Smith T.J.	Ind	108	0.5*	
				11,087	46.2	

304   **Hendon North** [41]

51,514*	75.1	Gorst J.M.*	Con	20,569	53.2	-2.5
		Hill D.J.	Lab	13,447	34.8	9.3
		Kemp P.	LD	4,136	10.7	-8.2
		Duncan P.A. Ms.	Green	430	1.1*	
		Orr P.A. Ms.	NLP	95	0.2*	

1987: Con   7,122   18.4

305   **Hendon South** [42]

48,401*	72.4	Marshall J.L.*	Con	20,593	58.8	3.2
		Lloyd L. Ms.	Lab	8,546	24.4	3.5
		Cohen J.B.	LD	5,609	16.0	-7.6
		Leslie J.	NLP	289	0.8*	

1987: Con   12,047   34.4

306   **Henley** [270]

64,698*	79.8	Heseltine M.R.D.*	Con	30,835	59.7	-1.4
		Turner D.G.	LD	12,443	24.1	-2.2
		Russell-Swinnerton I.J.	Lab	7,676	14.9	2.3
		Plane A.S.	Ind	431	0.8*	
		Banerji S.A. Ms.	NLP	274	0.5*	

1987: Con   18,392   35.6

307 Hereford* [271]

69,686*	81.3	Shepherd C.R.*	Con	26,727	47.2	-0.3
		Jones G.G.	LD	23,314	41.2	-3.6
		Kelly J.E. Ms.	Lab	6,005	10.6	2.9
		Mattingly C.T.	Green	596	1.1*	

1987: Con   3,413   6.0

308 Hertford and Stortford [272]

76,655*	81.0	Wells B.*	Con	35,716	57.5	0.0
		White C.J.	LD	15,506	25.0	-3.4
		Bovaird A.J.	Lab	10,125	16.3	3.5
		Goth J.A.	Green	780	1.3*	-0.1

1987: Con   20,210   32.5

309 Hertfordshire North [273]

80,086	84.4	Heald O.	Con	33,679	49.8	0.1
		Liddle R.J.	LD	17,148	25.4	-6.4
		Bissett Johnson S.J. Ms.	Lab	16,449	24.3	5.9
		Irving B.J.R.	NLP	339	0.5*	

1987: Con   16,531   24.5

310 Hertfordshire South West [274]

70,913	83.7	Page R.L.*	Con	33,825	57.0	1.2
		Shaw A. Ms.	LD	13,718	23.1	-5.8
		Gale A.P.	Lab	11,512	19.4	4.1
		Adamson C.J.	NLP	281	0.5*	

1987: Con   20,107   33.9

311 Hertfordshire West [275]

78,554	82.4	Jones R.B.*	Con	33,340	51.5	1.8
		McNally M.E. Ms.	Lab	19,400	30.0	6.0
		Trevett M.J.	LD	10,464	16.2	-10.2
		Hannaway J.	Green	674	1.0*	
		McAuley J.C.	NF	665	1.0*	
		Harvey G.G.	NLP	175	0.3*	

1987: Con   13,940   21.5

312	**Hertsmere** [276]				
69,952*	80.9	Clappison W. J.	Con	32,133	56.8	0.2
		Souter D.N.	Lab	13,398	23.7	4.1
		Gifford Z. Ms.	LD	10,681	18.9	-4.9
		Harding D.M. Ms.	NLP	373	0.7*	
1987: Con				18,735	33.1	

313	**Hexham** [277]				
57812*	82.4	Atkinson P.L.	Con	24,967	52.4	2.8
		Swithenbank I.C.F.	Lab	11,529	24.2	6.2
		Wallace J.C.	LD	10,344	21.7	-10.0
		Hartshorne J.P.	Green	781	1.6*	0.9
1987: Con				13,438	28.2	

314	**Heywood and Middleton** [278]				
57,177*	74.9	Callaghan J.*	Lab	22,380	52.3	2.4
		Ollerenshaw E.	Con	14,306	33.4	-0.9
		Taylor M.B.	LD	5,252	12.3	-3.6
		Burke P.	Lib	757	1.8*	
		Scott A.M. Ms.	NLP	134	0.3*	
1987: Lab				8,074	18.9	

315	**High Peak** [279]				
70,793*	84.6	Hendry C.	Con	27,538	46.0	0.3
		Levitt T.	Lab	22,719	37.9	9.1
		Molloy S.P.	LD	8,861	14.8	-10.8
		Floyd R.	Green	794	1.3*	
1987: Con				4,819	8.0	

316   Holborn and St. Pancras [43]

64,794	62.7	Dobson F.G.*	Lab	22,243	54.8	4.1
		McHallam A.J.	Con	11,419	28.1	-3.0
		Horne-Roberts J. Ms.	LD	5,476	13.5	-4.1
		Wolf-Light P.	Green	959	2.4*	
		Hersey M.K.	NLP	212	0.5*	
		Headicar R.	Soc	175	0.4*	
		Lewis N.	Ind	133	0.3*	
1987: Lab				10,824	26.7	

317   Holland with Boston [280]

67,900	77.9	Body R.B.F.S.*	Con	29,159	55.1	-2.8
		Hough J.D.	Lab	15,328	29.0	8.4
		Ley N.J.	LD	8,434	15.9	-4.8
1987: Con				13,831	26.1	

318   Honiton [281]

79,224*	80.7	Emery P.*	Con	33,533	52.4	-6.7
		Sharratt J.M. Ms.	LD	17,022	26.6	-4.5
		Davison R.	Lab	8,142	12.7	4.3
		Owen D.A.	Ind Con	2,175	3.4*	
		Hughes S.	RLGG	1,442	2.3*	
		Halliwell G.J.	Lib	1,005	1.6*	
		Tootill A.J.	Green	650	1.0*	
1987: Con				16,511	25.8	

319   Hornchurch [44]

60,484	79.8	Squire R.C.*	Con	25,817	53.5	2.3
		Cooper L.A. Ms.	Lab	16,652	34.5	6.1
		Oddy B.J.	LD	5,366	11.1	-9.3
		Matthews T.F.	SD	453	0.9*	
1987: Con				9,165	19.0	

320 Hornsey and Wood Green [45]

73,668	75.7	Roche B.M. Ms.	Lab	27,020	48.5	8.5
		Boff A.	Con	21,843	39.2	-3.8
		Dunphy P.G.	LD	5,547	10.0	-5.2
		Crosbie E. Ms.	Green	1,051	1.9*	-0.1
		Davies P.R.G.	NLP	197	0.4*	
		Massey W.	RCP	89	0.2*	
1987: Con				5,177	9.3	

321 Horsham [282]

84,159*	81.3	Hordern P.M.*	Con	42,210	61.7	-2.0
		Stainton J.M. Ms.	LD	17,138	25.1	-0.3
		Uwins S.P.P.	Lab	6,745	9.9	1.2
		Elliott J.A. Ms.	Lib	1,281	1.9*	
		King T.J.	Green	692	1.0*	-1.2
		Duggan J.J.	Ind	332	0.5*	
1987: Con				25,072	36.7	

322 Houghton and Washington [283]

79,326*	70.6	Boyes R.*	Lab	34,733	62.0	2.9
		Tyrie A.G.	Con	13,925	24.9	2.1
		Dumpleton O.	LD	7,346	13.1	-5.1
1987: Lab				20,808	37.2	

323 Hove [284]

67,566	74.1	Sainsbury T.A.D.*	Con	24,525	49.0	-9.9
		Turner D.K.	Lab	12,257	24.5	6.2
		Jones A.F. Ms.	LD	9,709	19.4	-2.4
		Furness J.N.P.	Ind Con	2,658	5.3	
		Sinclair G.S.	Green	814	1.6*	
		Morrilly J.H.	NLP	126	0.3*	
1987: Con				12,268	24.5	

324	**Huddersfield** [285]				
67,574	72.4	Sheerman B.J.*	Lab/Coop	23,832	48.7	2.9
		Kenyon J.M. Ms.	Con	16,574	33.9	2.5
		Denham A.E. Ms.	LD	7,777	15.9	-5.6
		Harvey N.A.L.	Green	576	1.2*	-0.1
		Cran M.	NLP	135	0.3*	
1987: Lab				7,258	14.8	

325	**Hull East** [294]				
69,078	69.3	Prescott J.L.*	Lab	30,096	62.9	6.6
		Fareham J.L.	Con	11,373	23.8	-2.2
		Wastling J.H.	LD	6,050	12.6	-5.0
		Kinzell C.	NLP	323	0.7*	
1987: Lab				18,723	39.1	

326	**Hull North** [295]				
71,395	66.7	McNamara J.K.*	Lab	26,619	55.9	4.7
		Coleman B.G.	Con	11,235	23.6	-3.7
		Meadowcroft A.P.	LD	9,504	20.0	-1.5
		Richardson G.P.	NLP	254	0.5*	
1987: Lab				15,384	32.3	

327	**Hull West** [296]				
56,136	65.7	Randall S.J.*	Lab	21,139	57.3	5.4
		Stewart D.M.	Con	10,554	28.6	-1.7
		Tress R.D.	LD	4,867	13.2	-4.5
		Franklin B.J.	NLP	308	0.8*	
1987: Lab				10,585	28.7	

328	**Huntingdon** [286]				
92,914*	79.2	Major J.*	Con	48,662	66.2	2.6
		Seckleman H.A	Lab	12,432	16.9	3.0
		Duff A.N.	LD	9,386	12.8	-8.4
		Wiggin P.D.	Lib	1,045	1.4*	
		Birkhead D.M. Ms.	Green	846	1.2*	-0.2
		Sutch D.E.	MRLP	728	1.0*	
		Flanagan M.A.	Ind Con	231	0.3*	
		Buckethead L.	Ind	107	0.1*	
		Cockell C.S.	Ind	91	0.1*	
		Shepheard D.	NLP	26	0.0*	
1987: Con				36,230	49.3	

329	**Hyndburn*** [287]				
58,560	83.9	Pope G.J.	Lab	23,042	46.9	7.1
		Hargreaves J.K.*	Con	21,082	42.9	-1.5
		Stars Y. Ms.	LD	4,886	9.9	-5.3
		Whittle S.J.	NLP	150	0.3*	
1987: Con				1,960	4.0	

330	**Ilford North** [46]				
58,695	77.9	Bendall V.W.H.*	Con	24,678	54.0	-1.0
		Hilton L.R. Ms.	Lab	15,627	34.2	6.8
		Scott R.J.	LD	5,430	11.9	-5.8
1987: Con				9,051	19.8	

331	**Ilford South** [47]				
55,857	76.7	Gapes M.J.	Lab/Coop	19,418	45.3	7.8
		Thorne N.G.*	Con	19,016	44.4	-4.0
		Hogarth G.G.	LD	4,126	9.6	-4.5
		Nandkishore B.	NLP	269	0.6*	
1987: Con				402	0.9	

332 Inverness, Nairn and Lochaber [610]

69,151	73.6	Johnston R.*	LD	13,258	26.0	-10.8
		Stewart D.J.	Lab	12,800	25.1	-0.2
		Ewing F.	SNP	12,562	24.7	9.9
		Scott J.	Con	11,517	22.6	-0.4
		Martin J.	Green	766	1.5*	
1987: Lib				458	0.9	

333 Ipswich* [288]

67,289	80.3	Cann J.C.	Lab	23,680	43.8	1.1
		Irvine M.F.*	Con	23,415	43.3	-1.1
		White J.W.	LD	6,159	11.4	-1.2
		Scott J.E. Ms.	Green	591	1.1*	
		Kaplan E.S.	NLP	181	0.3*	
1987: Con				265	0.5	

334 Isle of Wight [289]

99,839*	79.8	Field B.J.A.*	Con	38,163	47.9	-3.2
		Brand P.	LD	36,336	45.6	2.7
		Pearson K.	Lab	4,784	6.0	0.1
		Daly C.A.	NLP	350	0.4*	
1987: Con				1,827	2.3	

335 Islington North [48]

56,814	66.6	Corbyn J.B.*	Lab	21,742	57.4	7.5
		Champagnie M.L. Ms.	Con	8,958	23.7	-1.6
		Ludford S.A. Ms.	LD	5,732	15.1	-6.7
		Ashby C.M.	Green	1,420	3.8*	0.9
1987: Lab				12,784	33.8	

336 Islington South and Finsbury [49]

57,060	70.6	Smith C.R.*	Lab	20,586	51.1	11.0
		Jones M.V.	Con	9,934	24.7	4.1
		Pryce C.J.	LD	9,387	23.3	-14.8
		Hersey R.G. Ms.	NLP	149	0.4*	
		Avino M. Ms.	MRLP	142	0.4*	
		Spinks M.J.	Ind	83	0.2*	

1987: Lab   10,652   26.4

337 Islwyn [543]

51,082*	81.4	Kinnock N.G.*	Lab	30,908	74.3	3.0
		Bone P.W.	Con	6,180	14.9	0.2
		Symonds M.A.	LD	2,352	5.7	-3.6
		Jones H.M. Ms.	PC	1,606	3.9*	-0.9
		Sutch D.E.	MRLP	547	1.3*	

1987: Lab   24,728   59.5

338 Jarrow [290]

62,612*	74.4	Dixon D.*	Lab	28,956	62.1	-1.3
		Ward T.F.	Con	11,049	23.7	0.5
		Orrell J.K.	LD	6,608	14.2	0.8

1987: Lab   17,907   38.4

339 Keighley [291]

66,379	82.6	Waller G.P.A.*	Con	25,983	47.4	1.7
		Flanagan T.B.	Lab	22,387	40.8	5.8
		Simpson I.N.	LD	5,793	10.6	-8.7
		Crowson M.	Green	642	1.2*	

1987: Con   3,596   6.6

340   **Kensington** [50]

42,129*	73.3	Fishburn J.D.	Con	15,540	50.3	2.8
		Holmes P.A. Ms.	Lab	11,992	38.8	5.6
		Shirley C.K.	LD	2,770	9.0	-8.3
		Burlingham-Johnson A. Ms.	Green	415	1.3*	-0.3
		Hardy A.J.W.	NLP	90	0.3*	
		Bulloch A. Ms.	AFL	71	0.2*	
1987: Con				3,548	11.5	

14/07/88   [Death of Sir B.M. Rhys Williams on 18/05/88]

45,830	51.6	Fishburn J.D.	Con	9,829	41.6	-5.9
		Holmes P.A. Ms.	Lab	9,014	38.2	5.0
		Goodhart W.H.	LD	2,546	10.8	-6.4
		Martin J.	SDP	1,190	5.0	
		Hobson P.A.D.	Green	572	2.4*	0.7
		Payne C.D. Ms.	Ind	193	0.8*	
		Sutch D.E.	MRLP	61	0.3*	
		Duignan J.	Ind	60	0.3*	
		Goodier B.G.	Ind	31	0.1*	
		McDermott T.B.	Ind	31	0.1*	
		Edey R.	Ind	30	0.1*	
		Scola W.P.C.V.	Ind	27	0.1*	
		Crowley J.E.	Ind	24	0.1*	
		Connell J.	Ind	20	0.1*	
		Trivedi K.S. Dr.	Ind	5	0.0*	
				815	3.4	

341   **Kent Mid*** [292]

74,460*	79.7	Rowe A.J.B.*	Con	33,633	56.7	1.6
		Robson T.J.	Lab	13,984	23.6	5.5
		Colley G.D.	LD	11,476	19.3	-7.4
		Valente G.J.	NLP	224	0.4*	
1987: Con				19,649	33.1	

342 Kettering [293]

67,854*	82.6	Freeman R.N.*	Con	29,115	52.0	0.9
		Hope P.I.	Lab/Coop	17,961	32.1	12.4
		Denton-White R.D.	LD	8,962	16.0	-13.3
1987: Con				11,154	19.9	

343 Kilmarnock and Loudoun [611]

62,043	79.9	McKelvey W.*	Lab	22,210	44.8	-3.7
		Neil A.	SNP	15,231	30.7	12.5
		Wilkinson R.M.	Con	9,438	19.0	-0.6
		Philbrick K.H.R. Ms.	LD	2,722	5.5	-8.2
1987: Lab				6,979	14.1	

344 Kincardine and Deeside* [612]

66,169	79.3	Kynoch G.A.B.	Con	22,924	43.7	3.1
		Stephen N.R.	LD	18,429	35.1	-1.2
		Macartney W.J.A.	SNP	5,927	11.3	4.9
		Savidge M.K.	Lab	4,795	9.1	-6.8
		Campbell S.J.	Green	381	0.7*	0.1
1987: Con				4,495	8.6	

7/11/91		[Death of Alick Buchanan-Smith on 29/08/91]				
65,667	64.6	Stephen N.R.	LD	20,779	49.0	12.7
		Humphrey J.M.M.	Con	12,955	30.6	-10.1
		Macartney W.J.A.	SNP	4,705	11.1	4.6
		Savidge M.K.	Lab	3,271	7.7	-8.2
		Campbell S.J.	Green	683	1.6*	
				7,824	18.4	

345 Kingston-Upon-Thames [51]

51,078*	78.4	Lamont N.S.H.*	Con	20,675	51.6	-4.6
		Osbourne D.R.	LD	10,522	26.3	-3.9
		Markless R.H.	Lab	7,748	19.3	6.2
		Amer A.C.	Lib	771	1.9*	
		Beaupre D.J.	MRLP	212	0.5*	
		Woollcombe G.D.	NLP	81	0.2*	
		Scholefield A.J.E.	AFL	42	0.1*	
1987: Con				10,153	25.4	

346 Kingswood [297]

71,740	83.8	Berry R.L.	Lab	26,774	44.5	7.1
		Hayward R.A.*	Con	24,404	40.6	-4.3
		Pinkerton J.B. Ms.	LD	8,967	14.9	-2.8
1987: Con				2,370	3.9	

347 Kirkcaldy [613]

51,955	74.8	Moonie L.G.*	Lab/Coop	17,887	46.0	-3.5
		Hosie S.	SNP	8,761	22.5	10.8
		Wolsey S.P.	Con	8,476	21.8	0.5
		Leslie S. Ms.	LD	3,729	9.6	-7.8
1987: Lab				9,126	23.5	

348 Knowsley North [298]

48,783	72.8	Howarth G.E.*	Lab	27,517	77.5	7.6
		Mabey S.J.	Con	5,114	14.4	1.9
		Murray P.J.	LD	1,515	4.3*	-11.9
		Lappin K.M. Ms.	Lib	1,180	3.3*	
		Ruben V.	NLP	179	0.5*	
1987: Lab				22,403	63.1	

349		**Knowsley South** [299]				
62,295	74.7	O'Hara E.	Lab	31,933	68.6	4.1
		Byrom L.T.	Con	9,922	21.3	-0.3
		Smith I.	LD	4,480	9.6	-4.3
		Raiano M.	NLP	217	0.5*	
1987: Lab				22,011	47.3	

27/09/92   [Death of Sean Hughes on 25/06/90]

63,433	33.4	O'Hara E	Lab	14,581	68.8	4.3
		Byrom L.T.	Con	3,214	15.2	-6.4
		Hancox C.V. Ms	LD	1,809	8.5	-5.4
		Georgeson R.L.	Green	656	3.1*	
		Smith I.	Lib	628	3.0*	
		Sutch D.E.	Ind	197	0.9*	
		Whiplash C.L. L-R. Ms.	Ind	99	0.5*	
				11,367	53.6	

350		**Lagan Valley** [645]				
72,708	67.3	Molyneaux J.H.*	UU	29,772	60.8	-9.2
		Close S. A.	AP	6,207	12.7	-1.1
		Lewsley H.	SDLP	4,626	9.4	2.5
		Coleridge T.R.	Con	4,423	9.0	
		Rice P.J.	SF	3,346	6.8	0.4
		Lowry A-M. Ms.	WP	582	1.2*	-1.7
1987: UU				23,565	48.1	

351		**Lancashire West*** [300]				
77,463*	82.5	Pickthall C.	Lab	30,120	47.1	5.6
		Hind K.H.*	Con	28,051	43.9	0.2
		Reilly P.F.	LD	4,884	7.6	-7.2
		Pawley P.J.	Green	546	0.9*	
		Morris B.H.	NLP	336	0.5*	
1987: Con				2,069	3.2	

352 Lancaster [301]

58,616	78.9	Kellett-Bowman Dame M.E.*	Con	21,084	45.6	-1.1
		Henig R.B. Ms.	Lab	18,131	39.2	6.8
		Humberstone J.C.	LD	6,524	14.1	-5.8
		Dowding G. Ms.	Green	433	0.9*	-0.1
		Barcis R.	NLP	83	0.2*	
1987: Con				2,953	6.4	

353 Langbaurgh [302]

79,563*	83.1	Bates M.W.	Con	30,018	45.4	3.7
		Kumar A.	Lab	28,454	43.1	4.7
		Allen P.J.	LD	7,615	11.5	-8.4
1987: Con				1,564	2.4	

7/11/91 [Death of Richard Holt on 20/09/91]

80,220	65.3	Kumar A.	Lab	22,442	42.9	4.5
		Bates M.W.	Con	20,467	39.1	-2.6
		Allen P.J.	LD	8,421	16.1	-3.8
		Parr G.F.	Green	456	0.9*	
		Holt R.C.	Ind	216	0.4*	
		St-Clair L. Ms.	Ind	198	0.4*	
		Downing N.	Ind	163	0.3*	
				1,975	3.8	

354 Leeds Central [303]

62,059	61.3	Fatchett D.J.*	Lab	23,673	62.2	6.6
		Holdroyd T.C. Ms.	Con	8,653	22.7	-2.8
		Pratt D.	LD	5,713	15.0	-2.9
1987: Lab				15,020	39.5	

355 Leeds East [304]

61,720	70.0	Mudie G.E.	Lab	24,929	57.7	9.0
		Carmichael W.N.	Con	12,232	28.3	1.8
		Wrigley P.	LD	6,040	14.0	-10.8
1987: Lab				12,697	29.4	

356	**Leeds North East** [305]					
64,607	76.6	Kirkhope T.J.R.*	Con	22,462	45.4	-0.2
		Hamilton F.	Lab	18,218	36.8	11.6
		Walmsley C.R.	LD	8,274	16.7	-11.6
		Noble J.	Green	546	1.1*	0.2
1987: Con				4,244	8.6	

357	**Leeds North West** [306]					
69,733	72.5	Hampson K.*	Con	21,750	43.0	-0.5
		Pearce B.A. Ms.	LD	14,079	27.8	-5.6
		Egan S. Ms.	Lab	13,782	27.3	5.5
		Webb D.C.	Green	519	1.0*	-0.3
		Nowosielski N.A.B.	Lib	427	0.8*	
1987: Con				7,671	15.2	

358	**Leeds South and Morley** [307]					
63,155	72.5	Gunnell J.	Lab	23,896	52.2	2.6
		Booth G.R.	Con	16,524	36.1	1.9
		Walmsley J.M. Ms.	LD	5,062	11.1	-5.3
		Thurston R.D.	NLP	327	0.7*	
1987: Lab				7,372	16.1	

359	**Leeds West** [308]					
67,074	71.2	Battle J.D.*	Lab	26,310	55.1	11.9
		Bartlett P.	Con	12,482	26.2	3.0
		Howard G.W.B.	LD	4,252	8.9	-24.7
		Meadowcroft M.J.	Lib	3,980	8.3	
		Mander A.M. Ms.	Green	569	1.2*	
		Tenney R.I.	NF	132	0.3*	
1987: Lab				13,828	29.0	

360 Leicester East [309]

63,435*	78.7	Vaz K.A.S.*	Lab	28,123	56.3	10.2
		Stevens J.C.	Con	16,807	33.7	-8.8
		Mitchell S.A. Ms.	LD	4,043	8.1	-3.3
		Frankland M.R.	Green	453	0.9*	
		Taylor D.J.	Ind	308	0.6*	
		Mahaldar A.S.K.	NLP	186	0.4*	
1987: Lab				11,316	22.7	

361 Leicester South [310]

71,120*	75.1	Marshall J.*	Lab	27,934	52.3	8.1
		Dutt M.	Con	18,494	34.6	-6.2
		Crumbie A. Ms.	LD	6,271	11.7	-2.0
		McWhirter J.	Green	554	1.0*	0.3
		Saunders P.A Ms.	NLP	154	0.3*	
1987: Lab				9,440	17.7	

362 Leicester West [311]

65,511*	73.7	Janner G.E.*	Lab	22,574	46.8	2.3
		Guthrie J.A.	Con	18,596	38.5	-3.5
		Walker G.F.	LD	6,402	13.3	-0.2
		Wintram C.D. Ms.	Green	517	1.1*	
		Rosta J.M. Ms.	NLP	171	0.4*	
1987: Lab				3,978	8.2	

363 Leicestershire North West* [312]

72,419*	86.1	Ashby D.G.*	Con	28,379	45.5	-2.1
		Taylor D.L.	Lab	27,400	43.9	9.7
		Beckett J.W.R.	LD	6,353	10.2	-7.0
		Fawcett D.J.	NLP	229	0.4*	
1987: Con				979	1.6	

364   **Leigh** [313]

70,065*	75.0	Cunliffe L.F.*	Lab	32,225	61.3	2.7
		Egerton J.R.S.	Con	13,398	25.5	-0.8
		Bleakley R.M.	LD	6,621	12.6	-2.5
		Tayler A.P.	NLP	320	0.6*	

1987: Lab   18,827   35.8

365   **Leominster*** [314]

70,874*	81.7	Temple-Morris P.*	Con	32,783	56.6	-1.2
		Short D.C.	LD	16,103	27.8	-4.1
		Chappell A.C.R.	Lab	6,874	11.9	3.7
		Norman F.M. Ms.	Green	1,503	2.6*	0.6
		Carlisle E.P.	AFL	640	1.1*	

1987: Con   16,680   28.8

366   **Lewes** [315]

73,918*	81.8	Rathbone J.R.*	Con	33,042	54.6	-2.2
		Baker N.J.	LD	20,867	34.5	1.9
		Chapman A.E. Ms.	Lab	5,758	9.5	0.7
		Beaumont A.E.	Green	719	1.2*	-0.5
		Clinch N.F.	NLP	87	0.1*	

1987: Con   12,175   20.1

367   **Lewisham Deptford** [23]

57,062	65.0	Ruddock J.M. Ms.*	Lab	22,574	60.9	11.3
		O'Neill T.A.J. Ms.	Con	10,336	27.9	-3.8
		Brightwell J.C. Ms.	LD	4,181	11.3	-6.0

1987: Lab   12,238   33.0

368   **Lewisham East** [52]

57,725	74.7	Prentice B.T. Ms.	Lab	19,576	45.4	11.2
		Moynihan C.B.*	Con	18,481	42.8	-2.3
		Hawkins J.A.	LD	4,877	11.3	-9.4
		Mansour G.E. Ms.	NLP	196	0.5*	

1987: Con   1,095   2.5

369 Lewisham West [53]

59,372	73.0	Dowd J.P.	Lab	20,378	47.0	9.1
		Maples J.C.*	Con	18,569	42.8	-3.4
		Neale E. Ms.	LD	4,295	9.9	-6.0
		Coulam P.	AFL	125	0.3*	
1987: Con				1,809	4.2	

370 Leyton [54]

57,272*	67.4	Cohen H.*	Lab	20,334	52.6	11.4
		Smith C. Ms.	Con	8,882	23.0	-6.1
		Fryer J.H.	LD	8,180	21.2	-8.5
		De Pinna L.A.	Lib	561	1.5*	
		Pervez K.	Green	412	1.1*	
		Archer R.	NLP	256	0.7*	
1987: Lab				11,452	29.7	

371 Lincoln [316]

78,944	79.1	Carlisle K.M.*	Con	28,792	46.1	-0.4
		Butler N.J.	Lab	26,743	42.8	9.2
		Harding-Price D.	LD	6,316	10.1	-9.3
		Wiggin S.E. Ms.	Lib	603	1.0*	
1987: Con				2,049	3.3	

372 Lindsey East [228]

80,027*	78.1	Tapsell P.H.B.*	Con	31,916	51.1	-1.1
		Dodsworth J.L.	LD	20,070	32.1	-4.6
		Shepherd D.G.	Lab	9,477	15.2	4.0
		Robinson R.E. Ms.	Green	1,018	1.6*	
1987: Con				11,846	19.0	

373 Linlithgow [614]

61082*	78.7	Dalyell T.*	Lab	21,603	45.0	-2.4
		MacAskill K.W.	SNP	14,577	30.3	5.4
		Forbes E.A. Ms.	Con	8,424	17.5	2.7
		Falchikov M.G.	LD	3,446	7.2	-5.5
1987: Lab				7,026	14.6	

374 Littleborough and Saddleworth [317]

65,577*	81.6	Dickens G.K.*	Con	23,682	44.2	1.2
		Davies C.	LD	19,188	35.9	4.9
		Brett A.J.	Lab	10,649	19.9	-6.1
1987: Con				4,494	8.4	

375 Liverpool Broadgreen [318]

60,080*	69.6	Kennedy J.E. Ms.	Lab	18,062	43.2	-5.4
		Cooper R.E. Ms.	LD	11,035	26.4	-9.6
		Fields T.*	Ind Lab	5,952	14.2	
		Roche H.L. Ms.	Con	5,405	12.9	-2.6
		Radford S.R.	Lib	1,211	2.9*	
		Brennan A. Ms.	NLP	149	0.4*	
1987: Lab				7,027	16.8	

376 Liverpool Garston [319]

57,539*	70.6	Loyden E.*	Lab	23,212	57.1	3.6
		Backhouse J.E.	Con	10,933	26.9	3.0
		Roberts C.W.	LD	5,398	13.3	-9.1
		Conrad W.G.A.	Lib	894	2.2*	
		Chandler P.J.	NLP	187	0.5*	
1987: Lab				12,279	30.2	

377 Liverpool Mossley Hill [320]

60,409*	68.5	Alton D.P.P.*	LD	19,809	47.9	4.2
		Bann N.S.	Lab	17,203	41.6	2.7
		Syder S.A.	Con	4,269	10.3	-7.2
		Rigby B.P.	NLP	114	0.3*	
1987: Lib				2,606	6.3	

378		**Liverpool Riverside** [321]				
49,595*	54.6	Parry R.*	Lab	20,550	75.9	2.7
		Zsigmond A.	Con	3,113	11.5	-2.3
		Ali M.A.	LD	2,498	9.2	-2.0
		Brown L.	Green	738	2.7*	
		Collins J.D.	NLP	169	0.6*	
1987: Lab				17,437	64.4	

379		**Liverpool Walton** [322]				
70,118*	67.4	Kilfoyle P.	Lab	34,214	72.4	8.0
		Greenwood B.R.J.	Con	5,915	12.5	-1.9
		Lang J.	LD	5,672	12.0	-9.2
		Newall T.S.	Lib	963	2.0*	
		Carson D.J.E.	Ind	393	0.8*	
		Raiano D.J. Ms.	NLP	98	0.2*	
1987: Lab				28,299	59.9	

4/07/91		[Death of Eric Heffer on 27 May 1991]				
70,803	56.7	Kilfoyle P.	Lab	21,317	53.1	-11.3
		Clark P.	LD	14,457	36.0	14.8
		Mahmood L.E. Ms.	Ind	2,613	6.5	
		Greenwood B.R.J.	Con	1,155	2.9*	-11.5
		Sutch D.E.	Ind	546	1.4*	
		Lee-Delisle E.G.	Ind	63	0.2*	
				6,860	17.1	

380		**Liverpool West Derby** [323]				
56,724*	69.8	Wareing R.N.*	Lab	27,014	68.2	2.9
		Fitzsimmons S.	Con	6,589	16.6	-2.5
		Bundred G.S. Ms.	LD	4,838	12.2	-3.3
		Curtis D.	Lib	1,021	2.6*	
		Higgins C.J.	NLP	154	0.4*	
1987: Lab				20,425	51.6	

381	**Livingston** [615]					
61,093*	74.6	Cook R.F.*	Lab	20,245	44.4	-1.2
		Johnston P.J.B.	SNP	12,140	26.6	10.0
		Gordon J.H.H.	Con	8,824	19.4	0.6
		Mackintosh H.F.D.	LD	3,911	8.6	-10.5
		Ross-Smith A.G.	Green	469	1.0*	
1987: Lab				8,105	17.8	

382	**Llanelli*** [554]					
65,057*	77.8	Davies D.J.D.*	Lab	27,802	54.9	-4.2
		Down G.L.	Con	8,532	16.9	-0.3
		Phillips D.M.	PC	7,878	15.6	5.4
		Evans K.J.	LD	6,404	12.7	-0.8
1987: Lab				19,270	38.1	

383	**Londonderry East** [646]					
75,587	69.8	Ross W.*	UU	30,370	57.6	-2.9
		Doherty A.	SDLP	11,843	22.5	3.3
		Davey-Kennedy P. Ms.	SF	5,320	10.1	-1.1
		McGowan P.J.	AP	3,613	6.9	0.2
		Elder A.E.	Con	1,589	3.0*	
1987: UU				18,527	35.1	

384	**Loughborough*** [324]					
75,451*	78.5	Dorrell S.J.*	Con	30,064	50.7	-4.0
		Reed A.J.	Lab	19,181	32.4	7.9
		Stott A.W.	LD	8,953	15.1	-4.6
		Sinclair I.	Green	817	1.4*	0.3
		Reynolds P.	NLP	233	0.4*	
1987: Con				10,883	18.4	

385	**Ludlow*** [325]				
68,937* 80.9	Gill C.J.F.*	Con	28,719	51.5	-2.4
	Phillips I.D.	LD	14,567	26.1	-4.8
	Mason B.O. Ms.	Lab	11,709	21.0	5.9
	Appleton-Fox N.H.	Green	758	1.4*	
1987: Con			14,152	25.4	

386	**Luton North** [326]				
76,940* 81.8	Carlisle J.R.*	Con	33,777	53.7	-0.2
	McWalter T.	Lab	20,683	32.9	6.1
	Jackson J.M. Ms.	LD	7,570	12.0	-7.4
	Jones R.P.	Green	633	1.0*	
	Buscombe K.M.	NLP	292	0.5*	
1987: Con			13,094	20.8	

387	**Luton South** [327]				
73,016* 79.1	Bright G.F.J.*	Con	25,900	44.8	-1.4
	McKenzie W.D.	Lab	25,101	43.5	6.8
	Rogers D.	LD	6,020	10.4	-6.7
	Bliss L. Ms	Green	550	1.0*	
	Cooke D.R.H	NLP	191	0.3*	
1987: Con			799	1.4	

388	**Macclesfield** [328]				
76,549* 82.3	Winterton N.R.*	Con	36,447	57.9	1.5
	Longworth M.C. Ms.	Lab	13,680	21.7	2.1
	Beatty P.C.W.	LD	12,600	20.0	-4.0
	Penn C.A. Ms.	NLP	268	0.4*	
1987: Con			22,767	36.1	

389   Maidstone [329]

72,862	80.1	Widdecombe A.N. Ms.*	Con	31,611	54.2	1.7
		Yates P.G. Ms.	LD	15,325	26.3	-7.5
		Logan A.F.H. Ms.	Lab	10,517	18.0	5.5
		Kemp P.A. Ms.	Green	707	1.2*	-0.1
		Ingram F.J.	NLP	172	0.3*	
1987: Con				16,286	27.9	

390   Makerfield [330]

71,426*	76.1	McCartney I.*	Lab	32,832	60.4	4.1
		Dickson D.M. Ms.	Con	14,714	27.1	-0.2
		Jeffers S.T.	LD	5,097	9.4	-7.1
		Cairns S. Ms.	Lib	1,309	2.4*	
		Davies C.D.	NLP	397	0.7*	
1987: Lab				18,118	33.3	

391   Manchester Blackley [331]

55,235*	69.3	Eastham K.*	Lab	23,031	60.2	7.7
		Hobhouse W.S.	Con	10,642	27.8	-1.0
		Wheale S.D.	LD	4,324	11.3	-7.5
		Kennedy M.P.	NLP	288	0.8*	
1987: Lab				12,389	32.4	

392   Manchester Central [332]

56,447*	56.9	Litherland R.K.*	Lab	23,336	72.7	4.5
		Davies P.W.	Con	5,299	16.5	-2.3
		Clayton R.M.	LD	3,151	9.8	-3.2
		Buchanan A.N.	CL	167	0.5*	
		Mitchell V.C. Ms.	NLP	167	0.5*	
1987: Lab				18,037	56.2	

393   Manchester Gorton [333]

62,410*	60.8	Kaufman G.B.*	Lab	23,671	62.3	7.9
		Bullock J.D.	Con	7,392	19.5	-3.9
		Harris C.P.	LD	5,327	14.0	-7.7
		Henderson T.	Lib	767	2.0*	
		Daw M.J.	Green	595	1.6*	
		Lawrence P. Ms.	RCP	108	0.3*	
		Mitchell P.D.	NLP	84	0.2*	
		Smith C.E. Ms.	ICP	30	0.1*	
1987: Lab				16,279	42.9	

394   Manchester Withington [334]

63,838*	71.3	Bradley K.J.C.*	Lab	23,962	52.7	9.7
		Farthing E.N.	Con	14,227	31.3	-5.0
		Hennell P.G.	LD	6,457	14.2	-5.6
		Candeland B.A.	Green	725	1.6*	0.6
		Menhinick C.N.	NLP	128	0.3*	
1987: Lab				9,735	21.4	

395   Manchester Wythenshawe [335]

53,549*	69.7	Morris A.*	Lab/Coop	22,591	60.5	3.7
		McKenna K.A.	Con	10,595	28.4	-0.2
		Fenn S.J.	LD	3,633	9.7	-4.3
		Otten G.N.	Green	362	1.0*	
		Martin E. Ms.	NLP	133	0.4*	
1987: Lab				11,996	32.2	

396   Mansfield [336]

66,965*	82.2	Meale J.A.*	Lab	29,932	54.4	16.9
		Mond G.S.	Con	18,208	33.1	-4.3
		Thompstone S.R.	LD	6,925	12.6	-9.6
1987: Lab				11,724	21.3	

397	**Medway** [337]					
61,737*	80.2	Fenner Dame P.E.*	Con	25,924	52.3	1.3
		Marshall-Andrews R.G.	Lab	17,138	34.6	4.8
		Trice C.L.	LD	4,751	9.6	-8.5
		Austin M.	Lib	1,480	3.0*	
		Kember P.A.	NLP	234	0.5*	
1987: Con				8,786	17.7	

398	**Meirionnydd Nant Conwy** [545]					
32,413*	81.5	Llwyd E.	PC	11,608	44.0	3.9
		Lewis G.S.	Con	6,995	26.5	-1.9
		Williams R.	Lab	4,978	18.8	1.9
		Parry R.E. Ms.	LD	2,358	8.9	-5.8
		Pritchard W.A.	Green	471	1.8*	
1987: PC				4,613	17.5	

399	**Meriden** [338]					
77,009	78.8	Mills I.C.*	Con	33,462	55.1	0.0
		Stephens N.J.	Lab/Coop	18,763	30.9	4.8
		Morris J.A. Ms.	LD	8,489	14.0	-4.8
1987: Con				14,699	24.2	

400	**Merthyr Tydfil and Rhymney*** [546]					
58,430	75.8	Rowlands E.*	Lab	31,710	71.6	-3.8
		Rowland R.P.J.	LD	4,997	11.3	3.2
		Hughes M.J.	Con	4,904	11.1	-0.8
		Cox A.G.	PC	2,704	6.1	1.4
1987: Lab				26,713	60.3	

401	**Middlesbrough** [339]					
58,852	69.8	Bell S.*	Lab	26,343	64.1	4.4
		Rayner P.R.	Con	10,559	25.7	0.7
		Jordan R. Ms.	LD	4,201	10.2	-5.1
1987: Lab				15,784	38.4	

402 **Midlothian*** [616]

60,311	77.8	Clarke E.L.	Lab	20,588	43.9	-4.4
		Lumsden A.	SNP	10,254	21.9	11.3
		Stoddart W.J.	Con	9,443	20.1	1.9
		Sewell P.L.	LD	6,164	13.1	-8.9
		Morrice I.D.	Green	476	1.0*	0.1
1987: Lab				10,334	22.0	

403 **Milton Keynes North East****

63,545	79.9	Butler P.	Con	26,212	51.6	3.1
		Cosin M.I. Ms.	Lab	12,036	23.7	7.8
		Gaskell P.K.	LD	11,693	23.0	-10.6
		Francis A.H.	Green	529	1.0*	-0.9
		Kavanagh-Dowsett M.T.M.P. Ms.	Ind Con	249	0.5*	
		Simson M.J.H.	NLP	79	0.2*	
				14,176	27.9	

404 **Milton Keynes South West****

67,365	76.0	Legg B.C.	Con	23,840	46.6	-1.4
		Wilson K.J.	Lab	19,153	37.4	7.6
		Pym C.	LD	7,429	14.5	-7.6
		Field C. Ms.	Green	525	1.0*	
		Kelly H.W.	NLP	202	0.4*	
				4,687	9.2	

405 **Mitcham and Morden** [55]

63,752	80.3	Rumbold A.C.R. Ms.*	Con	23,789	46.5	-1.7
		McDonagh S.A. Ms.	Lab	22,055	43.1	7.9
		Field J.C.	LD	4,687	9.2	-7.5
		Walsh T.J.	Green	655	1.3*	
1987: Con				1,734	3.4	

406	**Mole Valley** [341]					
66,963	82.0	Baker K.W.*	Con	32,549	59.3	-1.5
		Watson M.D.	LD	16,599	30.2	0.3
		Walsh T.J.	Lab	5,291	9.6	0.3
		Thomas J.M. Ms.	NLP	442	0.8*	
1987: Con				15,950	29.1	

407	**Monklands East*** [617]					
48,430	75.0	Smith J.*	Lab	22,266	61.3	0.3
		Wright J.	SNP	6,554	18.0	5.1
		Walters S.	Con	5,830	16.0	-0.8
		Ross P.W.	LD	1,679	4.6*	-4.6
1987: Lab				15,712	43.3	

408	**Monklands West** [618]					
49,300	77.4	Clarke T.*	Lab	23,384	61.3	-1.0
		Bovey K.	SNP	6,319	16.6	5.7
		Lownie A.J.H.	Con	6,074	15.9	0.2
		Hamilton S. Ms.	LD	2,382	6.2	-5.0
1987: Lab				17,065	44.7	

409	**Monmouth*** [547]					
59,148*	86.1	Evans R.K.	Con	24,059	47.3	-0.3
		Edwards H.W.E.	Lab	20,855	41.0	13.3
		David F.A. Ms.	LD	5,562	10.9	-13.1
		Witherden M.J.	GP/PC	431	0.8*	
1987: Con				3,204	6.3	

[**Monmouth** 409 contd.]

16/05/91 [Death of Sir John Stradling-Thomas on 29/03/91]

59,460	75.8	Edwards H.W.E.	Lab	17,733	39.3	11.6
		Evans R.K.	Con	15,327	34.0	-13.5
		David F.A. Ms.	LD	11,164	24.8	0.8
		Sutch D.E.	Ind	314	0.7*	
		Witherden M.J.	GP/PC	277	0.6*	-0.2
		Carpenter P.R.	Ind	164	0.4*	
		Whiplash L.St.C. Ms.	Ind	121	0.3*	
				2,406	5.3	

410 **Montgomery** [548]

41,386*	79.9	Carlile A.C.*	LD	16,031	48.5	1.9
		France-Hayhurst J. Ms.	Con	10,822	32.7	-5.8
		Wood S.J.	Lab	4,115	12.4	2.0
		Parsons H.N.	PC	1,581	4.8*	0.3
		Adams P.H.W.	Green	508	1.5*	
1987: Lib				5,209	15.8	

411 **Moray** [619]

62,605	73.2	Ewing M.A. Ms.*	SNP	20,299	44.3	1.1
		Hossack R.L. Ms.	Con	17,455	38.1	3.1
		Smith C.R.C.	Lab	5,448	11.9	0.6
		Sheridan J.B.	LD	2,634	5.7	-4.7
1987: SNP				2,844	6.2	

412 **Morecambe and Lunesdale** [342]

56,432	78.3	Lennox-Boyd M.A.*	Con	22,507	50.9	-1.7
		Yates J.E. Ms.	Lab	10,998	24.9	2.4
		Saville A.J.	LD	9,584	21.7	-3.2
		Turner M.A.	Ind	916	2.1*	
		Marriott R.M.	NLP	205	0.5*	
1987: Con				11,509	26.0	

413	**Motherwell North** [620]				
57,140	76.9	Reid J.*	Lab	27,852	63.4	-3.6
		Clark D.A.	SNP	8,942	20.3	6.4
		Hargrave R.	Con	5,011	11.4	0.3
		Smith H.D. Ms.	LD	2,145	4.9*	-3.1
1987: Lab				18,910	43.0	

414	**Motherwell South** [621]				
50,086	76.1	Bray J.W.*	Lab	21,771	57.1	-1.2
		Ullrich K. Ms.	SNP	7,758	20.4	5.0
		McIntosh G.	Con	6,097	16.0	1.5
		Mackie A.G.	LD	2,349	6.2	-5.2
		Lettice D.J.	Ind	146	0.4*	
1987: Lab				14,013	36.8	

415	**Neath*** [549]				
56,355	80.6	Hain P.G.	Lab	30,903	68.0	4.6
		Adams D.R.	Con	6,928	15.2	-0.9
		Evans D.R.	PC	5,145	11.3	4.9
		Phillips M.	LD	2,467	5.4	-8.6
1987: Lab				23,975	52.8	
4/04/91	[Death of Donald Coleman on 14/01/91]					
54,482	63.7	Hain P.G.	Lab	17,962	51.8	-11.6
		Evans D.R.	PC	8,132	23.4	17.0
		Evans R.G.	Con	2,995	8.6	-7.5
		Lloyd D.G.B.	LD	2,000	5.8	-8.3
		Warman J.	SDP	1,826	5.3	
		Jeffreys R.V.W.	Ind	1,253	3.6*	
		Sutch D.E.	Ind	263	0.8*	
		Kirk B.	Ind	262	0.8*	
				9,830	28.4	

416 **Newark*** [343]

68,802*	82.2	Alexander R.T.*	Con	28,494	50.4	-3.1
		Barton D.H.	Lab	20,265	35.8	8.1
		Harris P.R.B.	LD	7,342	13.0	-5.8
		Wood P.A. Ms.	Green	435	0.8*	

1987: Con   8,229   14.6

417 **Newbury** [344]

80,254*	82.8	Chaplin S.J. Ms.	Con	37,135	55.9	-4.2
		Rendel D.D.	LD	24,778	37.3	5.6
		Hall R.J.E.	Lab	3,962	6.0	-2.2
		Wallis J.P.	Green	539	0.8*	

1987: Con   12,357   18.6

418 **Newcastle-Under-Lyme** [345]

66,595*	80.3	Golding L. Ms.*	Lab	25,652	47.9	7.4
		Brierley A.D.	Con	15,813	29.6	1.7
		Thomas A.L.	LD	11,727	21.9	-9.0
		Lines R.J.M.	NLP	314	0.6*	

1987: Lab   9,839   18.4

419 **Newcastle-Upon-Tyne Central** [346]

59,973*	71.3	Cousins J.M.*	Lab	21,123	49.4	5.2
		Summersby M.A.	Con	15,835	37.0	-1.8
		Opik L.	LD	5,816	13.6	-2.2

1987: Lab   5,288   12.4

420 **Newcastle-Upon-Tyne East** [347]

57,165*	70.7	Brown N.H.*	Lab	24,342	60.2	3.8
		Lucas J.R.	Con	10,465	25.9	-0.8
		Thompson J.A.	LD	4,883	12.1	-4.0
		Edwards G.L.N.	Green	744	1.8*	

1987: Lab   13,877   34.3

421 Newcastle-Upon-Tyne North [348]

66,187*	76.8	Henderson D.J.*	Lab	25,121	49.4	6.7
		Gordon I.	Con	16,175	31.8	7.2
		Maughan P.J.	LD	9,542	18.8	-13.9
1987: Lab				8,946	17.6	

422 New Forest [349]

75,413*	80.8	McNair-Wilson P.M.E.D.*	Con	37,986	62.4	-2.3
		Vernon-Jackson J.K. Ms.	LD	17,581	28.9	2.0
		Shutler M.J.	Lab/Coop	4,989	8.2	-0.3
		Carter F.A. Ms	NLP	350	0.6*	
1987: Con				20,405	33.5	

423 Newham North East [56]

59,610	60.3	Leighton R.*	Lab	20,952	58.3	6.4
		Galbraith J.H.	Con	10,966	30.5	-0.2
		Aves J.J.	LD	4,020	11.2	-6.2
1987: Lab				9,986	27.8	

424 Newham North West [57]

46,475	56.0	Banks T.*	Lab	15,911	61.1	5.7
		Prisk M.	Con	6,740	25.9	0.5
		Sawdon A.J.	LD	2,445	9.4	-8.0
		Sandford A.J. Ms.	Green	587	2.3*	0.5
		Jug T.	RLGG	252	1.0*	
		O'Sullivan D.A.	ICP	100	0.4*	
1987: Lab				9,171	35.2	

425 Newham South [58]

51,110	60.2	Spearing N.J.*	Lab	14,358	46.6	3.1
		Foster J. Ms.	Con	11,856	38.5	4.3
		Kellaway A.J.	LD	4,572	14.9	-7.4
1987: Lab				2,502	8.1	

426 Newport East* [550]

51,602*	81.2	Hughes R.J.*	Lab	23,050	55.0	5.9
		Emmett A.A. Ms.	Con	13,151	31.4	-0.8
		Oliver W.A.	LD	4,991	11.9	-5.7
		Ainley S.M.	GP/PC	716	1.7*	
1987: Lab				9,899	23.6	

427 Newport West* [551]

54872*	82.8	Flynn P.P.*	Lab	24,139	53.1	7.1
		Taylor A.R.	Con	16,360	36.0	-4.1
		Toye J.W.A.	LD	4,296	9.5	-3.6
		Keelan P.J.	GP/PC	653	1.4*	
1987: Lab				7,779	17.1	

428 Newry and Armagh [648]

67,531	77.9	Mallon S.*	SDLP	26,073	49.6	1.5
		Speers J.A.	UU	18,982	36.1	-1.8
		Curran B.	SF	6,547	12.5	0.6
		Bell H.M. Ms.	AP	972	1.8*	0.6
1987: SDLP				7,091	13.5	

429 Norfolk Mid [350]

80,525*	81.5	Ryder R.A.*	Con	35,620	54.3	-2.4
		Castle M.V.	Lab	16,672	25.4	7.6
		Gleed M.J.	LD	13,072	19.9	-5.6
		Waite C.R. Ms.	NLP	226	0.3*	
1987: Con				18,948	28.9	

430 Norfolk North [351]

73,780*	81.0	Howell R.F.*	Con	28,810	48.2	-5.1
		Lamb N.P.	LD	16,365	27.4	2.4
		Cullingham M.A.	Lab	13,850	23.2	3.3
		Zelter A.C. Ms.	Green	559	0.9*	-0.8
		Jenkinson S.M. Ms.	NLP	167	0.3*	
1987: Con				12,445	20.8	

431 Norfolk North West [352]

77,439*	80.7	Bellingham H.C.*	Con	32,554	52.1	1.6
		Turner G.	Lab	20,990	33.6	16.1
		Waterman A.M.	LD	8,599	13.8	-18.2
		Pink S.R.A.	NLP	330	0.5*	
1987: Con				11,564	18.5	

432 Norfolk South [353]

81,647*	84.0	MacGregor J.R.R.*	Con	36,081	52.6	-0.9
		Brocklebank-Fowler C.	LD	18,516	27.0	-6.9
		Needle C.J.	Lab	12,422	18.1	5.4
		Ross-Wagenknecht S. Ms.	Green	702	1.0*	
		Peacock R.W.	Ind	340	0.5*	
		Clark N.H.	NLP	320	0.5*	
		Watkins R.G.	Ind Con	232	0.3*	
1987: Con				17,565	25.6	

433 Norfolk South West [354]

77,652*	79.3	Shephard G.P. Ms.*	Con	33,637	54.6	-3.0
		Page M.E. Ms.	Lab	16,706	27.1	6.1
		Marsh J.T.	LD	11,237	18.2	-3.2
1987: Con				16,931	27.5	

434 Normanton [355]

65,587	76.3	O'Brien W.*	Lab	25,936	51.8	2.3
		Sturdy R.W.	Con	16,986	33.9	-0.1
		Galdas M.	LD	7,137	14.3	-2.1
1987: Lab				8,950	17.9	

435 Northampton North [356]

69,140*	78.5	Marlow A.R.*	Con	24,865	45.8	-2.2
		Thomas J.M. Ms.	Lab	20,957	38.6	8.5
		Church R.W.	LD	8,236	15.2	-5.5
		Spivack B.	NLP	232	0.4*	
1987: Con				3,908	7.2	

436	**Northampton South** [357]				
83,476* 79.9	Morris M.W.L.*	Con	36,882	55.3	-0.4
	Dickie J.	Lab	19,909	29.8	5.3
	Mabbutt G.A.G.	LD	9,912	14.9	-3.7
1987: Con			16,973	25.5	

437	**Northavon** [358]				
83,348 84.3	Cope Sir J.A.*	Con	35,338	50.3	-4.1
	Larkins H.R. Ms.	LD	23,477	33.4	1.7
	Norris J. Ms.	Lab	10,290	14.6	0.7
	Greene J.	Green	789	1.1*	
	Marx P.J.R.	Lib	380	0.5*	
1987: Con			11,861	16.9	

438	**Norwich North** [359]				
63,309* 81.8	Thompson H.P.*	Con	22,419	43.3	-2.6
	Gibson I.	Lab	22,153	42.8	12.6
	Harrison D.G.	LD	6,706	12.9	-11.0
	Betts L.	Green	433	0.8*	
	Arnold R.J.	NLP	93	0.2*	
1987: Con			266	0.5	

439	**Norwich South** [360]				
63,604* 80.6	Garrett J.L.*	Lab	24,965	48.7	10.8
	Baxter D.S.	Con	18,784	36.6	-0.6
	Thomas C.	LD	6,609	12.9	-12.0
	Holmes A. St.J.	Green	803	1.6*	
	Parsons B.A.	NLP	104	0.2*	
1987: Lab			6,181	12.1	

440 Norwood [59]

52,290	66.1	Fraser J.D.*	Lab	18,391	53.2	4.7
		Samways J.P.E.	Con	11,175	32.3	-3.7
		Lawman S.J. Ms.	LD	4,087	11.8	-2.9
		Collins W.S.B.	Green	790	2.3*	
		Leighton M.C.	NLP	138	0.4*	

1987: Lab   7,216   20.9

441 Nottingham East* [361]

67,939*	70.1	Heppell J.	Lab	25,026	52.6	10.6
		Knowles M.*	Con	17,346	36.4	-6.5
		Ball T.S.	LD	3,695	7.8	-6.9
		Jones A.G.	Green	667	1.4*	
		Roylance C.W.	Lib	598	1.3*	
		Ashforth J.	NLP	283	0.6*	

1987: Con   7,680   16.1

442 Nottingham North [362]

69,495*	75.0	Allen G.W.*	Lab	29,052	55.7	10.8
		Bridge I.G.	Con	18,309	35.1	-6.5
		Skelton A.	LD	4,477	8.6	-3.1
		Codman A.C.	NLP	274	0.5*	

1987: Lab   10,743   20.6

443 Nottingham South [363]

72,796*	74.2	Simpson A.	Lab	25,771	47.7	7.2
		Brandon-Bravo M.M.	Con	22,590	41.8	-2.9
		Long G.D.	LD	5,408	10.0	-4.8
		Christou J. Ms.	NLP	263	0.5*	

1987: Con   3,181   5.9

444   Nuneaton [364]

70,907*	83.7	Olner W.J.	Lab	27,157	45.8	11.2
		Stevens L.D.*	Con	25,526	43.0	-1.9
		Merritt P.R. Ms.	LD	6,671	11.2	-8.0
1987: Con				1,631	2.8	

445   Ogmore* [552]

52,196*	80.6	Powell R.*	Lab	30,186	71.7	2.4
		Edwards D.G.	Con	6,359	15.1	0.1
		Warman J.	LD	2,868	6.8	-2.8
		McAllister L.J. Ms.	PC	2,667	6.3	2.0
1987: Lab				23,827	56.6	

446   Old Bexley and Sidcup [60]

49,449*	81.9	Heath E.R.G.*	Con	24,450	60.3	-1.8
		Brierly D. Ms.	Lab	8,751	21.6	4.3
		Nicolle D.J.	LD	6,438	15.9	-4.7
		Rose B.	Ind Con	733	1.8*	
		Stephens R.T.	NLP	148	0.4*	
1987: Con				15,699	38.7	

447   Oldham Central and Royton [365]

61,360*	74.2	Davies B.	Lab	23,246	51.1	2.9
		Morris P. Ms.	Con	14,640	32.2	-2.1
		Dunn A. Ms.	LD	7,224	15.9	-1.7
		Dalling I.D.	NLP	403	0.9*	
1987: Lab				8,606	18.9	

448   Oldham West [366]

54,075*	75.6	Meacher M.H.*	Lab	21,580	52.8	3.4
		Gillen J.M.	Con	13,247	32.4	-2.5
		Smith J.D.	LD	5,525	13.5	-2.3
		Dalling S.J. Ms.	NLP	551	1.3*	
1987: Lab				8,333	20.4	

449		**Orkney and Shetland** [622]				
31,472	65.5	Wallace J.R.*	LD	9,575	46.4	4.8
		McCormick P.M.	Con	4,542	22.0	-1.2
		Aberdein J.H.	Lab	4,093	19.8	1.1
		McKie F. Ms.	SNP	2,301	11.2	
		Wharton C.C. Ms.	NLP	115	0.6*	
1987: Lib				5,033	24.4	
450		**Orpington** [61]				
57,352	83.6	Horam J.R	Con	27,421	57.2	-1.1
		Maines C.S.	LD	14,486	30.2	-0.8
		Cowan S.	Lab	5,512	11.5	0.8
		Almond R.D.	Lib	539	1.1*	
1987: Con				12,935	27.0	
451		**Oxford East** [367]				
63,078*	74.6	Smith A.D.*	Lab	23,702	50.4	7.4
		Mayall M.N.A.	Con	16,164	34.4	-6.0
		Horwood M.C.	LD	6,105	13.0	-2.6
		Lucas C. Ms.	Green	933	2.0*	1.1
		Wilson A.M. Ms.	NLP	101	0.2*	
		Tompson K.	RCP	48	0.1*	
1987: Lab				7,538	16.0	
452		**Oxford West and Abingdon** [368]				
72,328*	76.7	Patten J.H.C.*	Con	25,163	45.4	-1.0
		Goodhart W.H.	LD	21,624	39.0	1.6
		Kent B.	Lab	7,652	13.8	-1.1
		Woodin M.E.	Green	660	1.2*	-0.1
		Jenking R.E.	Lib	194	0.3*	
		Nelson S.B. Ms.	AFL	98	0.2*	
		Wells G.A.	NLP	75	0.1*	
1987: Con				3,539	6.4	

453   **Paisley North** [623]

46,424	73.4	Adams K. Ms.	Lab	17,269	50.7	-4.8
		Mullin R.	SNP	7,948	23.3	10.4
		Sharpe D.J.	Con	5,576	16.4	0.6
		McCartin E. Ms.	LD	2,779	8.2	-7.6
		Mellor D.	Green	412	1.2*	
		Brennan N.M.	NLP	81	0.2*	

1987: Lab   9,321   27.4

29/11/90   [Death of Allen Adams on 5/09/90]

48,063	53.7	Adams K. Ms.	Lab	11,353	44.0	-11.5
		Mullin R.	SNP	7,583	29.4	16.5
		Marwick E.	Con	3,835	14.8	-1.0
		Bannerman J.	LD	2,139	8.3	-7.5
		Mellor D.	Green	918	3.6*	

                                                        3,770   14.6

454   **Paisley South** [624]

47,919	75.0	McMaster G.	Lab/Coop	18,202	50.7	-5.5
		Lawson I.	SNP	8,653	24.1	10.1
		Laidlaw S.G. Ms.	Con	5,703	15.9	1.2
		Reid A.	LD	3,271	9.1	-6.0
		Porter S.R.	NLP	93	0.3*	

1987: Lab   9,549   26.6

29/11/90   [Death of Norman Buchan on 23/10/90]

49,199	55.0	McMaster G.	Lab	12,485	46.1	-10.1
		Lawson I.	SNP	7,455	27.5	13.5
		Workman J.C.	Con	3,627	13.4	-1.3
		Reid A.	LD	2,660	9.8	-5.3
		Collie E.R. Ms.	Green	835	3.1*	

                                                        5,030   18.6

455 Peckham [62]

58,320	53.8	Harman H. Ms.*	Lab	19,391	61.8	7.2
		Frazer C.M.	Con	7,386	23.5	-2.2
		Colley R.E. Ms.	LD	4,331	13.8	-4.0
		Dacres G.C.	WRP	146	0.5*	
		Teh V.	Ind	140	0.4*	
1987: Lab				12,005	38.2	

456 Pembroke* [553]

73,187*	82.9	Ainger N.R.	Lab	26,253	43.3	12.3
		Bennett N.J.*	Con	25,498	42.0	1.1
		Sain ley Berry P.G.	LD	6,625	10.9	-15.2
		Bryant C.L.	PC	1,627	2.7*	0.7
		Coghill R.W.	Green	484	0.8*	
		Stoddart R.M.	AFL	158	0.3*	
1987: Con				755	1.3	

457 Pendle* [369]

64,066	82.9	Prentice G.	Lab	23,497	44.2	8.9
		Lee J.R.L.*	Con	21,384	40.3	-0.1
		Davies A.P.	LD	7,976	15.0	-9.3
		Thome V.M. Ms.	AFL	263	0.5*	
1987: Con				2,113	4.0	

458 Penrith and The Border [370]

73,770*	79.7	Maclean D.J.*	Con	33,808	57.5	-2.7
		Walker K.G.	LD	15,359	26.1	-2.6
		Metcalfe J.	Lab	8,871	15.1	4.0
		Gibson R.A.	Green	610	1.0*	
		Docker I.	NLP	129	0.2*	
1987: Con				18,449	31.4	

459 Perth and Kinross* [625]

65,410*	76.9	Fairbairn N.H.*	Con	20,195	40.2	0.5
		Cunningham R. Ms.	SNP	18,101	36.0	8.4
		Rolfe M.J.	Lab	6,267	12.5	-3.4
		Black M.	LD	5,714	11.4	-5.5
1987: Con				2,094	4.2	

460 Peterborough [371]

87,639*	75.1	Mawhinney B.S.*	Con	31,827	48.3	-1.1
		Owens J. Ms.	Lab	26,451	40.2	6.5
		Taylor A.J. Ms.	LD	5,208	7.9	-8.2
		Murat E.	Lib	1,557	2.4*	
		Heaton R.L.H.	BNP	311	0.5*	
		Beasley P.I. Ms.	Ind	271	0.4*	
		Brettell C.R.	NLP	215	0.3*	
1987: Con				5,376	8.2	

461 Plymouth Devonport* [372]

65,800*	77.8	Jamieson D.C.	Lab	24,953	48.7	20.3
		Simpson K.R.	Con	17,541	34.2	5.0
		Mactaggart M.	LD	6,315	12.3	-29.9
		Luscombe H.M.	SD	2,152	4.2*	
		Lyons F.A.	NLP	255	0.5*	
1987: SDP				7,412	14.5	

462 Plymouth Drake [373]

51,667*	75.6	Fookes Dame J.E.*	Con	17,075	43.7	2.4
		Telford P	Lab/Coop	15,062	38.6	14.5
		Cox V.A. Ms	LD	5,893	15.1	-18.2
		Stanbury D.M.	SD	476	1.2*	
		Harrison A.E. Ms.	Green	441	1.1*	-0.1
		Pringle T.J.	NLP	95	0.2*	
1987: Con				2,013	5.2	

463	**Plymouth Sutton** [374]				
67,430*	81.2	Streeter G.N.	Con	27,070	49.5	3.7
		Pawley A.	Lab	15,120	27.6	11.2
		Brett-Freeman J.P.	LD	12,291	22.5	-15.4
		Bowler J.J.	NLP	256	0.5*	
1987: Con				11,950	21.8	

464	**Pontefract and Castleford** [375]				
64,655	74.3	Lofthouse G.*	Lab	33,546	69.9	3.0
		Rockall A.G.M.	Con	10,051	20.9	-0.3
		Ryan D.L.	LD	4,410	9.2	-2.1
1987: Lab				23,495	48.9	

465	**Pontypridd*** [554]				
61,685*	79.3	Howells K.S.	Lab	29,722	60.8	4.5
		Donnelly P.D.	Con	9,925	20.3	0.8
		Bowen D.	PC	4,448	9.1	3.8
		Belzak S.	LD	4,180	8.5	-10.3
		Jackson E.J. Ms.	Green	615	1.3*	
1987: Lab				19,797	40.5	

23/02/89	[Death of Brynmor John on 13/12/88]				
61,193	62.2	Howells K.S.	Lab	20,549	53.4	-2.9
		Morgan S.	PC	9,755	25.3	20.0
		Evans N.	Con	5,212	13.5	-6.0
		Ellis T.	LD	1,500	3.9*	-15.0
		Thomas T.	SDP	1,199	3.1*	
		Richards D.	Comm	239	0.6*	
		Black D.	Ind	57	0.2*	
				10,794	28.0	

466	**Poole** [376]				
79,223*	79.4	Ward J.D.*	Con	33,445	53.2	-4.3
		Clements B.R.	LD	20,614	32.8	0.2
		White H.R.	Lab	6,912	11.0	1.1
		Steen M.	Ind Con	1,620	2.6*	
		Bailey A.L.	NLP	303	0.5*	

1987: Con   12,831   20.4

467	**Portsmouth North** [377]				
79,592*	77.1	Griffiths P.H.S.*	Con	32,240	52.6	-2.7
		Burnett A.D.	Lab	18,359	29.9	10.0
		Bentley A.M.	LD	10,101	16.5	-8.3
		Palmer H. Ms.	Green	628	1.0*	

1987: Con   13,881   22.6

468	**Portsmouth South** [378]				
77,648*	69.1	Martin D.J.P.*	Con	22,798	42.5	-0.8
		Hancock M.T.	LD	22,556	42.0	-0.9
		Rapson S.N.J.	Lab	7,857	14.6	1.7
		Zivkovic A.	Green	349	0.7*	
		Trend W.A.	NLP	91	0.2*	

1987: Con   242   0.5

469	**Preston*** [379]				
64,159*	71.7	Wise A. Ms.*	Lab	24,983	54.3	1.8
		O'Toole S.G.	Con	12,808	27.8	-0.7
		Chadwick W.D.	LD	7,897	17.2	-1.8
		Ayliffe J. Ms.	NLP	341	0.7*	

1987: Lab   12,175   26.5

470	**Pudsey** [380]				
70,996	80.8	Shaw J.G.D.*	Con	25,067	43.7	-1.8
		Giles A.	Lab	16,695	29.1	8.6
		Shutt D.T.	LD	15,153	26.4	-7.6
		Wynne J.L. Ms.	Green	466	0.8*	
1987: Con				8,372	14.6	

471	**Putney** [63]				
61,915*	77.9	Mellor D.J.*	Con	25,188	52.2	1.7
		Chegwidden J.M. Ms.	Lab	17,662	36.6	0.5
		Martyn J.D.F.	LD	4,636	9.6	-2.8
		Hagenbach K.M.	Green	618	1.3*	0.2
		Levy P.	NLP	139	0.3*	
1987: Con				7,526	15.6	

472	**Ravensbourne** [64]				
57,285	81.2	Hunt J.L.*	Con	29,506	63.4	0.5
		Booth P.J.H.	LD	9,792	21.0	-4.3
		Dyer E.W.	Lab	6,182	13.3	2.0
		Mouland I.J.	Green	617	1.3*	
		White P.	Lib	318	0.7*	
		Shepheard J.W.	NLP	105	0.2*	
1987: Con				19,714	42.4	

473	**Reading East** [381]				
72,152*	75.0	Vaughan G.F.*	Con	29,148	53.8	0.0
		Parker G. Ms.	Lab	14,593	27.0	5.5
		Thair D.A.	LD	9,528	17.6	-5.6
		McCubbin A.M. Ms.	Green	861	1.6*	0.3
1987: Con				14,555	26.9	

474 Reading West [382]

67,938*	78.0	Durant R.A.B.*	Con	28,048	52.9	-2.4
		Ruhemann P.M.	Lab	14,750	27.8	6.6
		Lock K.H.	LD	9,572	18.1	-4.3
		Unsworth P.J.	Green	613	1.2*	0.1

1987: Con   13,298   25.1

475 Redcar [383]

62,494*	77.7	Mowlam M. Ms.*	Lab	27,184	56.0	8.6
		Goodwill R.	Con	15,607	32.1	0.8
		Abbott C.M.	LD	5,789	11.9	-9.4

1987: Lab   11,577   23.8

476 Reigate [384]

71,876	78.5	Gardiner G.A.*	Con	32,220	57.1	-2.2
		Newsome B.	LD	14,566	25.8	1.4
		Young H. Ms.	Lab	9,150	16.2	1.9
		Bilcliff M.	SD	513	0.9*	

1987: Con   17,654   31.3

477 Renfrew West and Inverclyde [626]

58,164	80.3	Graham T.*	Lab	17,085	36.6	-2.2
		Goldie A.M. Ms.	Con	15,341	32.9	3.1
		Campbell C.	SNP	9,448	20.2	10.1
		Nimmo A.	LD	4,668	10.0	-11.4
		Maltman D.L.	NLP	149	0.3*	

1987: Lab   1,744   3.7

478 Rhondda* [555]

59,955*	76.6	Rogers A.R.*	Lab	34,243	74.5	1.2
		Davies G.R.	PC	5,427	11.8	2.9
		Richards J.W.	Con	3,588	7.8	0.2
		Nicholls-Jones P.	LD	2,431	5.3	-3.0
		Fischer M.W.	CPGB	245	0.5*	

1987: Lab   28,816   62.7

479	**Ribble Valley*** [385]					
65,552	85.0	Evans N.M.	Con	29,178	52.4	-8.5
		Carr M.	LD	22,636	40.6	19.2
		Pickup R.	Lab	3,649	6.5	-11.2
		Beesley D.	RLGG	152	0.3*	
		Holmes N.M. Ms.	NLP	112	0.2*	
1987: Con				6,542	11.7	

7/03/91 [Elevation of David Waddington to the peerage on 29/11/90]

64,878	71.2	Carr M.	LD	22,377	48.5	27.1
		Evans N.M.	Con	17,776	38.5	-22.4
		Farrington J. Ms.	Lab	4,356	9.4	-8.3
		Brass D.A.	Ind	611	1.3*	
		Ingham H.G. Ms.	Green	466	1.0*	
		Sutch D.E.	Ind	278	0.6*	
		Taylor S.C.	Lib	133	0.3*	
		Whiplash L.St.C. Ms.	Ind	72	0.2*	
		Hughes S.B.F.	Ind	60	0.1*	
				4,601	10.0	

480	**Richmond and Barnes** [65]					
53,138	84.9	Hanley J.J.*	Con	22,894	50.7	3.0
		Tonge J.L. Ms.	LD	19,025	42.2	-1.7
		Touhig J.D.	Lab	2,632	5.8	-1.3
		Maciejowska J.S.M. Ms.	Green	376	0.8*	-0.5
		Cunningham C.H.	NLP	89	0.2*	
		Meacock R.	Ind	62	0.1*	
		Ellis-Jones A.K.F. Ms.	AFL	47	0.1*	
1987: Con				3,869	8.6	

481	**Richmond (Yorks)** [386]					
82,880*	78.4	Hague W.J.	Con	40,202	61.9	0.6
		Irwin G.	LD	16,698	25.7	-1.3
		Cranston R.F.	Lab	7,523	11.6	-0.2
		Barr A.M.	Ind	570	0.9*	
1987: Con				23,504	36.2	

[Richmond (Yorks) 481 contd.]

23/02/89 [Resignation of Leon Brittan on 31/12/88]

81,568	64.4	Hague W.J.	Con	19,543	37.2	-24.0
		Potter M.	SDP	16,909	32.2	
		Pearce B. Ms.	LD	11,589	22.1	-4.9
		Robson F.	Lab	2,591	4.9*	-6.9
		Upshall R.	Green	1,473	2.8*	
		Sutch D.E.	Ind	167	0.3*	
		Millns A.	Ind	113	0.2*	
		St. Claire L. Ms.	Ind	106	0.2*	
		Watkins N.	Ind	70	0.1*	
				2,634	5.0	

482 **Rochdale** [387]

69,522*	76.5	Lynne E. Ms.	LD	22,776	42.8	-0.6
		Williams A.D.	Lab	20,937	39.4	1.4
		Goldie-Scot D.J.	Con	8,626	16.2	-2.4
		Henderson K.	BNP	620	1.2*	
		Lucker V.J.	NLP	211	0.4*	
1987: Lib				1,839	3.5	

483 **Rochford** [388]

76,869*	83.0	Clark M.*	Con	38,967	61.1	0.6
		Harris N.	LD	12,931	20.3	-7.0
		Quinn D.	Lab	10,537	16.5	4.2
		Farmer L. Ms.	Lib	1,362	2.1*	
1987: Con				26,036	40.8	

484 **Romford** [66]

53,981	78.0	Neubert M.J.*	Con	23,834	56.6	0.6
		Gordon E. Ms.	Lab	12,414	29.5	6.6
		Atherton P.A. Ms.	LD	5,329	12.7	-7.5
		Gibson F.J.	Green	546	1.3*	0.3
1987: Con				11,420	27.1	

485 Romsey and Waterside [389]

82,628*	83.2	Colvin M.K.B.*	Con	37,375	54.4	-2.0
		Dawson G.	LD	22,071	32.1	0.1
		Mawle A. Ms.	Lab	8,688	12.6	1.1
		Spottiswood J.C.T.	Green	577	0.8*	
1987: Con				15,304	22.3	

486 Ross, Cromarty and Skye [627]

55,771	73.6	Kennedy C.P.*	LD	17,066	41.6	-7.8
		Gray J.W.	Con	9,436	23.0	3.3
		Gibson R.	SNP	7,618	18.6	6.8
		MacDonald J.T.	Lab	6,275	15.3	-3.8
		Jardine D.M.	Green	642	1.6*	
1987: SDP				7,630	18.6	

487 Rossendale and Darwen [390]

76,926	83.0	Anderson J. Ms.	Lab	28,028	43.9	5.6
		Trippier D.A.*	Con	27,908	43.7	-2.9
		Connor K.	LD	7,226	11.3	-3.8
		Gaffney J.E.	Green	596	0.9*	
		Gorrod P.N.	NLP	125	0.2*	
1987: Con				120	0.2	

488 Rotherham [391]

60,937*	71.7	Boyce J.	Lab	27,933	63.9	4.3
		Yorke S.J.D.	Con	10,372	23.7	1.7
		Wildgoose D.B.	LD	5,375	12.3	-5.9
1987: Lab				17,561	40.2	

489 Rother Valley [392]

68,304*	75.0	Barron K.J.*	Lab	30,977	60.5	4.1
		Horton G.T.A.W.	Con	13,755	26.9	1.9
		Smith K.A.	LD	6,483	12.7	-5.8
1987: Lab				17,222	33.6	

490 Roxburgh and Berwickshire [628]

43,572*	77.6	Kirkwood A.J.*	LD	15,852	46.9	-2.3
		Finlay-Maxwell C.S. Ms.	Con	11,595	34.3	-2.9
		Douglas M.N.	SNP	3,437	10.2	5.4
		Lambert S.	Lab	2,909	8.6	-0.2
1987: Lib				4,257	12.6	

491 Rugby and Kenilworth [393]

77,767*	83.7	Pawsey J.F.*	Con	34,110	52.4	0.8
		Airey J.	Lab	20,862	32.0	7.1
		Roodhouse J.M.	LD	9,934	15.3	-8.2
		Withers S.H.	NLP	202	0.3*	
1987: Con				13,248	20.4	

492 Ruislip-Northwood [67]

54,033	82.1	Wilkinson J.A.D.*	Con	28,097	63.3	0.7
		Brooks R.M. Ms.	Lab	8,306	18.7	5.2
		Davies H.	LD	7,739	17.4	-6.4
		Sheehan M.G.	NLP	214	0.5*	
1987: Con				19,791	44.6	

493 Rushcliffe* [394]

76,284	83.0	Clarke K.H.*	Con	34,448	54.4	-4.4
		Chewings A.D.	Lab	14,682	23.2	6.6
		Wood A.M.	LD	12,660	20.0	-3.0
		Anthony S.R.	Green	775	1.2*	-0.5
		Maelor-Jones M.	Ind Con	611	1.0*	
		Richards D.	NLP	150	0.2*	
1987: Con				19,766	31.2	

494	**Rutland and Melton*** [395]					
80,975*	80.8	Duncan A.J.C.	Con	38,603	59.0	-3.0
		Taylor J. Ms.	Lab	13,068	20.0	5.5
		Lustig R.E.	LD	12,682	19.4	-4.1
		Berreen J.M.	Green	861	1.3*	
		Gray R.	NLP	237	0.4*	
1987: Con				25,535	39.0	

495	**Ryedale*** [396]					
87,063	81.7	Greenway J.R.*	Con	39,888	56.1	2.7
		Shields E.L. Ms.	LD	21,449	30.1	-8.4
		Healey J.	Lab	9,812	13.8	5.7
1987: Con				18,439	25.9	

496	**Saffron Walden** [397]					
74,940	83.2	Haselhurst A.G.B.*	Con	35,272	56.6	-1.1
		Hayes M.P.	LD	17,848	28.6	-0.3
		Kotz J.	Lab	8,933	14.3	2.8
		Miller M.D.	NLP	260	0.4*	
1987: Con				17,424	28.0	

497	**St Albans** [398]					
74,189*	83.5	Lilley P.B.*	Con	32,709	52.8	0.3
		Howes M. Ms.	LD	16,305	26.3	-8.2
		Pollard K.P.	Lab	12,016	19.4	7.9
		Simmons C.	Green	734	1.2*	-0.1
		Lucas D.	NLP	161	0.3*	
1987: Con				16,404	26.5	

498	**St Helens North** [399]					
71,262*	77.4	Evans J.*	Lab	31,930	57.9	4.3
		Anderson B.J.	Con	15,686	28.5	1.2
		Beirne J.	LD	7,224	13.1	-6.0
		Lynch A.M. Ms.	NLP	287	0.5*	
1987: Lab				16,244	29.5	

499	**St Helens South** [400]				
67,521* 73.8	Bermingham G.E.*	Lab	30,391	61.0	6.4
	Buzzard P.M. Ms.	Con	12,182	24.5	-2.3
	Spencer B.T.	LD	6,933	13.9	-4.8
	Jump H.S. Ms.	NLP	295	0.6*	
1987: Lab			18,209	36.6	

500	**St Ives** [401]				
71,154* 80.3	Harris D.A.*	Con	24,528	42.9	-5.4
	George A.H.	LD	22,883	40.1	6.2
	Warran S.	Lab	9,144	16.0	-1.8
	Stephens F.G.	Lib	577	1.0*	
1987: Con			1,645	2.9	

501	**Salford East** [402]				
52,616* 64.4	Orme S.*	Lab	20,327	60.0	1.2
	Berens D.	Con	9,092	26.8	-0.5
	Owen N.J.	LD	3,836	11.3	-2.0
	Stanley M.T.	Green	463	1.4*	
	Craig C.C.B.	NLP	150	0.4*	
1987: Lab			11,235	33.2	

502	**Salisbury** [403]				
75,917* 79.9	Key S.R.*	Con	31,546	52.0	-2.9
	Sample P.W.L.	LD	22,573	37.2	2.2
	Fear S.R.	Lab	5,483	9.0	-0.4
	Elcock S.M.	Green	609	1.0*	
	Fletcher S.W.	Ind	233	0.4*	
	Abbott T.I.	Ind	117	0.2*	
	Martell A. Ms.	NLP	93	0.2*	
1987: Con			8,973	14.8	

503	**Scarborough*** [404]				
76,364	77.2	Sykes J.D.	Con	29,334	49.8	-0.9
		Billing D.L.	Lab	17,600	29.9	6.2
		Davenport A.B	LD	11,133	18.9	-6.8
		Richardson R.C.	Green	876	1.5*	
1987: Con				11,734	19.9	

504	**Sedgefield** [405]				
61,029*	77.1	Blair A.C.L.*	Lab	28,453	60.5	4.5
		Jopling N.M.F.	Con	13,594	28.9	1.1
		Huntington J.G.	LD	4,982	10.6	-5.5
1987: Lab				14,859	31.6	

505	**Selby*** [406]				
77,180*	80.2	Alison M.J.H.*	Con	31,067	50.2	-1.4
		Grogan J.T.	Lab	21,559	34.8	8.1
		Batty T.	LD	9,244	14.9	-6.7
1987: Con				9,508	15.4	

506	**Sevenoaks** [407]				
71,092	81.3	Wolfson G.M.*	Con	33,245	57.5	-1.4
		Walshe R.F.C.	LD	14,091	24.4	-3.5
		Evans J.S. Ms.	Lab	9,470	16.4	3.2
		Lawrence M.E. Ms.	Green	786	1.4*	
		Wakeling P.L.	NLP	210	0.4*	
1987: Con				19,154	33.1	

507	**Sheffield Attercliffe** [408]				
69,177*	71.8	Betts C.J.C.	Lab	28,563	57.5	-0.3
		Millward G.R.	Con	13,083	26.3	3.7
		Woolley H.E. Ms.	LD	7,283	14.7	-4.9
		Ferguson G.D.	Green	751	1.5*	
1987: Lab				15,480	31.2	

508		**Sheffield Brightside** [409]				
63,810*	66.3	Blunkett D.*	Lab	29,771	70.4	0.5
		Loughton T.P.	Con	7,090	16.8	1.1
		Franklin R.K.	LD	5,273	12.5	-1.9
		Hyland D.E.	ICP	150	0.4*	
1987: Lab				22,681	53.6	

509		**Sheffield Central** [410]				
59,060*	56.1	Caborn R.G.*	Lab	22,764	68.7	0.9
		Davies V.J.E.	Con	5,470	16.5	-0.6
		Sangar A.P.	LD	3,856	11.6	-2.3
		Wroe G.S.	Green	750	2.3*	
		Clark M.C.	Ind	212	0.6*	
		O'Brien J. Ms.	CL	92	0.3*	
1987: Lab				17,294	52.2	

510		**Sheffield Hallam** [411]				
76,585*	70.8	Patnick C.I.*	Con	24,693	45.5	-0.8
		Gold P.J.	LD	17,952	33.1	0.6
		Hardstaff V.M. Ms.	Lab	10,930	20.1	-0.2
		Baker M.A.	Green	473	0.9*	0.0
		Hurford R.E.	NLP	101	0.2*	
		Clifford T.M. Ms.	RCP	99	0.2*	
1987: Con				6,741	12.4	

511		**Sheffield Heeley** [412]				
70,953*	70.9	Michie W.*	Lab	28,005	55.7	2.3
		Beck D.R.	Con	13,051	25.9	-0.3
		Moore P.	LD	9,247	18.4	-1.9
1987: Lab				14,954	29.7	

512 Sheffield Hillsborough [413]

77,343*	77.2	Jackson H.M. Ms.	Lab	27,563	46.2	2.1
		Chadwick D.	LD	20,500	34.3	-4.2
		Cordle S.C.	Con	11,640	19.5	2.0
1987: Lab				7,063	11.8	

513 Sherwood* [414]

73,355*	85.5	Tipping S.P.	Lab	29,788	47.5	9.3
		Stewart A.S.*	Con	26,878	42.9	-3.0
		Howard J.W.	LD	6,039	9.6	-6.3
1987: Con				2,910	4.6	

514 Shipley [415]

68,827	82.1	Fox J.M.*	Con	28,463	50.4	0.9
		Lockwood A.E. Ms.	Lab	16,081	28.5	5.2
		Cole J.M.C.	LD	11,288	20.0	-6.3
		Harris C.M.	Green	680	1.2*	0.3
1987: Con				12,382	21.9	

515 Shoreham [416]

71,252*	81.2	Stephen B.M.L.	Con	32,670	56.5	-4.4
		King M.	LD	18,384	31.8	1.8
		Godwin P.	Lab	6,123	10.6	1.4
		Weights B.	Lib	459	0.8*	
		Dreben J.I.	NLP	200	0.3*	
1987: Con				14,286	24.7	

516 Shrewsbury and Atcham* [417]

70,636	82.4	Conway D.L.*	Con	26,681	45.8	-2.0
		Hemsley K.A.	LD	15,716	27.0	-4.2
		Owen E. Ms.	Lab	15,157	26.0	6.2
		Hardy G.A.	Green	677	1.2*	0.0
1987: Con				10,965	18.8	

517   Shropshire North [418]

82,676*	77.7	Biffen W.J.*	Con	32,443	50.5	-1.7
		Stevens H.J.	LD	16,232	25.3	-2.2
		Hawkins R.J.	Lab	15,550	24.2	3.8
1987: Con				16,211	25.2	

518   Skipton and Ripon [419]

75,629*	81.3	Curry D.M.*	Con	35,937	58.4	-0.6
		Hall R.	LD	16,607	27.0	-1.4
		Allott K.R. Ms.	Lab	8,978	14.6	3.4
1987: Con				19,330	31.4	

519   Slough [420]

74,103	78.0	Watts J.A.*	Con	25,793	44.6	-2.3
		Lopez A.E.	Lab	25,279	43.7	4.1
		Mapp P.G.D.	LD	4,041	7.0	-6.4
		Clark J.S.	Lib	1,426	2.5*	
		Alford D.	Ind Lab	699	1.2*	
		Carmichael A	NF	290	0.5*	
		Creese M.R.	NLP	153	0.3*	
		Smith E.A. Ms.	Ind	134	0.2*	
1987: Con				514	0.9	

520   Solihull [421]

77,332	81.6	Taylor J.M.*	Con	38,385	60.8	-0.2
		Southcombe M.J.	LD	13,239	21.0	-3.0
		Kutapan N. Ms.	Lab	10,544	16.7	1.7
		Hards C.G.	Green	925	1.5*	
1987: Con				25,146	39.9	

521	**Somerton and Frome** [423]				
71,358	82.7	Robinson M.N.F.	Con	28,052	47.5	-6.2
		Heath D.	LD	23,711	40.2	3.9
		Ashford R.	Lab	6,154	10.4	0.4
		Graham L.A. Ms.	Green	742	1.3*	
		Pollock J. Ms.	Lib	388	0.7*	
1987: Con				4,341	7.4	

522	**Southampton Itchen** [424]				
72,105*	76.9	Denham J.Y	Lab	24,402	44.0	11.9
		Chope C.R.*	Con	23,851	43.0	-1.3
		Hodgson J.R.T.	LD	7,221	13.0	-10.6
1987: Con				551	1.0	

523	**Southampton Test** [425]				
72,932*	77.4	Hill J.S.A.*	Con	24,504	43.4	-2.2
		Whitehead A.P.V.	Lab	23,919	42.4	9.1
		Maddock D.M. Ms.	LD	7,391	13.1	-8.1
		Michaelis J.M.	Green	535	0.9*	
		Plummer D.	NLP	101	0.2*	
1987: Con				585	1.0	

524	**Southend East** [426]				
56,709*	73.8	Taylor Sir E.M.*	Con	24,591	58.8	0.8
		Bramley G.	Lab	11,480	27.4	9.6
		Horne J. Ms.	LD	5,107	12.2	-12.0
		Lynch B.T.	Lib	673	1.6*	
1987: Con				13,111	31.3	

525		**Southend West** [426]				
64,199*	77.8	Channon H.P.G.*	Con	27,319	54.7	0.3
		Stimson N.J. Ms.	LD	15,417	30.9	-7.2
		Viney G.P.	Lab	6,139	12.3	4.7
		Farmer A.J.	Lib	495	1.0*	
		Keene C.R.	Green	451	0.9*	
		Warburton P.N.	NLP	127	0.3*	
1987: Con				11,902	23.8	

526		**South Hams*** [427]				
83,140	81.0	Steen A.D.*	Con	35,951	53.4	-2.0
		Evans R.V.	LD	22,240	33.0	-1.1
		Cohen E. Ms.	Lab	8,091	12.0	3.8
		Titmuss C.G.	Green	846	1.3*	-0.6
		Somerville L.J. Ms.	NLP	227	0.3*	
1987: Con				13,711	20.4	

527		**Southport** [428]				
71,444*	77.6	Banks M.R.W.	Con	26,081	47.0	2.5
		Fearn R.C.*	LD	23,018	41.5	-6.4
		King J.	Lab	5,637	10.2	3.8
		Walker J.R.G.	Green	545	1.0*	-0.2
		Clements G.	NLP	159	0.3*	
				3,063	5.5	

528		**South Ribble*** [429]				
78,171*	83.0	Atkins R.J.*	Con	30,828	47.5	0.3
		Smith G.W.T.	Lab	24,855	38.3	5.2
		Jones S.N.	LD	8,928	13.8	-6.0
		Decter R.D.	NLP	269	0.4*	
1987: Con				5,973	9.2	

529   South Shields [430]

59,392*	70.1	Clark D.G.*	Lab	24,876	59.8	1.9
		Howard J.L.	Con	11,399	27.4	1.7
		Preece A.	LD	5,344	12.8	-2.6
1987: Lab				13,477	32.4	

530   Southwark and Bermondsey [70]

60,564	62.3	Hughes S.H.W.*	LD	21,459	56.9	9.4
		Balfe R.A.	Lab/Coop	11,614	30.8	-8.9
		Raca A.	Con	3,794	10.1	-2.5
		Tyler S.J.	BNP	530	1.4*	
		Blackham T.S.	NF	168	0.4*	
		Barnett G.H.	NLP	113	0.3*	
		Grogan J.B.	CL	56	0.1*	
1987: Lib				9,845	26.1	

531   Spelthorne [431]

69,344*	80.4	Wilshire D.*	Con	32,627	58.5	-1.5
		Leedham A.E. Ms.	Lab	12,784	22.9	5.9
		Roberts R.D.C.	LD	9,202	16.5	-6.4
		Wassell J.D. Ms.	Green	580	1.0*	
		Rea D.J.	MRLP	338	0.6*	
		Ellis D.A.	NLP	195	0.3*	
1987: Con				19,843	35.6	

532   Stafford [432]

74,668	82.9	Cash W.N.P.*	Con	30,876	49.9	-1.5
		Kidney D.N.	Lab	19,976	32.3	11.1
		Calder J.M.	LD	10,702	17.3	-10.2
		Peat C.A.	Ind	178	0.3*	
		Lines P.D.M.	NLP	176	0.3*	
1987: Con				10,900	17.6	

533   Staffordshire Mid [433]

73,435	85.6	Fabricant M.L.D.	Con	31,227	49.7	-0.9
		Heal S.L. Ms.	Lab	24,991	39.8	15.0
		Stamp B.J.	LD	6,402	10.2	-13.0
		Grice D. Ms.	NLP	239	0.4*	
1987: Con				6,236	9.9	

22/03/90   [Death of John Heddle on 19/12/89]

72,728	77.5	Heal S. Ms.	Lab	27,649	49.1	24.4
		Prior C.	Con	18,200	32.3	-18.3
		Jones T.	LD	6,315	11.2	-12.0
		Wood I.	SDP	1,422	2.5*	
		Saunders R.	Green	1,215	2.2*	
		Bazeley J.	Ind	547	1.0*	
		Sutch D.E.	Ind	336	0.6*	
		Hill C.	Ind	311	0.6*	
		Abell C.	Ind	102	0.2*	
		Parker-Jervis N.	Ind	71	0.1*	
		Hughes S.B.F.	Ind	59	0.1*	
		Love L.St.C. Ms.	Ind	51	0.1*	
		Mildwater B.	Ind	42	0.1*	
		Black D.	Ind	39	0.1*	
				9,449	16.8	

534   Staffordshire Moorlands [434]

75,037*	83.7	Knox D.L.*	Con	29,240	46.6	-6.3
		Siddelley J.E.	Lab	21,830	34.8	6.0
		Jebb C.R. Ms.	LD	9,326	14.9	-3.5
		Howson M.C.	Ind Con	2,121	3.4*	
		Davies P.	NLP	261	0.4*	
1987: Con				7,410	11.8	

535   Staffordshire South [435]

82,759*	81.5	Cormack P.T.*	Con	40,266	59.7	-1.2
		Wylie B.A.	Lab	17,633	26.1	7.1
		Sadler I.L.	LD	9,584	14.2	-5.9
1987: Con				22,633	33.5	

536 Staffordshire South East [436]

70,207*	82.0	Lightbown D.L.*	Con	29,180	50.7	3.5
		Jenkins B.D.	Lab	21,988	38.2	12.1
		Penlington G.N.	LD	5,540	9.6	-17.1
		Taylor J. Ms.	SD	895	1.6*	
1987: Con				7,192	12.5	

537 Stalybridge and Hyde [437]

68,192*	73.5	Pendry T.*	Lab	26,207	52.3	3.9
		Mort T.S.R.	Con	17,376	34.7	-2.5
		Kirk I.M.	LD	4,740	9.5	-5.0
		Powell R.G.J.	Lib	1,199	2.4*	
		Poyzer D.J.	MRLP	337	0.7*	
		Blomfield E.J.	NLP	238	0.5*	
1987: Lab				8,831	17.6	

538 Stamford and Spalding [438]

75,154*	81.2	Davies J.Q.*	Con	35,965	59.0	2.5
		Burke L.C.	Lab	13,096	21.5	8.9
		Lee B.	LD	11,939	19.6	-11.4
1987: Con				22,869	37.5	

539 Stevenage [439]

70,229	83.0	Wood T.J.R.*	Con	26,652	45.7	3.6
		Church J.A. Ms.	Lab	21,764	37.3	11.9
		Reilly A.A.	LD	9,668	16.6	-15.9
		Calcraft A.	NLP	233	0.4*	
1987: Con				4,888	8.4	

540 Stirling [629]

58,267*	82.3	Forsyth M.B.*	Con	19,174	40.0	2.2
		Phillips K. Ms.	Lab	18,471	38.5	2.0
		Fisher G.A.	SNP	6,558	13.7	2.9
		Robertson W.B.	LD	3,337	7.0	-8.0
		Thomson W.R.	Green	342	0.7*	
		Sharp R.	MRLP	68	0.1*	
1987: Con				703	1.5	

541 Stockport [440]

58,096*	82.3	Coffey A. Ms.	Lab	21,096	44.1	8.8
		Favell A.R.*	Con	19,674	41.2	-0.2
		Corris A.C. Ms.	LD	6,539	13.7	-8.4
		Filmore J.A. Ms.	Green	436	0.9*	-0.3
		Saunders D.N.	NLP	50	0.1*	
1987: Con				1,422	3.0	

542 Stockton North [441]

69,458*	76.8	Cook F.*	Lab	27,918	52.3	3.2
		Brocklebank-Fowler S.E.	Con	17,444	32.7	0.2
		Fletcher S. Ms.	LD	7,454	14.0	-4.4
		McGarvey K.	Ind Lab	550	1.0*	
1987: Lab				10,474	19.6	

543 Stockton South [442]

75,959*	82.8	Devlin T.R.*	Con	28,418	45.2	10.2
		Scott J.M.	Lab	25,049	39.8	8.6
		Kirkham K. Ms.	LD	9,410	15.0	-18.8
1987: Con				3,369	5.4	

544 Stoke-on-Trent Central [443]

65,528*	68.1	Fisher M.*	Lab	25,897	58.0	5.5
		Gibb N.J.	Con	12,477	27.9	-3.0
		Dent M.J.	LD	6,073	13.6	-2.9
		Pullen N.A.	NLP	196	0.4*	
1987: Lab				13,420	30.1	

545 Stoke-on-Trent North [444]

73,141*	73.4	Walley J.L. Ms.*	Lab	30,464	56.7	9.6
		Harris L.M.	Con	15,687	29.2	-2.1
		Redfern J.P.	LD	7,167	13.3	-8.2
		Morrison A.H.	NLP	387	0.7*	
1987: Lab				14,777	27.5	

546 Stoke-on-Trent South [445]

71,317*	74.3	Stevenson G.W.	Lab	26,380	49.8	2.3
		Ibbs R.M.	Con	19,471	36.7	-1.1
		Jones F.A.	LD	6,870	13.0	-1.7
		Lines E.A. Ms.	NLP	291	0.5*	
1987: Lab				6,909	13.0	

547 Strangford [649]

68,901	65.0	Taylor J.D.*	UU	19,517	43.6	-32.4
		Wilson S.	DUP	10,606	23.7	
		McCarthy K.	AP	7,585	16.9	-3.4
		Eyre S.J.A.	Con	6,782	15.1	
		Shaw D.	NLP	295	0.7*	
1987: UU				8,911	19.9	

548 Stratford-On-Avon [446]

82,818*	82.1	Howarth A.T.*	Con	40,251	59.2	-2.7
		Fogg J.N.	LD	17,359	25.5	-2.3
		Brookes S.M. Ms.	Lab	8,932	13.1	2.9
		Roughan R.G.	Green	729	1.1*	
		Saunders A.J.	Ind Con	573	0.8*	
		Twite M.R.	NLP	130	0.2*	
1987: Con				22,892	33.7	

549 Strathkelvin and Bearsden* [630]

61,210	82.2	Galbraith S.*	Lab	21,267	42.3	4.1
		Hirst M.W.	Con	18,105	36.0	2.6
		Chalmers T.	SNP	6,275	12.5	5.4
		Waterfield B Ms.	LD	4,585	9.1	-12.3
		Whitley D.F.	NLP	90	0.2*	
1987: Lab				3,162	6.3	

550 Streatham [71]

57,212	70.3	Hill T.K.	Lab	18,925	47.0	7.8
		Shelton Sir W.J.M.*	Con	16,608	41.3	-3.7
		Pindar M.J.	LD	3,858	9.6	-6.2
		Baker R.C.L.	Green	443	1.1*	
		Hankin A.	Islam	154	0.4*	
		Payne C.D. Ms.	Ind	145	0.4*	
		Parsons J.V.	NLP	97	0.2*	
1987: Con				2,317	5.8	

551 Stretford [447]

54,468*	68.8	Lloyd A.J.*	Lab	22,300	59.5	4.4
		Rae J.C.B.	Con	11,163	29.8	-2.6
		Beswick F.C.	LD	3,722	9.9	-2.4
		Boyton L.A.	NLP	268	0.7*	
1987: Lab				11,137	29.7	

552	**Stroud** [448]				
82,553*	84.5	Knapman R.M.*	Con	32,201	46.2	-4.0
		Drew D.E.	Lab	18,796	26.9	8.4
		Robinson M.P.	LD	16,751	24.0	-7.3
		Atkinson S.M. Ms.	Green	2,005	2.9*	
1987: Con				13,405	19.2	

553	**Suffolk Central** [449]				
82,735	80.3	Lord M.N.*	Con	32,917	49.6	-4.1
		Henniker-Major L.A. Ms.	LD	16,886	25.4	-1.3
		Harris J.W.	Lab	15,615	23.5	3.9
		Matthissen J.E.	Green	800	1.2*	
		Wilmot J.C. Ms.	NLP	190	0.3*	
1987: Con				16,031	24.1	

554	**Suffolk Coastal*** [450]				
79,334*	81.6	Gummer J.S.*	Con	34,680	53.6	-2.1
		Monk P.D.	LD	15,395	23.8	-6.0
		Hodgson T.E.	Lab	13,508	20.9	8.1
		Slade A.C.	Green	943	1.5*	-0.3
		Kaplan F.B. Ms.	NLP	232	0.4*	
1987: Con				19,285	29.8	

555	**Suffolk South** [451]				
84,835*	81.7	Yeo T.S.K.*	Con	34,773	50.2	-3.3
		Pollard A.K. Ms.	LD	17,504	25.3	-2.6
		Hesford S.	Lab	16,623	24.0	5.3
		Aisbitt T.	NLP	420	0.6*	
1987: Con				17,269	24.9	

556		**Sunderland North** [452]				
72,874*	68.9	Etherington W.	Lab	30,481	60.7	5.0
		Barnes J.V. Ms.	Con	13,477	26.9	-1.4
		Halom V.L.	LD	5,389	10.7	-5.2
		Lundgren W.E. Ms.	Lib	841	1.7*	
1987: Lab				17,004	33.9	

557		**Sunderland South** [453]				
72,608*	69.9	Mullin C.J.*	Lab	29,399	57.9	3.9
		Howe G.E.	Con	14,898	29.4	-1.0
		Lennox J.A.	LD	5,844	11.5	-3.1
		Scouler T.	Green	596	1.2*	0.2
1987: Lab				14,501	28.6	

558		**Surbiton** [72]				
42,422*	82.4	Tracey R.P.*	Con	19,033	54.4	-1.4
		Janke B. Ms.	LD	9,394	26.9	-1.6
		Hutchinson R.T.	Lab	6,384	18.3	3.9
		Parker W.	NLP	161	0.5*	
1987: Con				9,639	27.6	

559		**Surrey East** [454]				
58,014	82.3	Ainsworth P.M.	Con	29,767	62.3	-1.1
		Tomlin R.L.	LD	12,111	25.4	1.4
		Roles G.M. Ms.	Lab	5,075	10.6	0.2
		Kilpatrick I.T.	Green	819	1.7*	-0.6
1987: Con				17,656	37.0	

560		**Surrey North West** [455]				
83,577	78.3	Grylls W.M.J.*	Con	41,772	63.8	-0.2
		Clark C.M. Ms.	LD	13,378	20.4	-4.4
		Hayhurst R.M.	Lab	8,886	13.6	2.4
		Hockey Y. Ms.	Green	1,441	2.2*	
1987: Con				28,394	43.4	

561 **Surrey South West** [456]

72,312	82.7	Bottomley V.H.B.M. Ms.*	Con	35,008	58.5	-0.9
		Sherlock N.R.	LD	20,033	33.5	-0.9
		Kelly P.J.	Lab	3,840	6.4	0.8
		Bedrock N.	Green	710	1.2*	
		Campbell K.S.	NLP	147	0.2*	
		Newman D.	Ind	98	0.2*	

1987: Con   14,975   25.0

562 **Sussex Mid** [457]

80,828*	82.9	Renton R.T.*	Con	39,524	59.0	-2.1
		Collins M.E. Ms.	LD	18,996	28.4	-3.1
		Gregory L.C. Ms.	Lab	6,951	10.4	3.0
		Stevens H.G.	Green	772	1.2*	
		Berry P.B	MRLP	392	0.6*	
		Hodkin P.D	Ind	246	0.4*	
		Hankey A.M.A.	NLP	89	0.1*	

1987: Con   20,528   30.7

563 **Sutton and Cheam** [73]

60,995	82.3	Maitland O.H. Ms.	Con	27,710	55.2	-5.6
		Burstow P.K.	LD	16,954	33.8	5.1
		Martin G.C.	Lab	4,980	9.9	-0.7
		Duffy J.	Green	444	0.9*	
		Hatchard A.R. Ms.	NLP	133	0.3*	

1987: Con   10,756   21.4

564 **Sutton Coldfield** [458]

71,444	79.5	Fowler Sir P.N.*	Con	37,001	65.2	1.2
		Whorwood J.E.	LD	10,965	19.3	-5.4
		Bott-Obi J.M. Ms.	Lab	8,490	15.0	3.6
		Meads H.S.	NLP	324	0.6*	

1987: Con   26,036   45.9

565 **Swansea East*** [556]

59,187	75.6	Anderson D.*	Lab	31,179	69.7	6.0
		Davies H.L.	Con	7,697	17.2	-1.7
		Barton R.E.	LD	4,248	9.5	-5.3
		Bonner-Evans E.E. Ms.	PC	1,607	3.6*	0.9
1987: Lab				23,482	52.5	

566 **Swansea West*** [557]

59,791	73.3	Williams A.J.*	Lab	23,238	53.0	4.5
		Perry R.J.	Con	13,760	31.4	-1.6
		Shrewsbury M.J.	LD	4,620	10.5	-4.9
		Lloyd D.R.	PC	1,668	3.8*	1.8
		Oubridge G.E.	Green	564	1.3*	0.3
1987: Lab				9,478	21.6	

567 **Swindon** [459]

90,068*	81.5	Coombs S.C.*	Con	31,749	43.3	-0.6
		D'Avila J.P.	Lab	28,923	39.4	2.8
		Cordon S.R.	LD	11,737	16.0	-3.6
		Hughes J.V.	Green	647	0.9*	
		Gillard C.R.	MRLP	236	0.3*	
		Farrar V.F.	Ind	78	0.1*	
1987: Con				2,826	3.9	

568 **Tatton** [460]

71,085*	80.8	Hamilton M.N.*	Con	31,658	55.1	0.5
		Kelly J.M.	Lab	15,798	27.5	6.2
		Hancox C.V. Ms.	LD	9,597	16.7	-6.9
		Gibson M.G.	Ind	410	0.7*	
1987: Con				15,860	27.6	

569	**Taunton** [461]				
78,037*	82.3	Nicholson D.J.*	Con	29,576	46.0	-5.3
		Ballard J.M. Ms.	LD	26,240	40.8	7.1
		Hole L.J. Ms.	Lab	8,151	12.7	-2.2
		Leavey P.A.	NLP	279	0.4*	
1987: Con				3,336	5.2	

570	**Tayside North** [631]				
55,970*	77.6	Walker W.C.*	Con	20,283	46.7	1.3
		Swinney J.R.	SNP	16,288	37.5	4.5
		Horner S.A.	LD	3,791	8.7	-4.2
		Maclennan T.A.S.	Lab	3,094	7.1	-1.7
1987: Con				3,995	9.2	

571	**Teignbridge*** [462]				
75,798*	82.4	Nicholls P.C.M.*	Con	31,274	50.0	-3.2
		Younger-Ross R.	LD	22,416	35.9	0.7
		Kennedy R.A.	Lab	8,128	13.0	1.9
		Hope A.	MRLP	437	0.7*	0.2
		Hayes N.J.	NLP	234	0.4*	
1987: Con				8,858	14.2	

572	**Thanet North** [463]				
70,977*	76.0	Gale R.J.*	Con	30,867	57.2	-0.8
		Bretman A.M.	Lab	12,657	23.5	6.8
		Phillips J.L. Ms.	LD	9,563	17.7	-5.6
		Dawe H.F. Ms.	Green	873	1.6*	-0.4
1987: Con				18,210	33.8	

573	**Thanet South** [464]				
62,440*	78.2	Aitken J.W.P.*	Con	25,253	51.7	-2.6
		James M.S.	Lab	13,740	28.1	7.2
		Pitt W.H.	LD	8,948	18.3	-6.4
		Peckham S. Ms.	Green	871	1.8*	
1987: Con				11,513	23.6	

574   Thurrock [465]

69,211	78.1	MacKinlay A.S.	Lab	24,791	45.9	4.8
		Janman T.S.*	Con	23,619	43.7	1.2
		Banton A.J.	LD	5,145	9.5	-7.0
		Rogers C.W.	Ind	391	0.7*	
		Compobassi P.	AFL	117	0.2*	
1987: Con				1,172	2.2	

575   Tiverton [466]

70,742	83.3	Browning A.F. Ms.	Con	30,376	51.5	-3.4
		Cox D.N.	LD	19,287	32.7	-5.3
		Gibb S.C. Ms.	Lab	5,950	10.1	3.8
		Morrish D.J.	Lib	2,225	3.8*	
		Foggitt P.J.	Green	1,007	1.7*	
		Rhodes B.C.	NLP	96	0.2*	
1987: Con				11,089	18.8	

576   Tonbridge and Malling [467]

77,257	82.7	Stanley J.P.*	Con	36,542	57.2	0.3
		Roberts P.D.	LD	14,984	23.5	-6.0
		O'Neill M.A. Ms.	Lab	11,533	18.1	5.0
		Tidy J.	Green	612	1.0*	
		Horvath J.I.R. Ms.	NLP	221	0.3*	
1987: Con				21,558	33.7	

577   Tooting [74]

68,307*	74.8	Cox T.M.*	Lab	24,601	48.2	3.9
		Winter M.A.S.	Con	20,494	40.1	-1.1
		Bunce R.J.	LD	3,776	7.4	-5.8
		Martin C. Ms.	Lib	1,340	2.6*	
		Owens P.J.	Green	694	1.4*	0.1
		Anklesaria F.	NLP	119	0.2*	
		Whitelaw M.N.	Ind	64	0.1*	
1987: Lab				4,107	8.0	

578	**Torbay** [468]				
71,184	80.6	Allason R.W.S.*	Con	28,624	49.9	-4.1
		Sanders A.M.	LD	22,837	39.8	2.2
		Truscott P. Dr.	Lab	5,503	9.6	1.2
		Jones R.P.	NF	268	0.5*	
		Thomas A.H. Ms.	NLP	157	0.3*	
1987: Con				5,787	10.1	

579	**Torfaen*** [558]				
61,103*	77.5	Murphy P.P.*	Lab	30,352	64.1	5.4
		Watkins M.C.	Con	9,598	20.3	1.2
		Hewson M.G.	LD	6,178	13.1	-6.9
		Cox J.I.	PC/GP	1,210	2.6*	
1987: Lab				20,754	43.8	

580	**Tottenham** [75]				
68,404	65.5	Grant B.*	Lab	25,309	56.5	12.9
		Charalambous A.L.	Con	13,341	29.8	-5.6
		L'Estrange A.S.	LD	5,120	11.4	-6.4
		Budge P.	Green	903	2.0*	0.5
		Obomanu M. Ms.	NLP	150	0.3*	
1987: Lab				11,968	26.7	

581	**Truro** [469]				
75,119	82.3	Taylor M.O.J.*	LD	31,230	50.5	1.5
		St. Aubyn N.F.	Con	23,660	38.3	-2.6
		Geach J.H.	Lab	6,078	9.8	-0.3
		Keating L.M.	Green	569	0.9*	
		Tankard C.M.	Lib	208	0.3*	
		Hartley M.K.F. Ms.	NLP	108	0.2*	
1987: Lib				7,570	12.2	

582		**Tunbridge Wells** [470]				
76,807*	78.1	Mayhew Sir P.B.B.*	Con	34,162	56.9	-1.5
		Clayton A.S.	LD	17,030	28.4	-1.6
		Goodman E.A.C.	Lab	8,300	13.8	2.3
		Fenna E.W.	NLP	267	0.4*	
		Edey R.	Ind	236	0.4*	
1987: Con				17,132	28.6	

583		**Tweeddale, Ettrick and Lauderdale** [632]				
39,478*	78.1	Steel Sir D.M.S.*	LD	12,296	39.9	-10.0
		Beat L.A.	Con	9,776	31.7	2.1
		Creech C. Ms.	SNP	5,244	17.0	7.9
		Dunton A.	Lab	3,328	10.8	-0.6
		Hein J.	Lib	177	0.6*	
1987: Lib				2,520	8.2	

584		**Twickenham** [76]				
63,152	84.2	Jessel T.F.H.*	Con	26,804	50.4	-1.4
		Cable J.V.	LD	21,093	39.7	1.3
		Gold M.D.	Lab	4,919	9.3	0.9
		Gill G.P.	NLP	152	0.3*	
		Griffiths D.W.	Ind Con	103	0.2*	
		Miners A.J.	Lib	85	0.2*	
1987: Con				5,711	10.7	

585		**Tyne Bridge** [471]				
53,080*	62.6	Clelland D.*	Lab	22,328	67.2	4.1
		Liddell-Grainger C.M.	Con	7,118	21.4	0.8
		Burt J.S.	LD	3,804	11.4	-4.9
1987: Lab				15,210	45.7	

586	**Tynemouth** [472]					
74,956*	80.4	Trotter N.G.*	Con	27,731	46.0	2.8
		Cosgrove P.J.	Lab	27,134	45.0	6.2
		Selby P.J.S.	LD	4,855	8.1	-9.9
		Buchanan-Smith A.	Green	543	0.9*	
1987: Con				597	1.0	

587	**Ulster Mid** [647]					
69,138	79.2	McCrea R.T.W.*	DUP	23,181	42.3	-1.8
		Haughey D.	SDLP	16,994	31.0	4.8
		McElduff B.	SF	10,248	18.7	-5.2
		McLaughlin J.	Ind	1,996	3.6*	
		Gormley A. Ms.	AP	1,506	2.8*	-0.8
		Hutchinson H.	LTU	389	0.7*	
		Owens T.	WP	285	0.5*	-1.7
		Anderson J.M.	NLP	164	0.3*	
1987: DUP				6,187	11.3	

588	**Upminster** [77]					
64,125	80.5	Bonsor N.C.*	Con	28,791	55.8	0.0
		Ward T.	Lab	14,970	29.0	6.9
		Hurlstone T.E.	LD	7,848	15.2	-6.9
1987: Con				13,821	26.8	

589	**Upper Bann** [650]					
67,460	67.4	Trimble W.D.	UU	26,824	59.0	-2.5
		Rodgers B. Ms.	SDLP	10,661	23.4	2.9
		Curran B.P.	SF	2,777	6.1	-1.3
		Ramsay W.W.	AP	2,541	5.6	-0.3
		Jones C. Ms.	Con	1,556	3.4*	
		French T.	WP	1,120	2.5*	-2.3
1987: UU				16,163	35.5	

[**Upper Bann** 589 contd.]

17/05/90   [Death of Harold McCusker on 11/02/90]

66,377	53.4	Trimble W.D.	UU	20,547	58.0	-3.5
		Rodgers B. Ms.	SDLP	6,698	18.9	-1.6
		Campbell S.T. Ms.	SF	2,033	5.7	-1.7
		Ross H.	Ind	1,534	4.3*	
		French T.	WP	1,083	3.1*	-1.6
		Jones C. Ms.	Con	1,038	3.0*	
		Ramsay W.W.	AP	948	2.7*	-3.2
		McMichael G.J.	Ind	600	1.7*	
		Doran P.F.	Green	576	1.6*	
		Holmes J.E.	Ind	235	0.6*	
		Dunn A.	SDP	154	0.4*	
				13,949	39.1	

590   **Uxbridge** [78]

61,604	79.1	Shersby J.M.*	Con	27,487	56.4	0.0
		Evans R.J.E.	Lab	14,308	29.4	5.9
		Carey S.J.	LD	5,900	12.1	-6.8
		Flindall I.E.	Green	538	1.1*	0.0
		O'Rourke M.R.	BNP	350	0.7*	
		Deans A.J.	NLP	120	0.2*	

1987: Con   13,179   27.1

591   **Vale Of Glamorgan** [559]

66,673*	80.2	Sweeney W.E.	Con	24,220	44.3	-2.4
		Smith J.W.P.	Lab	24,201	44.3	9.6
		Davies D.K.	LD	5,045	9.2	-7.4
		Haswell D.B.L.	PC	1,160	2.1*	0.3

1987: Con   19   0.0

[**Vale of Glamorgan** 591 contd.]

4/05/89 [Death of Sir Raymond Gower on 22/02/89]

67,549	70.7	Smith J.W.P.	Lab	23,342	48.9	14.2
		Richards R.	Con	17,314	36.3	-10.5
		Leavers F.	LD	2,017	4.2*	-12.5
		Dixon J.	PC	1,672	3.5*	1.7
		Davies K.	SDP	1,098	2.3*	
		Wakefield M. Ms.	Green	971	2.0*	
		Tiarks C.	Ind	847	1.8*	
		Sutch D.E.	Ind	266	0.6*	
		Roberts E.	Ind	148	0.3*	
		St. Claire L. Ms.	Ind	39	0.1*	
		Black D.	Ind	32	0.1*	
				6,028	12.6	

592 **Vauxhall** [79]

62,595	62.2	Hoey C.L. Ms.	Lab	21,328	54.7	4.6
		Gentry B.A.R.	Con	10,840	27.8	-1.2
		Tuffrey M.W.	LD	5,678	14.6	-3.7
		Shepherd P.A. Ms.	Green	803	2.1*	0.3
		Khan A.G.	Ind	156	0.4*	
		Hill S. Ms.	RCP	152	0.4*	

1987: Lab
10,488 26.9

15/06/89 [Resignation of Stuart Holland on 27/04/89]

64,905	44.4	Hoey C.L. Ms.	Lab	15,191	52.8	2.6
		Keegan M.	Con	5,425	18.8	-10.2
		Tuffrey M.W.	LD	5,043	17.5	-0.7
		Bewley H.	Green	1,767	6.1	4.3
		Andrew H.	Ind	302	1.0*	
		Allen D.	Ind	264	0.9*	
		Narayan R.	Ind	179	0.6*	
		Milligan D.	Ind	177	0.6*	
		Harrington P.	Ind	127	0.4*	
		Sutch D.E.	Ind	106	0.4*	
		Black D.	Ind	86	0.3*	
		Budden E.	Ind	83	0.3*	
		Rolph G.	Ind	24	0.1*	
		Scola W.	Ind	21	0.1*	
				9,766	34.0	

593	**Wakefield** [473]				
69,825	76.2	Hinchliffe D.M.*	Lab	26,964	50.6	4.0
		Fanthorpe D.P.	Con	20,374	38.3	-3.0
		Wright T.J.	LD	5,900	11.1	-1.0
1987: Lab				6,590	12.4	

594	**Wallasey** [474]				
65,670	82.6	Eagle A. Ms.	Lab	26,531	48.9	7.0
		Chalker L. Ms.*	Con	22,722	41.9	-0.6
		Thomas N.R.L.	LD	4,177	7.7	-7.9
		Davis S.V. Ms.	Green	680	1.3*	
		Gay G.N.W.	NLP	105	0.2*	
1987: Con				3,809	7.0	

595	**Wallsend** [475]				
77,941*	74.1	Byers S.J.	Lab	33,439	57.9	1.0
		Gibbon M. Ms.	Con	13,969	24.2	1.0
		Huscroft M.J.	LD	10,369	17.9	-2.1
1987: Lab				19,470	33.7	

596	**Walsall North** [476]				
69,605*	75.0	Winnick D.J.*	Lab	24,387	46.7	4.2
		Syms R.A.R.	Con	20,563	39.4	0.4
		Powis A.R.	LD	6,629	12.7	-5.7
		Reynolds K.A.	NF	614	1.2*	
1987: Lab				3,824	7.3	

597	**Walsall South** [477]				
65,643*	76.3	George B.T.*	Lab	24,133	48.2	3.3
		Jones L.C.	Con	20,955	41.9	-0.8
		Williams G.E.	LD	4,132	8.3	-4.1
		Clarke R.J.	Green	673	1.3*	
		Oldbury J.D.	NLP	167	0.3*	
1987: Lab				3,178	6.4	

598 **Walthamstow** [80]

49,347	72.0	Gerrard N.F.	Lab	16,251	45.7	11.0
		Summerson H.H.F.*	Con	13,229	37.2	-1.8
		Leighton P.L.	LD	5,142	14.5	-10.7
		Lambert J.D. Ms.	Green	594	1.7*	
		Wilkinson V.R.	Lib	241	0.7*	
		Planton A.W.	NLP	94	0.3*	
1987: Con				3,022	8.5	

599 **Wansbeck** [478]

63,502	79.2	Thompson J.*	Lab	30,046	59.7	2.2
		Sanderson H.G.H.	Con	11,872	23.6	4.2
		Priestley B.C.	LD	7,691	15.3	-7.8
		Best N.F.	Green	710	1.4*	
1987: Lab				18,174	36.1	

600 **Wansdyke** [479]

77,245	84.2	Aspinwall J.H.*	Con	31,389	48.2	-3.3
		Norris D.	Lab	18,048	27.7	4.5
		Darby D. Ms.	LD	14,834	22.8	-2.4
		Hayden F.E.	Green	800	1.2*	
1987: Con				13,341	20.5	

601 **Wanstead and Woodford** [81]

55,867	78.2	Arbuthnot J.N.*	Con	26,204	60.0	-1.3
		Brown L.C. Ms.	Lab	9,319	21.3	4.7
		Staight G.P.	LD	7,362	16.8	-5.3
		Roads F.M.	Green	637	1.5*	
		Brickell A.J.	NLP	178	0.4*	
1987: Con				16,885	38.6	

602   **Wantage** [480]

68,329*	82.7	Jackson R.V.*	Con	30,575	54.1	0.2
		Morgan R.M.C.	LD	14,102	25.0	-5.5
		Woodell V.S.	Lab/Coop	10,955	19.4	3.8
		Ely R.J.	Green	867	1.5*	

1987: Con   16,473   29.2

603   **Warley East** [481]

51,725	71.7	Faulds A.M.W.*	Lab	19,891	53.6	3.4
		Marshall G.P.B.	Con	12,097	32.6	-3.2
		Harrod A.R.A.	LD	4,547	12.3	-1.7
		Groucott A.T.	NLP	561	1.5*	

1987: Lab   7,794   21.0

604   **Warley West** [482]

57,158	73.9	Spellar J.F.	Lab	21,386	50.6	1.4
		Whitehouse S. Ms.	Con	15,914	37.7	1.8
		Todd E. Ms.	LD	4,945	11.7	-3.3

1987: Lab   5,472   13.0

605   **Warrington North** [483]

78,654	77.3	Hoyle E.D.H.*	Lab	33,019	54.3	6.1
		Daniels C.	Con	20,397	33.6	-0.6
		Greenhalgh I.	LD	6,965	11.5	-6.2
		Davis B.R.	NLP	400	0.7*	

1987: Lab   12,622   20.8

606   **Warrington South** [484]

77,693	82.0	Hall M.T.	Lab	27,819	43.6	7.8
		Butler C.J.*	Con	27,628	43.3	1.4
		Walker P.J.	LD	7,978	12.5	-9.7
		Benson S.D	NLP	321	0.5*	

1987: Con   191   0.3

607 Warwick and Leamington [485]

71,260*	81.5	Smith D.G.*	Con	28,093	48.3	-1.4
		Taylor M.	Lab	19,158	33.0	9.4
		Boad S.E. Ms.	LD	9,645	16.6	-7.9
		Alty J.A. Ms	Green	803	1.4*	-0.8
		Newby R.	Ind	251	0.4*	
		Brewster J.L.	NLP	156	0.3*	

1987: Con 8,935 15.4

608 Warwickshire North [486]

71,473*	83.8	O'Brien M.	Lab	27,599	46.1	6.0
		Maude F.A.A.*	Con	26,145	43.6	-1.4
		Mitchell N.R.	LD	6,167	10.3	-4.6

1987: Con 1,454 2.4

609 Watford [487]

72,291*	82.3	Garel-Jones W.A.T.T.*	Con	29,072	48.8	0.1
		Jackson M.J.	Lab	19,482	32.7	4.5
		Oaten M.	LD	10,231	17.2	-5.9
		Hywel-Davies J.	Green	566	1.0*	
		Davis L.J.K.	NLP	176	0.3*	

1987: Con 9,590 16.1

610 Waveney [488]

84,181*	81.8	Porter D.J.*	Con	33,174	48.2	-0.2
		Leverett E.C.	Lab	26,472	38.4	8.4
		Rogers A.C.	LD	8,925	13.0	-8.6
		Hook D.	NLP	302	0.4*	

1987: Con 6,702 9.7

611 Wealden [489]

74,558	81.0	Johnson Smith G.*	Con	37,263	61.7	-2.5
		Skinner M.D.	LD	16,332	27.1	-0.4
		Billcliffe S.	Lab	5,579	9.2	0.9
		Guy-Moore I	Green	1,002	1.7*	
		Graham R.F.	NLP	182	0.3*	
1987: Con				20,931	34.7	

612 Wellingborough [490]

73,876*	81.9	Fry P.D.*	Con	32,302	53.4	0.6
		Sawford P.A.	Lab	20,486	33.9	6.7
		Trevor J.E. Ms.	LD	7,714	12.7	-7.3
1987: Con				11,816	19.5	

613 Wells [491]

69,833	82.7	Heathcoat Amory D.P.*	Con	28,620	49.6	-4.0
		Temperley H.P.N.	LD	21,971	38.0	0.5
		Pilgrim J.W.	Lab	6,126	10.6	1.9
		Fenner M.D.	Green	1,042	1.8*	
1987: Con				6,649	11.5	

614 Welwyn Hatfield [492]

72,236*	84.3	Evans D.J.*	Con	29,447	48.4	2.7
		Little R.A.	Lab	20,982	34.5	8.1
		Parker R.G.	LD	10,196	16.7	-10.6
		Lucas E.T. Ms.	NLP	264	0.4*	
1987: Con				8,465	13.9	

615 Wentworth [493]

64,915*	74.0	Hardy P.*	Lab	32,939	68.5	3.4
		Brennan M.J.	Con	10,490	21.8	0.0
		Roderick C. Ms.	LD	4,629	9.6	-3.4
1987: Lab				22,449	46.7	

616 West Bromwich East [494]

56,945	75.7	Snape P.C.*	Lab	19,913	46.2	3.6
		Blunt C.J.R.	Con	17,100	39.7	-0.7
		Smith M.G.	LD	5,630	13.1	-4.0
		Lord J.B.R.	NF	477	1.1*	

1987: Lab   2,813   6.5

617 West Bromwich West [495]

57,666	70.4	Boothroyd B. Ms.*	Lab	22,251	54.8	4.3
		Swayne D.A.	Con	14,421	35.5	-1.6
		Broadbent S.E.H. Ms.	LD	3,925	9.7	-2.7

1987: Lab   7,830   19.3

618 Westbury [496]

87,537*	82.8	Faber D.J.C.	Con	36,568	50.4	-1.1
		Rayner V.A. Ms.	LD	23,950	33.0	-3.3
		Stallard W.	Lab	9,642	13.3	1.3
		Macdonald P.I.	Lib	1,440	2.0*	
		French P.R.	Green	888	1.2*	

1987: Con   12,618   17.4

619 Western Isles [633]

22,785*	70.4	MacDonald C.A.*	Lab	7,664	47.8	5.1
		MacFarlane F.M. Ms.	SNP	5,961	37.2	8.7
		Heaney R.J.	Con	1,362	8.5	0.4
		Mitchison N.	LD	552	3.4*	-17.3
		Price A.R.	Ind	491	3.1*	

1987: Lab   1,703   10.6

620		**Westminster North** [82]				
59,405	75.1	Wheeler Sir J.D.*	Con	21,828	49.0	1.6
		Edwards J.F. Ms.	Lab	18,095	40.6	1.1
		Wigoder L.J.	LD	3,349	7.5	-4.6
		Burke A.N. Ms.	Green	1,017	2.3*	1.2
		Hinde J.R.	NLP	159	0.4*	
		Kelly M.F.D.	AFL	137	0.3*	
1987: Con				3,733	8.4	

621		**Westmorland and Lonsdale** [497]				
71,864*	77.8	Jopling T.M.*	Con	31,798	56.9	-0.7
		Collins S.B.	LD	15,362	27.5	-1.7
		Abbott D.J.	Lab	8,436	15.1	1.8
		Johnstone R.A.	NLP	287	0.5*	
1987: Con				16,436	29.4	

622		**Weston-Super-Mare** [498]				
78,843*	79.7	Wiggin A.W.*	Con	30,022	47.7	-1.7
		Cotter B.J.	LD	24,680	39.3	3.7
		Murray D.E.	Lab	6,913	11.0	-0.4
		Lawson R.H.	Green	1,262	2.0*	-1.6
1987: Con				5,342	8.5	

623		**Wigan** [499]				
72,741*	76.2	Stott R.*	Lab	34,910	63.0	1.5
		Hess E.J.W.	Con	13,068	23.6	-0.9
		Davies G.	LD	6,111	11.0	-3.0
		White K.	Lib	1,116	2.0*	
		Tayler A.B. Ms.	NLP	197	0.4*	
1987: Lab				21,842	39.4	

624   **Wiltshire North** [500]

85,852*	81.7	Needham R.F.*	Con	39,028	55.6	0.5
		Napier C.R. Ms.	LD	22,640	32.3	-5.8
		Reid C. Ms.	Lab	6,945	9.9	3.1
		Howitt L.H. Ms.	Green	850	1.2*	
		Hawkins G.F.J.	Lib	622	0.9*	
		Martienssen D.S.	Ind	66	0.1*	
1987: Con				16,388	23.4	

625   **Wimbledon** [83]

61,966	80.2	Goodson-Wickes C.*	Con	26,331	53.0	2.1
		Abrams K.J.	Lab	11,570	23.3	1.7
		Willott A.L. Ms.	LD	10,569	21.3	-6.2
		Flood V.H.	Green	860	1.7*	
		Godfrey H.R.A.	NLP	181	0.4*	
		Hadley G.W.	Ind	170	0.3*	
1987: Con				14,761	29.7	

626   **Winchester** [501]

79,432	83.2	Malone P.G.	Con	33,113	50.1	-2.3
		Barron A.D	LD	24,992	37.8	-2.4
		Jenks P.J.	Lab	4,917	7.4	0.9
		Browne J.E.D.D.*	Ind Con	3,095	4.7*	
1987: Con				8,121	12.3	

627   **Windsor and Maidenhead** [502]

77,427	81.6	Trend M. St.J.	Con	35,075	55.5	-1.3
		Hyde J.R.G.	LD	22,147	35.1	8.1
		Attlee C.M.S. Ms.	Lab	4,975	7.9	-3.3
		Williams R.N.	Green	510	0.8*	-0.4
		Askwith D.N.	MRLP	236	0.4*	
		Bigg E. Ms.	Ind	110	0.2*	
		Grenville M.R.S.	NLP	108	0.2*	
1987: Con				12,928	20.5	

628		**Wirral South** [503]				
61,135	82.3	Porter G.B.*	Con	25,590	50.8	0.6
		Southworth H.M. Ms.	Lab	17,407	34.6	6.6
		Cunniffe E.T.	LD	6,581	13.1	-8.7
		Birchenough N.	Green	584	1.2*	
		Griffiths G.	NLP	182	0.4*	
1987: Con				8,183	16.3	

629		**Wirral West** [504]				
62,471	81.6	Hunt D.J.F.*	Con	26,852	52.7	0.8
		Stephenson K. Ms.	Lab	15,788	31.0	4.7
		Thornton J.L.	LD	7,420	14.6	-5.6
		Bowler G.M. Ms.	Green	700	1.4*	-0.3
		Broome N.J.	NLP	188	0.4*	
1987: Con				11,064	21.7	

630		**Witney** [505]				
78,541	81.9	Hurd D.R.*	Con	36,256	56.4	-1.1
		Plaskitt J.	Lab	13,688	21.3	4.6
		Blair I.M.	LD	13,393	20.8	-4.9
		Beckford C. Ms.	Green	716	1.1*	
		Catling S.B. Ms.	NLP	134	0.2*	
		Brown M.C.C. Ms.	Ind	119	0.2*	
1987: Con				22,568	35.1	

631		**Woking** [506]				
80,814*	79.2	Onslow C.G.D.*	Con	37,744	58.9	0.9
		Buckrell D.A. Ms.	LD	17,902	28.0	-3.4
		Dalgleish J.M.	Lab	8,080	12.6	2.1
		MacIntyre T.A. Ms.	NLP	302	0.5*	
1987: Con				19,842	31.0	

632   Wokingham [507]

86,545*	81.8	Redwood J.A.*	Con	43,497	61.4	0.0
		Simon P.G.	LD	17,788	25.1	-4.8
		Bland N.T.G.	Lab	8,846	12.5	3.8
		Owen P.	MRLP	531	0.7*	
		Harriss P.E.	Ind	148	0.2*	
1987: Con				25,709	36.3	

633   Wolverhampton North East [508]

62,701	78.0	Purchase K.	Lab/Coop	24,106	49.3	7.6
		Hicks M.P. Ms.*	Con	20,167	41.2	-0.9
		Gwinnett M.	LD	3,546	7.3	-8.9
		Bullman K.E.J.	Lib	1,087	2.2*	
1987: Con				3,939	8.1	

634   Wolverhampton South East [509]

56,170	72.9	Turner D.*	Lab/Coop	23,215	56.7	7.8
		Bradbourn P.C.	Con	12,975	31.7	-1.4
		Whitehouse R.F.	LD	3,881	9.5	-8.5
		Twelvetrees C. Ms.	Lib	850	2.1*	
1987: Lab				10,240	25.0	

635   Wolverhampton South West [510]

67,368	78.2	Budgen N.W.*	Con	25,969	49.3	-1.4
		Murphy S.F.	Lab	21,003	39.9	9.1
		Wiggin M.	LD	4,470	8.5	-10.1
		Hallmark C.G.	Lib	1,237	2.3*	
1987: Con				4,966	9.4	

636 Woodspring [511]

77,532*	83.2	Fox L.	Con	35,175	54.5	-2.1
		Kirsen N.E. Ms.	LD	17,666	27.4	0.4
		Stone R.E.	Lab	9,942	15.4	1.0
		Brown N.E.	Lib	836	1.3*	
		Knifton R.J. Ms.	Green	801	1.2*	-0.8
		Lee B.D.	NLP	100	0.2*	
1987: Con				17,509	27.1	

637 Woolwich [84]

55,977*	70.9	Austin-Walker J.E.	Lab	17,551	44.2	7.2
		Cartwright J.C.*	SD	15,326	38.6	
		Walmsley K.J.T.	Con	6,598	16.6	-4.6
		Hayward S.J.E. Ms.	NLP	220	0.6*	
1987: SDP				2,225	5.6	

638 Worcester* [512]

74,201*	81.0	Luff P.J.	Con	27,883	46.4	-1.8
		Berry R.E.	Lab	21,731	36.2	7.7
		Caiger J.J.	LD	9,561	15.9	-7.5
		Foster M.J.	Green	592	1.0*	
		Soden M.C.	Ind	343	0.6*	
1987: Con				6,152	10.2	

639 Worcestershire Mid* [513]

84,290	81.1	Forth E.*	Con	33,964	49.7	-1.9
		Smith J.J. Ms.	Lab	24,094	35.3	7.8
		Barwick D.J.	LD	9,745	14.3	-6.7
		Davis P.	NLP	520	0.8*	
1987: Con				9,870	14.5	

640 Worcestershire South* [514]

80,157	80.3	Spicer W.M.H.*	Con	34,792	54.1	-1.2
		Chandler P.J.	LD	18,641	29.0	-2.9
		Knowles N.	Lab	9,727	15.1	4.2
		Woodford G.H.M.	Green	1,178	1.8*	0.0
1987: Con				16,151	25.1	

641 Workington [515]

57,608	81.5	Campbell-Savours D.N.*	Lab	26,719	56.9	4.5
		Sexton S.E.	Con	16,270	34.7	-2.4
		Neale C.A. Ms.	LD	3,028	6.4	-4.1
		Langstaff D.	MRLP	755	1.6*	
		Escott N.M. Ms.	NLP	183	0.4*	
1987: Lab				10,449	22.3	

642 Worsley [516]

72,244*	77.7	Lewis T.*	Lab	29,418	52.4	4.3
		Cameron N. St.C.	Con	19,406	34.6	-0.5
		Boyd R.D.	LD	6,490	11.6	-5.3
		Connolly P.J.	Green	677	1.2*	
		Phillips G.D.	NLP	176	0.3*	
1987: Lab				10,012	17.8	

643 Worthing [517]

77,550	77.4	Higgins T.L.*	Con	34,198	57.0	-4.7
		Bucknall S. Ms.	LD	17,665	29.4	0.7
		Deen J.L.W.	Lab	6,679	11.1	1.5
		Beever P.J. Ms.	Green	806	1.3*	
		Goble N.J.	Lib	679	1.1*	
1987: Con				16,533	27.5	

644	**Wrekin, The*** [518]				
90,893* 77.1	Grocott B.J.*	Lab	33,865	48.3	5.5
	Holt E.J. Ms.	Con	27,217	38.8	-1.8
	West A.C.	LD	8,032	11.5	-5.2
	Saunders R.T.C.	Green	1,008	1.4*	
1987: Lab			6,648	9.5	

645	**Wrexham** [560]				
63,729 80.7	Marek J.*	Lab	24,830	48.3	4.4
	Paterson O.W.	Con	18,114	35.2	-0.4
	Thomas A.M.	LD	7,074	13.8	-5.7
	Wheatley W.G.	PC	1,415	2.8*	1.7
1987: Lab			6,716	13.1	

646	**Wycombe** [519]				
72,565* 78.0	Whitney R.W.*	Con	30,081	53.1	-0.7
	Andrews T.W.	LD	13,005	23.0	-4.5
	Huddart J.R.W.	Lab	12,222	21.6	2.9
	Laker J.	Green	686	1.2*	
	Page A.W.	SD	449	0.8*	
	Anton T.P.	NLP	168	0.3*	
1987: Con			17,076	30.2	

647	**Wyre** [520]				
67,778* 79.5	Mans K.D.R.*	Con	29,449	54.6	1.6
	Borrow D.S.	Lab	17,785	33.0	11.8
	Ault J.A.	LD	6,420	11.9	-12.1
	Perry R.V.	NLP	260	0.5*	
1987: Con			11,664	21.6	

648	**Wyre Forest*** [521]				
73,602 82.3	Coombs A.M.V.*	Con	28,983	47.8	0.7
	Maden R.	Lab	18,642	30.8	11.9
	Jones M.D.	LD	12,958	21.4	-12.6
1987: Con			10,341	17.1	

649 Yeovil [522]

73,060	82.0	Ashdown J.J.D.*	LD	30,958	51.7	0.3
		Davidson J.T.	Con	22,125	36.9	-4.3
		Nelson V. Ms.	Lab	5,765	9.6	2.3
		Risbridger J.O.	Green	639	1.1*	
		Sutch D.E.	MRLP	338	0.6*	
		Simmerson R.E.G.	Ind	70	0.1*	
1987: Lib				8,833	14.8	

650 Ynys Mon [561]

53,412*	80.6	Jones I.W.*	PC	15,984	37.1	-6.1
		Rowlands G.P.	Con	14,878	34.6	1.3
		Jones R.O.	Lab	10,126	23.5	6.6
		Badger P.E. Ms.	LD	1,891	4.4*	-2.3
		Parry S.M. Ms.	NLP	182	0.4*	
1987: PC				1,106	2.6	

651 York [523]

79,242*	81.0	Bayley H.	Lab	31,525	49.1	7.7
		Gregory C.R.*	Con	25,183	39.2	-2.4
		Anderson K.J. Ms.	LD	6,811	10.6	-5.3
		Kenwright S.N.	Green	594	0.9*	-0.1
		Orr P.S. Ms.	NLP	54	0.1*	
1987: Con				6,342	9.9	

TABLES

Summary Results	1992 General Election
	Forfeited deposits
	Minority votes
	Liberal Democrats and Nationalists in second place
	Women candidates and Members of Parliament
	Seats that changed hands
	Byelection results during the 1987-92 Parliament
Table 1	Seats ranked in order of % majority
Table 2	Three-way marginals
Table 3	50 highest Conservative increases in share of the vote
Table 4	51 highest Labour increases in share of the vote
Table 5	51 highest Lib Dem increases in share of the vote
Table 6	25 highest SNP increases in share of the vote
Table 7	15 highest PC increases in share of the vote
Table 8	50 highest Conservative decreases in share of the vote
Table 9	50 highest Labour decreases in share of the vote
Table 10	50 highest Lib Dem decreases in share of the vote
Table 11	50 highest Conservative share of the vote
Table 12	50 highest Labour share of the vote
Table 13	50 highest Lib Dem share of the vote
Table 14	25 highest SNP share of the vote
Table 15	15 highest PC share of the vote
Table 16	20 highest Green share of the vote
Table 17	25 highest share of the vote for 'other' parties and Independents
Table 18	50 lowest shares of the vote for winning party
Table 19	52 highest % turnouts
Table 20	50 lowest % turnouts
Table 21	50 highest increases in % turnout
Table 22	52 highest decreases in % turnout
Table 23	50 largest electorates and winning party
Table 24	50 smallest electorates and winning party
Table 25	51 highest increases in electorate 1987-92
Table 26	50 highest decreases in electorate 1987-92

General Election 1992 : Summary Results

	Total Votes	%	Candidates	Elected
ENGLAND				
Conservative	12,796,772	45.5	524	319
Labour	9,551,910	33.9	524	195
LD	5,398,293	19.2	522	10
Green	156,463	0.6	223	-
NLP	57,415	0.2	272	-
Others	187,653	0.7	263	-
Total	28,148,506		2328	524
Electorate	36,071,067	78.0% turnout		
WALES				
Conservative	499,677	28.6	38	6
Labour	865,663	49.5	38	27
LD	217,457	12.4	38	1
PC	154,947	8.9	35	4
Green	7,073	0.4	14	-
NLP	1,231	0.1	9	-
Others	2,729	0.2	8	-
Total	1,748,777		180	38
Electorate	2,194,218	79.7% turnout		
SCOTLAND				
Conservative	751,950	25.6	72	11
Labour	1,142,911	39.0	72	49
LD	383,856	13.1	72	9
SNP	629,564	21.5	72	3
Green	8,391	0.3	19	-
NLP	2,095	0.1	19	-
Others	12,931	0.4	15	-
Total	2,931,698		341	72
Electorate	3,885,131	75.5% turnout		
N. IRELAND				
Conservative	44,608	5.7	11	-
UU	271,049	34.5	13	9
DUP	103,039	13.1	7	3
UPUP	19,305	2.5	1	1
SDLP	184,445	23.5	13	4
AP	68,665	8.7	16	-
SF	78,291	10.0	14	-
NLP	2,147	0.3	9	-
Others	13,544	1.7	16	-
Total	785,093		100	17
Electorate	1,124,900	69.8% turnout		

	Total Votes	%	Candidates	Elected
GREAT BRITAIN				
Conservative	14,048,399	42.8	634	336
Labour	11,560,484	35.2	634	271
LD	5,999,606	18.3	632	20
PC	154,947	0.5	35	4
SNP	629,564	1.9	72	3
Green	171,927	0.5	256	-
NLP	60,741	0.2	300	-
Others	203,313	0.6	286	-
Total	32,828,981		2849	634
Electorate	42,150,416	77.9% turnout		
UNITED KINGDOM				
Conservative	14,093,007	41.9	645	336
Labour	11,560,484	34.4	634	271
LD	5,999,606	17.8	632	20
PC	154,947	0.5	35	4
SNP	629,564	1.9	72	3
Green	171,927	0.5	256	-
NLP	62,888	0.2	309	-
Others	941,651	2.8	366	17
Total	33,614,074		2949	651
Electorate	43,275,316	77.7% turnout		

FORFEITED DEPOSITS

A total of 901 deposits were forfeited. The party totals were Conservative 4 (all in Northern Ireland); Labour 1; LD 11; PC 20; SNP 0; Green 256; NLP 309; Others 300

MINORITY VOTES

Of the 651 constituencies, 252 (38.7%) were won on a minority vote. The party totals were Conservative 125; Labour 95; LD 17; PC 3; SNP 3; UU 5; DUP 1; UPUP 1; SDLP 2.

LIBERAL DEMOCRATS AND NATIONALISTS IN SECOND PLACE

Liberal Democrats came second in 153 constituencies won by 145 Conservatives and 8 Labour; Plaid Cymru came second in two constituencies won one each by Conservatives and Labour; Scottish National Party came second in 36 constituencies won by 3 Conservatives and 33 Labour.

WOMEN CANDIDATES AND MEMBERS OF PARLIAMENT

Of the total candidates 571 (19.3%) were women. The party totals were Conservative 63; Labour 138; LD 143; PC 7; SNP 15; Others 205.
Of the 651 candidates elected 60 (9.2%) were women. The party totals were Conservative 20; Labour 37; LD 2; SNP 1.

Seats that Changed Hands compared with the 1987 General Election

Conservative gain from Labour : Aberdeen South
Conservative gain from Liberal Democrat : Brecon and Radnor; Southport
Labour gain from Conservative : Barrow and Furness; Birmingham Northfield; Birmingham Selly Oak; Birmingham Yardley; Bristol East; Cambridge; Cannock and Burntwood; Cardiff Central; Croydon North West; Darlington; Delyn; Dulwich; Ellesmere Port and Neston; Feltham and Heston; Hampstead and Highgate; Hornsey and Wood Green; Hyndburn; Ilford South; Ipswich; Kingswood; Lewisham East; Lewisham West; Nottingham East; Nottingham South; Nuneaton; Pembroke; Pendle; Rossendale and Darwen; Sherwood; Southampton Itchen; Stockport; Streatham; Thurrock; Wallasey; Walthamstow; Warrington South; Warwickshire North; West Lancashire; Wolverhampton North East; York.
Labour gain from SDP/Liberal Alliance : Greenwich; Plymouth Devonport; Woolwich.
Liberal Democrat gain from Conservative : Bath; Cheltenham; Cornwall North; Devon North.
Plaid Cymru gain from Liberal Democrat : Ceredigion and Pembroke North.

Summary of Byelection Results during the 1987-1992 Parliament

Date	Constituency	Con	Lab	SLD*	PC	SNP	Result
14/07/88	Kensington	-5.9	+4.9	-6.4	-	-	Con Hold
10/11/88	Glasgow, Govan	-4.6	-17.8	-8.2	-	+38.4	SNP Gain
15/12/88	Epping Forest	-21.4	+0.3	+6.6	-	-	Con Hold
23/02/89	Pontypridd	-6.0	-2.9	-15.0	+20.0	-	Lab Hold
23/02/89	Richmond(Yorks)	-24.0	-6.9	-4.9	-	-	Con Hold
4/05/89	Vale of Glamorgan	-10.5	+14.2	-12.5	+1.7	-	Lab Gain
15/06/89	Glasgow Central	-5.4	-9.9	-9.0	-	+20.2	Lab Hold
15/06/89	Vauxhall	-10.2	+2.6	-0.7	-	-	Lab Hold
23/03/90	Staffordshire Mid	-18.3	+24.4	-12.0	-	-	Lab Gain
24/05/90	Bootle	-11.0	+8.5	-4.0	-	-	Lab Hold
27/09/90	Knowsley South	-6.4	+4.3	-5.4	-	-	Lab Hold
18/10/90	Eastbourne	-19.0	-3.8	+21.1	-	-	SLD Gain
8/11/90	Bootle	-10.9	+11.5	-5.1	-	-	Lab Hold
8/11/90	Bradford North	-22.7	+8.9	+7.6	-	-	Lab Hold
29/11/90	Paisley North	-1.0	-11.5	-7.5	-	+16.5	Lab Hold
29/11/90	Paisley South	-1.3	-10.1	-5.3	-	+13.5	Lab Hold
7/03/91	Ribble Valley	-22.4	-8.3	+27.1	-	-	SLD Gain
4/04/91	Neath	-7.5	-11.6	-8.3	+17.0	-	Lab Hold
16/05/91	Monmouth	-13.5	+11.6	+0.8	-0.2	-	Lab Gain
4/07/91	Liverpool Walton	-11.5	-11.3	+14.7	-	-	Lab Hold
7/11/91	Hemsworth	-6.7	-0.7	+4.3	-	-	Lab Hold
7/11/91	Kincardine and Deeside	-10.1	-8.2	+12.7	-	+4.6	SLD Gain
7/11/91	Langbaurgh	-2.6	+4.5	-3.8	-	-	Lab Gain

*SDP/Liberal Alliance at the 1987 General Election

Table 1: Seats ranked in order of % majority with vote majority and second party

Conservative Seats

		%maj	vote	2nd
1.	Vale Of Glamorgan	0.03	19	Lab
2.	Bristol North West	0.08	45	Lab
3.	Hayes & Harlington	0.12	53	Lab
4.	Ayr	0.16	85	Lab
5.	Brecon & Radnor	0.29	130	LD
6.	Bolton North East	0.38	185	Lab
7.	Portsmouth South	0.45	242	LD
8.	Norwich North	0.51	266	Lab
9.	Corby	0.60	342	Lab
10.	Slough	0.89	514	Lab
11.	Tynemouth	0.99	597	Lab
12.	Southampton Test	1.04	585	Lab
13.	Amber Valley	1.20	712	Lab
14.	Edmonton	1.24	593	Lab
15.	Luton South	1.38	799	Lab
16.	Dover	1.45	833	Lab
17.	Bury South	1.46	788	Lab
18.	Stirling	1.47	703	Lab
19.	Leicestershire N. West	1.57	979	Lab
20.	Hazel Grove	1.70	929	LD
21.	Edinburgh West	1.80	879	LD
22.	Bolton West	1.81	1079	Lab
23.	Chester	2.07	1101	Lab
24.	Isle Of Wight	2.29	1827	LD
25.	Batley & Spen	2.31	1408	Lab
26.	Conwy	2.36	995	LD
27.	Langbaurgh	2.37	1564	Lab
28.	Basildon	2.75	1480	Lab
29.	Coventry South West	2.82	1436	Lab
30.	St Ives	2.88	1645	LD
31.	Lincoln	3.28	2049	Lab
32.	Mitcham & Morden	3.39	1734	Lab
33.	Aberdeen South	3.69	1517	Lab
34.	Blackpool South	3.79	1667	Lab
35.	Swindon	3.85	2826	Lab
36.	Brentford & Isleworth	3.86	2086	Lab
37.	Eltham	4.07	1666	Lab
38.	Perth & Kinross	4.16	2094	SNP
39.	Exeter	4.90	3045	Lab
40.	Erith & Crayford	4.96	2339	Lab
41.	Plymouth Drake	5.16	2013	Lab
42.	Harlow	5.19	2940	Lab
43.	Taunton	5.19	3336	LD
44.	Stockton South	5.36	3369	Lab
45.	Southport	5.52	3063	LD
46.	Galloway & Upper Nithsdale	5.55	2468	SNP
47.	Elmet	5.60	3261	Lab
48.	Falmouth & Camborne	5.70	3267	LD
49.	Devon West & Torridge	5.77	3614	LD
50.	Hereford	6.03	3413	LD
51.	Cardiff North	6.22	2969	Lab
52.	Monmouth	6.29	3204	Lab
53.	Lancaster	6.38	2953	Lab
54.	Oxford West & Abingdon	6.38	3539	LD
55.	Chorley	6.53	4246	Lab
56.	Keighley	6.56	3596	Lab
57.	Derbyshire South	6.62	4658	Lab
58.	Blackpool North	6.75	3040	Lab
59.	Brighton Kemptown	6.96	3056	Lab
60.	Northampton North	7.20	3908	Lab
61.	Somerton & Frome	7.35	4341	LD
62.	Gloucestershire West	7.39	4958	Lab
63.	Derby North	7.55	4453	Lab
64.	Birmingham Hall Green	7.80	3665	Lab
65.	Calder Valley	7.98	4878	Lab
66.	High Peak	8.04	4819	Lab
67.	Bury North	8.08	4764	Lab
68.	Dudley West	8.14	5789	Lab
69.	Peterborough	8.17	5376	Lab
70.	Brighton Pavilion	8.30	3675	Lab
71.	Westminster North	8.37	3733	Lab
72.	Stevenage	8.38	4888	Lab
73.	Littleborough & Saddleworth	8.40	4494	LD
74.	Weston-Super-Mare	8.50	5342	LD
75.	Richmond & Barnes	8.57	3869	LD
76.	Leeds North East	8.57	4244	Lab
77.	Kincardine & Deeside	8.57	4495	LD
78.	Davyhulme	8.77	4426	Lab
79.	Eastbourne	8.89	5481	LD
80.	Erewash	9.00	5703	Lab
81.	Milton Keynes S.West	9.16	4687	Lab
82.	Tayside North	9.19	3995	SNP
83.	South Ribble	9.21	5973	Lab
84.	Battersea	9.26	4840	Lab
85.	Gravesham	9.30	5493	Lab
86.	Gloucester	9.39	6069	Lab
87.	Wolverhampton S. West	9.43	4966	Lab
88.	Edinburgh Pentlands	9.63	4290	Lab
89.	Burton	9.66	5996	Lab
90.	Waveney	9.73	6702	Lab
91.	Staffordshire Mid	9.92	6236	Lab
92.	Great Yarmouth	9.98	5309	Lab
93.	Torbay	10.08	5787	LD
94.	Worcester	10.23	6152	Lab

#	Constituency	%	Votes	Party
95.	Twickenham	10.74	5711	LD
96.	Birmingham Edgbaston	11.39	4307	Lab
97.	Clwyd North West	11.42	6050	Lab
98.	Kensington	11.49	3548	Lab
99.	Wells	11.51	6649	LD
100.	Bristol West	11.57	6071	LD
101.	Ribble Valley	11.74	6542	LD
102.	Staffordshire Moorlands	11.80	7410	Lab
103.	Ealing North	11.91	5966	Lab
104.	Colne Valley	12.23	7225	Lab
105.	Winchester	12.28	8121	LD
106.	Hastings & Rye	12.34	6634	LD
107.	Sheffield Hallam	12.43	6741	LD
108.	Staffordshire South East	12.49	7192	Lab
109.	Crawley	12.53	7765	Lab
110.	Cornwall South East	12.84	7704	LD
111.	Dumfries	13.12	6415	Lab
112.	Welwyn Hatfield	13.90	8465	Lab
113.	Teignbridge	14.18	8858	LD
114.	Brigg & Cleethorpes	14.27	9179	Lab
115.	Worcestershire Mid	14.45	9870	Lab
116.	Newark	14.56	8229	Lab
117.	Pudsey	14.59	8372	Lab
118.	Dorset West	14.67	8010	LD
119.	Salisbury	14.79	8973	LD
120.	Halesowen & Stourbridge	15.00	9582	Lab
121.	Leeds North West	15.17	7671	LD
122.	Selby	15.37	9508	Lab
123.	Warwick & Leamington	15.38	8935	Lab
124.	Finchley	15.55	6388	Lab
125.	Putney	15.60	7526	Lab
126.	Ealing Acton	15.70	7007	Lab
127.	Dorset North	16.06	10080	LD
128.	Croydon North East	16.11	7473	Lab
129.	Watford	16.11	9590	Lab
130.	Broxtowe	16.22	9891	Lab
131.	Wirral South	16.25	8183	Lab
132.	Fulham	16.38	6579	Lab
133.	Northavon	16.88	11861	LD
134.	Folkestone & Hythe	16.99	8910	LD
135.	Bridgwater	17.07	9716	LD
136.	Wyre Forest	17.07	10341	Lab
137.	Dartford	17.14	10314	Lab
138.	Westbury	17.41	12618	LD
139.	Stafford	17.61	10900	Lab
140.	Medway	17.74	8786	Lab
141.	Enfield North	17.95	9430	Lab
142.	Loughborough	18.37	10883	Lab
143.	Canterbury	18.40	10805	LD
144.	Hendon North	18.41	7122	Lab
145.	Norfolk North West	18.51	11564	Lab
146.	Newbury	18.61	12357	LD
147.	Congleton	18.68	11120	LD
148.	Gedling	18.74	10637	Lab
149.	Tiverton	18.81	11089	LD
150.	Shrewsbury & Atcham	18.83	10965	LD
151.	Carshalton & Wallington	18.85	9943	LD
152.	Lindsey East	18.96	11846	LD
153.	Hornchurch	18.98	9165	Lab
154.	Harrow East	19.08	11098	Lab
155.	Stroud	19.22	13405	Lab
156.	Wellingborough	19.53	11816	Lab
157.	Bedfordshire North	19.74	11668	Lab
158.	Ilford North	19.79	9051	Lab
159.	Kettering	19.90	11154	Lab
160.	Scarborough	19.91	11734	Lab
161.	Lewes	20.13	12175	LD
162.	Rugby & Kenilworth	20.35	13248	Lab
163.	South Hams	20.36	13711	LD
164.	Poole	20.40	12831	LD
165.	Windsor & Maidenhead	20.47	12928	LD
166.	Eddisbury	20.48	12697	Lab
167.	Wansdyke	20.50	13341	Lab
168.	Luton North	20.80	13094	Lab
169.	Norfolk North	20.83	12445	LD
170.	Aldridge-Brownhills	21.06	11024	Lab
171.	Harrogate	21.17	12589	LD
172.	Sutton & Cheam	21.42	10756	LD
173.	Hertfordshire West	21.54	13940	Lab
174.	Harborough	21.56	13543	LD
175.	Wyre	21.63	11664	Lab
176.	Wirral West	21.72	11064	Lab
177.	Crosby	21.76	14806	Lab
178.	Plymouth Sutton	21.83	11950	Lab
179.	Shipley	21.91	12382	Lab
180.	Guildford	22.10	13404	LD
181.	Cirencester & Tewkesbury	22.16	16058	LD
182.	Romsey & Waterside	22.27	15304	LD
183.	Bournemouth West	22.45	12703	LD
184.	Portsmouth North	22.63	13881	Lab
185.	Eastwood	22.66	11688	Lab
186.	Dorset South	23.17	13508	LD
187.	Eastleigh	23.27	17702	LD
188.	Wiltshire North	23.36	16388	LD
189.	Bromsgrove	23.36	13702	Lab
190.	Thanet South	23.59	11513	Lab
191.	Cambridgeshire N.E.	23.79	15093	LD
192.	Southend West	23.83	11902	LD
193.	Croydon Central	24.11	9650	Lab
194.	Colchester North	24.11	16492	LD
195.	Suffolk Central	24.14	16031	LD
196.	Meriden	24.21	14699	Lab
197.	Brent North	24.36	10131	Lab

#	Constituency	%	Votes	Party	#	Constituency	%	Votes	Party
198.	Hertfordshire North	24.45	16531	LD	250.	Westmorland & Lonsdale	29.41	16436	LD
199.	Hove	24.49	12268	Lab	251.	Grantham	29.60	19588	Lab
200.	Shoreham	24.70	14286	LD	252.	Aylesbury	29.66	18860	LD
201.	Bridlington	24.74	16358	LD	253.	Wimbledon	29.71	14761	Lab
202.	Suffolk South	24.91	17269	LD	254.	Bexleyheath	29.72	14086	Lab
203.	Faversham	25.02	16351	Lab	255.	Suffolk Coastal	29.78	19285	LD
204.	Surrey South West	25.03	14975	LD	256.	Aldershot	29.82	19188	LD
205.	Reading West	25.10	13298	Lab	257.	Bury St Edmunds	29.97	18787	Lab
206.	Worcestershire South	25.10	16151	LD	258.	Havant	29.98	17584	LD
207.	Shropshire North	25.24	16211	LD	259.	Wycombe	30.16	17076	LD
208.	Kingston-Upon-Thames	25.35	10153	LD	260.	Hampshire North West	30.24	17848	LD
209.	Ludlow	25.38	14152	LD	261.	Gosport	30.51	16318	LD
210.	Northampton South	25.45	16973	Lab	262.	Ashford	30.54	17359	LD
211.	Beverley	25.52	16517	LD	263.	Sussex Mid	30.65	20528	LD
212.	Norfolk South	25.60	17565	LD	264.	Basingstoke	30.87	21198	Lab
213.	Honiton	25.81	16511	LD	265.	Woking	30.99	19842	LD
214.	Chelmsford	25.86	18260	LD	266.	Derbyshire West	31.01	18769	LD
215.	Ryedale	25.92	18439	LD	267.	Chipping Barnet	31.07	13951	Lab
216.	Morecambe & Lunesdale	26.03	11509	Lab	268.	Rushcliffe	31.21	19766	Lab
217.	Holland With Boston	26.14	13831	LD	269.	Reigate	31.27	17654	LD
218.	St Albans	26.49	16404	LD	270.	Southend East	31.33	13111	Lab
219.	Braintree	26.59	17494	Lab	271.	Penrith & The Border	31.39	18449	LD
220.	Upminster	26.78	13821	Lab	272.	Bexhill & Battle	31.41	16357	LD
221.	Reading East	26.89	14555	Lab	273.	Skipton & Ripon	31.42	19330	LD
222.	Devizes	26.89	19712	LD	274.	Castle Point	31.59	16830	Lab
223.	Orpington	26.97	12935	LD	275.	Altrincham & Sale	31.59	16791	Lab
224.	Uxbridge	27.06	13179	Lab	276.	Enfield Southgate	31.72	15563	Lab
225.	Bournemouth East	27.10	14822	LD	277.	Colchester S. & Maldon	31.87	21821	LD
226.	Romford	27.11	11420	Lab	278.	Bedfordshire S. W.	32.41	21273	Lab
227.	Woodspring	27.14	17509	LD	279.	Arundel	32.53	19863	LD
228.	Brentwood & Ongar	27.15	15145	LD	280.	Hertford & Stortford	32.53	20210	LD
229.	Boothferry	27.23	17535	LD	281.	Harrow West	32.67	17897	Lab
230.	Norfolk South West	27.49	16931	Lab	282.	Chichester	32.7	20887	LD
231.	Harwich	27.51	17159	LD	283.	Beckenham	33.02	15285	Lab
232.	Worthing	27.54	16533	LD	284.	Hertsmere	33.11	18735	Lab
233.	Surbiton	27.56	9639	LD	285.	Kent Mid	33.13	19649	Lab
234.	Tatton	27.60	15860	Lab	286.	Sevenoaks	33.14	19154	LD
235.	Gainsborough & Horncastle	27.88	16245	LD	287.	New Forest	33.50	20405	LD
236.	Milton Keynes N.E.	27.91	14176	Lab	288.	Staffordshire South	33.54	22633	Lab
237.	Maidstone	27.92	16286	LD	289.	Stratford-On-Avon	33.68	22892	LD
238.	Saffron Walden	27.96	17424	LD	290.	Tonbridge & Malling	33.74	21558	LD
239.	Hexham	28.22	13438	Lab	291.	Thanet North	33.75	18210	Lab
240.	Cheadle	28.26	15778	LD	292.	Hertfordshire S. W.	33.89	20107	LD
241.	Bosworth	28.29	19094	Lab	293.	Billericay	33.98	22494	LD
242.	Banbury	28.55	16720	Lab	294.	Daventry	34.11	20274	Lab
243.	Tunbridge Wells	28.56	17132	LD	295.	Chingford	34.38	14938	Lab
244.	Cambridgeshire S.W.	28.68	19639	LD	296.	Hendon South	34.38	12047	Lab
245.	Leominster	28.81	16680	LD	297.	Wealden	34.68	20931	LD
246.	Gillingham	28.83	16638	Lab	298.	Witney	35.09	22568	LD
247.	Norfolk Mid	28.89	18948	Lab	299.	Henley	35.60	18392	LD
248.	Mole Valley	29.06	15950	LD	300.	Spelthorne	35.61	19843	Lab
249.	Wantage	29.16	16473	LD	301.	Chislehurst	36.00	15276	Lab
					302.	Macclesfield	36.14	22767	Lab

		%maj	vote	2nd
303.	Richmond (Yorks)	36.16	23504	LD
304.	Wokingham	36.31	25709	LD
305.	Fareham	36.35	24141	LD
306.	Bedfordshire Mid	36.36	25138	Lab
307.	Epsom & Ewell	36.66	20021	LD
308.	Horsham	36.66	25072	LD
309.	Surrey East	36.96	17656	LD
310.	Epping Forest	37.08	20188	Lab
311.	Blaby	37.16	25347	Lab
312.	Stamford & Spalding	37.49	22869	Lab
313.	Cambridgeshire S.E.	37.60	23810	LD
314.	City Of London & Westminster S.	38.51	13369	Lab
315.	Wanstead & Woodford	38.64	16885	Lab
316.	Old Bexley & Sidcup	38.74	15699	Lab
317.	Chesham & Amersham	38.80	22220	LD
318.	Berkshire East	38.98	28680	LD
319.	Rutland & Melton	39.01	25535	Lab
320.	Hampshire East	39.39	29165	LD
321.	Solihull	39.86	25146	LD
322.	Christchurch	39.92	23015	LD
323.	Chertsey & Walton	40.22	22820	LD
324.	Croydon South	40.65	20425	LD
325.	Rochford	40.81	26036	LD
326.	Broxbourne	41.57	23970	Lab
327.	Buckingham**	41.92	19791	LD
328.	Fylde	42.06	20991	LD
329.	Ravensbourne	42.38	19714	LD
330.	Esher	42.85	20371	LD
331.	Surrey North West	43.36	28394	LD
332.	Ruislip-Northwood	44.62	19791	Lab
333.	Beaconsfield	44.62	23597	LD
334.	Sutton Coldfield	45.85	26036	LD
335.	Chelsea	47.67	12789	Lab
336.	Huntingdon	49.26	36230	Lab

Labour Seats

		%maj	vote	2nd
1.	Rossendale & Darwen	0.19	120	Con
2.	Warrington South	0.30	191	Con
3.	Birmingham Yardley	0.38	162	Con
4.	Ipswich	0.49	265	Con
5.	Halifax	0.83	478	Con
6.	Ilford South	0.94	402	Con
7.	Southampton Itchen	0.99	551	Con
8.	Dewsbury	1.09	634	Con
9.	Cambridge	1.15	580	Con
10.	Birmingham Northfield	1.17	630	Con
11.	Pembroke	1.25	755	Con
12.	Thurrock	2.17	1172	Con
13.	Warwickshire North	2.43	1454	Con
14.	Cannock & Burntwood	2.46	1506	Con
15.	Lewisham East	2.54	1095	Con
16.	Nuneaton	2.75	1631	Con
17.	Stockport	2.98	1422	Con
18.	Lancashire West	3.24	2069	Con
19.	Ellesmere Port & Neston	3.30	1989	Con
20.	Feltham & Heston	3.32	1995	Con
21.	Hampstead & Highgate	3.39	1440	Con
22.	Coventry South East	3.59	1311	Con
23.	Delyn	3.67	2039	Con
24.	Birmingham Selly Oak	3.73	2060	Con
25.	Renfrew West & Inverclyde	3.74	1744	Con
26.	Croydon North West	3.77	1527	Con
27.	Greenwich	3.80	1357	SD
28.	Kingswood	3.94	2370	Con
29.	Pendle	3.98	2113	Con
30.	Hyndburn	3.99	1960	Con
31.	Lewisham West	4.17	1809	Con
32.	Crewe & Nantwich	4.39	2695	Con
33.	Sherwood	4.64	2910	Con
34.	Darlington	5.06	2798	Con
35.	Carmarthen	5.13	2922	PC
36.	Copeland	5.32	2439	Con
37.	Bristol East	5.35	2692	Con
38.	Edinburgh Central	5.43	2126	Con
39.	Dulwich	5.49	2056	Con
40.	Woolwich	5.61	2225	SD
41.	Streatham	5.76	2317	Con
42.	Nottingham South	5.89	3181	Con
43.	Strathkelvin & Bearsden	6.28	3162	Con
44.	Walsall South	6.35	3178	Con
45.	Barrow & Furness	6.43	3578	Con
46.	West Bromwich East	6.52	2813	Con
47.	Cunninghame North	6.86	2939	Con
48.	Wallasey	7.03	3809	Con
49.	Carlisle	7.10	3108	Con
50.	Walsall North	7.33	3824	Con
51.	Tooting	8.04	4107	Con
52.	Wolverhampton N.E.	8.05	3939	Con
53.	Cardiff Central	8.07	3465	Con
54.	Newham South	8.13	2502	Con
55.	Leicester West	8.24	3978	Con
56.	Walthamstow	8.50	3022	Con
57.	Bradford South	9.27	4902	Con
58.	Hornsey & Wood Green	9.29	5177	Con
59.	Edinburgh South	9.37	4176	Con
60.	Wrekin, The	9.48	6648	Con
61.	York	9.88	6342	Con
62.	Clwyd South West	10.00	4941	Con
63.	Derbyshire North East	10.60	6270	Con
64.	Western Isles	10.62	1703	SNP
65.	Dundee East	10.71	4564	SNP
66.	Blackburn	10.96	6027	Con

#	Constituency	%	Votes	Party	#	Constituency	%	Votes	Party
67.	Chesterfield	11.46	6414	LD	118.	Heywood & Middleton	18.85	8074	Con
68.	Sheffield Hillsborough	11.83	7063	LD	119.	Oldham Central & Royton	18.91	8606	Con
69.	Glasgow Govan	11.84	4125	SNP	120.	Dunfermline West	19.21	7484	Con
70.	Norwich South	12.06	6181	Con	121.	West Bromwich West	19.29	7830	Con
71.	Glasgow Hillhead	12.26	4826	LD	122.	Bradford West	19.41	9502	Con
72.	Newcastle-Upon-Tyne Central	12.36	5288	Con	123.	Stockton North	19.63	10474	Con
73.	Edinburgh Leith	12.37	4985	SNP	124.	Falkirk East	19.96	7969	SNP
74.	Wakefield	12.38	6590	Con	125.	Cardiff West	20.34	9291	Con
75.	Birmingham Erdington	12.88	4735	Con	126.	Oldham West	20.37	8333	Con
76.	Warley West	12.95	5472	Con	127.	Nottingham North	20.62	10743	Con
77.	Stoke-On-Trent South	13.03	6909	Con	128.	Warrington North	20.77	12622	Con
78.	Wrexham	13.06	6716	Con	129.	Norwood	20.87	7216	Con
79.	Derby South	13.85	6936	Con	130.	Doncaster Central	20.88	10682	Con
80.	Ealing Southall	13.87	6866	Con	131.	Warley East	21.01	7794	Con
81.	Dumbarton	13.89	6129	Con	132.	Clydesdale	21.21	10187	Con
82.	Hammersmith	14.00	4754	Con	133.	Mansfield	21.29	11724	Con
83.	Kilmarnock & Loudoun	14.07	6979	SNP	134.	Edinburgh East	21.36	7211	Con
84.	Plymouth Devonport	14.47	7412	Con	135.	Manchester Withington	21.40	9735	Con
85.	Glanford & Scunthorpe	14.49	8411	Con	136.	Swansea West	21.61	9478	Con
86.	Linlithgow	14.62	7026	SNP	137.	Cardiff South & Penarth	21.95	10425	Con
87.	Great Grimsby	14.79	7506	Con	138.	Midlothian	22.02	10334	SNP
88.	Huddersfield	14.84	7258	Con	139.	Clackmannan	22.17	8503	SNP
89.	Gower	15.04	7048	Con	140.	Workington	22.25	10449	Con
90.	Bridgend	15.56	7326	Con	141.	Ashfield	22.26	12987	Con
91.	Bradford North	15.65	7664	Con	142.	Burnley	22.40	11491	Con
92.	Dagenham	15.98	6734	Con	143.	Bow & Poplar	22.52	8404	LD
93.	Oxford East	16.02	7538	Con	144.	Leicester East	22.67	11316	Con
94.	Leeds South & Morley	16.09	7372	Con	145.	Denton & Reddish	22.99	12084	Con
95.	Nottingham East	16.13	7680	Con	146.	Aberdeen North	23.06	9237	SNP
96.	Alyn & Deeside	16.21	7851	Con	147.	Don Valley	23.25	13534	Con
97.	Brent East	16.27	5971	Con	148.	East Kilbride	23.39	11992	SNP
98.	Dudley East	16.29	9200	Con	149.	Kirkcaldy	23.49	9126	SNP
99.	Blyth Valley	16.35	8044	LD	150.	Newport East	23.62	9899	Con
100.	Coventry North West	16.35	6432	Con	151.	Glasgow Cathcart	23.75	8001	Con
101.	Birmingham Perry Barr	16.62	8590	Con	152.	Redcar	23.83	11577	Con
102.	Liverpool Broadgreen	16.81	7027	LD	153.	Glasgow Pollok	24.15	7883	SML
103.	Hartlepool	16.98	8782	Con	154.	Hackney South & Shoreditch	24.38	9016	Con
104.	Newport West	17.12	7779	Con	155.	Coventry North East	24.62	11676	Con
105.	Birmingham Hodge Hill	17.31	7068	Con	156.	Wolverhampton S. E.	25.02	10240	Con
106.	Newcastle-Upon-Tyne North	17.60	8946	Con	157.	Cumbernauld & Kilsyth	25.07	9215	SNP
107.	Stalybridge & Hyde	17.63	8831	Con	158.	Ashton-Under-Lyne	25.22	10935	Con
108.	Leicester South	17.68	9440	Con	159.	Dundee West	25.33	10604	SNP
109.	Barking	17.75	6268	Con	160.	Fife Central	25.34	10578	SNP
110.	Livingston	17.78	8105	SNP	161.	Falkirk West	25.50	9812	SNP
111.	Bristol South	17.79	8919	Con	162.	Bolton South East	25.61	12691	Con
112.	Worsley	17.83	10012	Con	163.	Blaydon	26.00	13343	Con
113.	Normanton	17.88	8950	Con	164.	Islington South & Finsbury	26.44	10652	Con
114.	Bishop Auckland	18.16	10087	Con	165.	Preston	26.45	12175	Con
115.	East Lothian	18.27	10036	Con	166.	Paisley South	26.58	9549	SNP
116.	Bassetlaw	18.36	9997	Con					
117.	Newcastle-Under-Lyme	18.39	9839	Con					

167.	Holborn & St. Pancras	26.65	10824	Con	215. Motherwell South	36.76	14013	SNP
168.	Tottenham	26.70	11968	Con	216. Houghton & Washington	37.15	20808	Con
169.	Vauxhall	26.92	10488	Con	217. Llanelli	38.07	19270	Con
170.	Brent South	27.02	9705	Con	218. Peckham	38.24	12005	Con
171.	Paisley North	27.36	9321	SNP	219. Middlesbrough	38.40	15784	Con
172.	Eccles	27.49	13226	Con	220. Jarrow	38.42	17907	Con
173.	Stoke-On-Trent North	27.52	14777	Con	221. Birkenhead	38.51	17613	Con
174.	Newham North East	27.79	9986	Con	222. Glasgow Rutherglen	38.51	15270	Con
175.	Sunderland South	28.58	14501	Con	223. Greenock & Port Glasgow	39.03	14979	SNP
176.	Hull West	28.71	10585	Con	224. Gateshead East	39.10	18530	Con
177.	Cunninghame South	28.72	10680	SNP	225. Carrick, Cumnock & Doon Valley	39.11	16666	Con
178.	Leeds West	28.97	13828	Con	226. Hull East	39.14	18723	Con
179.	Leeds East	29.39	12697	Con	227. Bolsover	39.22	20655	Con
180.	St Helens North	29.47	16244	Con	228. Birmingham Sparkbrook	39.32	13572	Con
181.	Durham, City Of	29.61	15058	Con	229. Wigan	39.42	21842	Con
182.	Leyton	29.65	11452	Con	230. Leeds Central	39.49	15020	Con
183.	Sheffield Heeley	29.73	14954	Con	231. Rotherham	40.20	17561	Con
184.	Stretford	29.74	11137	Con	232. Birmingham Small Heath	40.31	13989	Con
185.	Stoke-On-Trent Central	30.06	13420	Con	233. Pontypridd	40.49	19797	Con
186.	Barnsley West & Penistone	30.21	14504	Con	234. Birmingham Ladywood	40.69	15283	Con
187.	Liverpool Garston	30.23	12279	Con	235. Glasgow Shettleston	41.47	14834	SNP
188.	Durham North West	30.27	13987	Con	236. Glasgow Maryhill	42.52	13419	SNP
189.	Hackney North & Stoke Newington	30.89	10727	Con	237. Manchester Gorton	42.87	16279	Con
190.	Halton	31.00	18184	Con	238. Motherwell North	43.03	18910	SNP
191.	Sheffield Attercliffe	31.16	15480	Con	239. Monklands East	43.25	15712	SNP
192.	Sedgefield	31.60	14859	Con	240. Torfaen	43.84	20754	Con
193.	Manchester Wythenshawe	32.15	11996	Con	241. Monklands West	44.72	17065	SNP
194.	Hull North	32.31	15384	Con	242. Glasgow Provan	44.82	10703	SNP
195.	Manchester Blackley	32.36	12389	Con	243. Glasgow Garscadden	45.42	13340	SNP
196.	South Shields	32.38	13477	Con	244. Caerphilly	45.51	22672	Con
197.	Lewisham Deptford	32.99	12238	Con	245. Tyne Bridge	45.74	15210	Con
198.	Salford East	33.17	11235	Con	246. Dunfermline East	45.97	17444	Con
199.	Makerfield	33.34	18118	Con	247. Wentworth	46.71	22449	Con
200.	Bethnal Green & Stepney	33.56	12230	LD	248. Knowsley South	47.28	22011	Con
201.	Rother Valley	33.63	17222	Con	249. Glasgow Springburn	48.19	14506	SNP
202.	Wallsend	33.70	19470	Con	250. Pontefract & Castleford	48.94	23495	Con
203.	Clydebank & Milngavie	33.77	12435	SNP	251. Barnsley Central	49.57	19361	Con
204.	Islington North	33.77	12784	Con	252. Liverpool West Derby	51.56	20425	Con
205.	Sunderland North	33.88	17004	Con	253. Sheffield Central	52.18	17294	Con
206.	Newcastle-Upon-Tyne East	34.32	13877	Con	254. Hemsworth	52.23	22075	Con
207.	Durham North	35.02	19637	Con	255. Swansea East	52.50	23482	Con
208.	Newham North West	35.23	9171	Con	256. Neath	52.76	23975	Con
209.	Hamilton	35.43	16603	SNP	257. Aberavon	53.18	21310	Con
210.	Leigh	35.82	18827	Con	258. Sheffield Brightside	53.64	22681	Con
211.	Doncaster North	35.86	19813	Con	259. Easington	55.97	26390	Con
212.	Wansbeck	36.12	18174	Con	260. Manchester Central	56.16	18037	Con
213.	Glasgow Central	36.33	11019	SNP	261. Cynon Valley	56.23	21364	Con
214.	St Helens South	36.56	18209	Con	262. Ogmore	56.62	23827	Con
					263. Bootle	58.62	29442	Con

264. Islwyn	59.45	24728	Con	
265. Liverpool Walton	59.89	28299	Con	
266. Merthyr Tydfil & Rhymney	60.28	26713	LD	
267. Rhondda	62.73	28816	PC	
268. Barnsley East	63.02	24777	Con	
269. Knowsley North	63.10	22403	Con	
270. Liverpool Riverside	64.42	17437	Con	
271. Blaenau Gwent	69.16	30067	Con	

Liberal Democrat Seats

	%maj	vote	2nd
1. Gordon	0.46	274	Con
2. Inverness, Nairn & Lochaber	0.90	458	Lab
3. Devon North	1.36	794	Con
4. Cheltenham	2.60	1668	Con
5. Cornwall North	3.07	1921	Con
6. Rochdale	3.46	1839	Lab
7. Liverpool Mossley Hill	6.30	2606	Lab
8. Bath	7.17	3768	Con
9. Argyll & Bute	7.19	2622	Con
10. Fife North East	7.91	3308	Con
11. Tweeddale, Ettrick & Lauderdale	8.18	2520	Con
12. Berwick-Upon-Tweed	11.60	5043	Con
13. Truro	12.24	7570	Con
14. Roxburgh & Berwickshire	12.60	4257	Con
15. Yeovil	14.75	8833	Con
16. Montgomery	15.76	5209	Con
17. Ross, Cromarty & Skye	18.59	7630	Con
18. Caithness & Sutherland	24.13	5365	Con
19. Orkney & Shetland	24.40	5033	Con
20. Southwark & Bermondsey	26.09	9845	Lab

Scottish Nationalist Seats

	%maj	vote	2nd
Angus East	2.01	954	Con
Moray	6.20	2844	Con
Banff & Buchan	8.89	4108	Con

Plaid Cymru Seats

	%maj	vote	2nd
Ynys Mon	2.57	1106	Con
Ceredigion & Pembroke N.	6.24	3193	LD
Meirionnydd Nant Conwy	17.47	4613	Con
Caernarfon	39.86	14476	Con

Ulster Unionist Seats

	%maj	vote	2nd
Antrim East	18.91	7422	DUP
Strangford	19.90	8911	DUP
Fermanagh & South Tyrone	25.60	14113	SDLP
Belfast North	26.80	9625	SDLP
Belfast South	29.98	10070	SDLP
Londonderry East	35.13	18527	SDLP
Upper Bann	35.54	16163	SDLP
Lagan Valley	48.14	23565	AP
Antrim South	58.14	24559	SDLP

Democratic Unionist Seats

	%maj	vote	2nd
Ulster Mid	11.30	6187	SDLP
Belfast East	21.76	7787	AP
Antrim North	32.83	14936	UU

SDLP Seats

	%maj	vote	2nd
Belfast West	1.47	589	SF
Down South	10.30	6342	UU
Newry & Armagh	13.49	7091	UU
Foyle	25.06	13005	DUP

Ulster Populist Unionist Party Seat

	%maj	vote	2nd
Down North	10.98	4934	Con

Table 2: Three-way Marginals with winning party share 20% or less over third party

	1st	%maj	2nd	%maj	3rd
Inverness, Nairn & Lochaber	LD	0.90	Lab	1.40	SNP
Coventry South East	Lab	3.59	Con	3.70	Ind Lab
Birmingham Yardley	Lab	0.38	Con	4.60	LD
Ceredigion & Pembroke North	PC	6.24	LD	6.40	Con
Falmouth & Camborne	Con	5.70	LD	7.70	Lab
Conwy	Con	2.36	LD	8.00	Lab
Brecon & Radnor	Con	0.29	LD	9.80	Lab
Argyll & Bute	LD	7.19	Con	11.10	SNP
Edinburgh Leith	Lab	12.37	SNP	13.10	Con
Ynys Mon	PC	2.57	Con	13.60	Lab
Carmarthen	Lab	5.13	PC	14.20	Con
Colne Valley	Con	12.23	Lab	15.00	LD
Leeds North West	Con	15.17	LD	15.80	Lab
Renfrew West & Inverclyde	Lab	3.74	Con	16.40	SNP
Pudsey	Con	14.59	Lab	17.30	LD
Bristol West	Con	11.57	LD	17.50	Lab
Edinburgh West	Con	1.80	LD	19.10	Lab
Shrewsbury & Atcham	Con	18.83	LD	19.80	Lab
Cambridge	Lab	1.15	Con	19.80	LD
Antrim East	UU	18.91	DUP	20.00	AP

Table 3: 50 Highest Conservative Increases in Share of Vote 1987-92 and winning party

		%incr	1st			%incr	1st
1.	Stockton South	10.18	Con	26.	Ross, Cromarty & Skye	3.32	LD
2.	Great Grimsby	7.78	Lab	27.	Berwick-Upon-Tweed	3.27	LD
3.	Eastwood	7.29	Con	28.	Hendon South	3.23	Con
4.	Newcastle-Upon-Tyne North	7.23	Lab	29.	Hamilton	3.19	Lab
5.	Cambridgeshire North East	7.05	Con	30.	Cheadle	3.16	Con
6.	Battersea	6.24	Con	31.	Milton Keynes North East	3.10	Con
7.	Colne Valley	5.60	Con	32.	Renfrew West & Inverclyde	3.10	Lab
8.	Glasgow Rutherglen	5.38	Lab	33.	Moray	3.05	SNP
9.	Gordon	5.11	LD	34.	Kincardine & Deeside	3.05	Con
10.	Plymouth Devonport	4.98	Lab	35.	Liverpool Garston	3.05	Lab
11.	Dundee East	4.85	Lab	36.	Richmond & Barnes	3.01	Con
12.	East Kilbride	4.38	Lab	37.	Leeds West	2.98	Lab
13.	Caithness & Sutherland	4.29	LD	38.	Hexham	2.84	Con
14.	Newham South	4.28	Lab	39.	Kensington	2.82	Con
15.	Wansbeck	4.17	Lab	40.	Tynemouth	2.78	Con
16.	Islington South & Finsbury	4.08	Lab	41.	Linlithgow	2.75	Lab
17.	Birmingham Small Heath	3.89	Lab	42.	Aberdeen North	2.73	Lab
18.	Plymouth Sutton	3.69	Con	43.	Welwyn Hatfield	2.73	Con
19.	Langbaurgh	3.69	Con	44.	Ryedale	2.72	Con
20.	Sheffield Attercliffe	3.68	Lab	45.	Glasgow Hillhead	2.64	Lab
21.	Stevenage	3.64	Con	46.	Strathkelvin & Bearsden	2.61	Lab
22.	Aberdeen South	3.64	Con	47.	Huntingdon	2.60	Con
23.	Durham North	3.62	Lab	48.	Southport	2.53	Con
24.	Staffordshire South East	3.47	Con	49.	City of London & Westminster S.	2.53	Con
25.	Chelmsford	3.36	Con	50.	Huddersfield	2.52	Lab

Table 4: 51 Highest Labour Increases in Share of Vote 1987-92 and winning party

		%incr	1st
1.	Plymouth Devonport	20.26	Lab
2.	Mansfield	16.90	Lab
3.	Norfolk North West	16.08	Con
4.	Staffordshire Mid	15.03	Con
5.	Plymouth Drake	14.47	Con
6.	Exeter	13.74	Con
7.	Monmouth	13.29	Con
8.	Ashfield	13.23	Lab
9.	Tottenham	12.86	Lab
10.	Norwich North	12.58	Con
11.	Kettering	13.37	Con
12.	Pembroke	12.32	Lab
13.	Brigg & Cleethorpes	12.25	Con
14.	Cardiff North	12.22	Con
15.	Staffordshire South East	12.10	Con
16.	Erith & Crayford	11.98	Con
17.	Stevenage	11.90	Con
18.	Leeds West	11.90	Lab
19.	Wyre Forest	11.89	Con
20.	Southampton Itchen	11.88	Lab
21.	Wyre	11.77	Con
22.	Leeds North East	11.55	Con
23.	Leyton	11.43	Lab
24.	Cambridge	11.36	Lab
25.	Lewisham Deptford	11.27	Lab
26.	Plymouth Sutton	11.22	Con
27.	Lewisham East	11.20	Lab
28.	Nuneaton	11.18	Lab
29.	Stafford	11.11	Con
30.	Islington South & Finsbury	11.05	Lab
31.	Walthamstow	10.98	Lab
32.	Nottingham North	10.82	Lab
33.	Norwich South	10.80	Lab
34.	Birmingham Edgbaston	10.78	Con
35.	Derbyshire West	10.66	Con
36.	Nottingham East	10.60	Lab
37.	Amber Valley	10.59	Con
38.	Gedling	10.51	Con
39.	Broxtowe	10.47	Con
40.	Croydon North West	10.32	Lab
41.	Harrow East	10.24	Con
42.	Brent East	10.21	Lab
43.	Leicester East	10.18	Lab
44.	Birmingham Hall Green	10.12	Con
45.	Ealing North	10.03	Con
46.	Clwyd North West	9.99	Con
47.	Portsmouth North	9.98	Con
48.	Blackpool North	9.96	Con
49.	Eltham	9.93	Con
50.	Cardiff Central	9.72	Lab
51.	Manchester Withington	9.72	Lab

Table 5: 51 Highest Lib Dem Increases in Share of Vote 1987-92 and winning party

		%incr	1st
1.	Ribble Valley	19.20	Con
2.	Eastbourne	12.96	Con
3.	Birmingham Yardley	9.45	Lab
4.	Southwark & Bermondsey	9.44	LD
5.	Chesterfield	8.95	Lab
6.	Windsor & Maidenhead	8.06	Con
7.	Taunton	7.09	Con
8.	Bath	6.26	LD
9.	St Ives	6.21	Con
10.	Newbury	5.58	Con
11.	Cornwall North	5.55	LD
12.	Brentwood & Ongar	5.47	Con
13.	Harborough	5.32	Con
14.	Sutton & Cheam	5.15	Con
15.	Canterbury	5.04	Con
16.	Cheltenham	5.02	LD
17.	Littleborough & Saddleworth	4.91	Con
18.	Orkney & Shetland	4.76	LD
19.	Carshalton & Wallington	4.71	Con
20.	Dorset West	4.53	Con
21.	Devon North	4.29	LD
22.	Liverpool Mossley Hill	4.16	LD
23.	Somerton & Frome	3.89	Con
24.	Weston-Super-Mare	3.67	Con
25.	Merthyr Tydfil & Rhymney	3.23	Lab
26.	Bexhill & Battle	3.02	Con
27.	Isle Of Wight	2.68	Con
28.	Norfolk North	2.39	Con
29.	Devon West & Torridge	2.27	Con
30.	Torbay	2.21	Con
31.	Salisbury	2.21	Con
32.	Dorset North	2.14	Con
33.	New Forest	1.99	Con
34.	Montgomery	1.91	LD
35.	Lewes	1.86	Con
36.	Shoreham	1.79	Con
37.	Northavon	1.70	Con
38.	Fife North East	1.60	LD
39.	Oxford West & Abingdon	1.59	Con
40.	Blackburn	1.52	Lab
41.	Truro	1.47	LD
42.	Surrey East	1.41	Con
43.	Reigate	1.36	Con
44.	Twickenham	1.34	Con
45.	Hazel Grove	1.07	Con
46.	Bradford North	1.00	Lab
47.	Brecon & Radnor	0.98	Con
48.	Bishop Auckland	0.98	Lab
49.	Jarrow	0.85	Lab
50.	Worthing	0.74	Con
51.	Teignbridge	0.74	Con

Table 6: 25 Highest SNP Increases in Share of Vote 1987-92 and winning party

		%incr	1st
1.	Glasgow Govan	26.73	Lab
2.	Cunninghame South	13.21	Lab
3.	Kilmarnock & Loudoun	12.54	Lab
4.	Edinburgh Leith	12.39	Lab
5.	Midlothian	11.27	Lab
6.	East Kilbride	10.97	Lab
7.	Glasgow Central	10.88	Lab
8.	Kirkcaldy	10.83	Lab
9.	Falkirk East	10.82	Lab
10.	Aberdeen North	10.79	Lab
11.	Dunfermline West	10.68	Lab
12.	Greenock & Port Glasgow	10.43	Lab
13.	Paisley North	10.42	Lab
14.	Fife Central	10.32	Lab
15.	Renfrew West & Inverclyde	10.11	Lab
16.	Paisley South	10.06	Lab
17.	Livingston	10.01	Lab
18.	Glasgow Hillhead	9.99	Lab
19.	Inverness, Nairn & Lochaber	9.88	LD
20.	Glasgow Provan	9.59	Lab
21.	Cumbernauld & Kilsyth	9.36	Lab
22.	Glasgow Springburn	9.26	Lab
23.	Edinburgh East	8.96	Lab
24.	Cunninghame North	8.72	Lab
25.	Western Isles	8.69	Lab

Table 7: 15 Highest PC Increases in Share of Vote 1987-92 and winning party

		%incr	1st
1.	Ceredigion & Pembroke North	15.04	PC
2.	Carmarthen	8.49	Lab
3.	Llanelli	5.36	Lab
4.	Neath	4.91	Lab
5.	Cynon Valley	4.32	Lab
6.	Meirionnydd Nant Conwy	3.94	PC
7.	Pontypridd	3.77	Lab
8.	Rhondda	2.85	Lab
9.	Aberavon	2.02	Lab
10.	Ogmore	1.97	Lab
11.	Caernarfon	1.93	PC
12.	Swansea West	1.82	Lab
13.	Wrexham	1.68	Lab
14.	Caerphilly	1.62	Lab
15.	Merthyr Tydfil & Rhymney	1.41	Lab

Table 8: 50 Highest Conservative Decreases in Share 1987-92 and winning party

		%decr	1st
1.	Hove	-9.86	Con
2.	Chesterfield	-9.01	Lab
3.	Leicester East	-8.80	Lab
4.	Ribble Valley	-8.49	Con
5.	Eastbourne	-8.34	Con
6.	Birmingham Yardley	-8.14	Lab
7.	Cornwall North	-7.36	LD
8.	Bradford North	-7.33	Lab
9.	Liverpool Mossley Hill	-7.16	LD
10.	Falmouth & Camborne	-7.01	Con
11.	Honiton	-6.75	Con
12.	Nottingham North	-6.50	Lab
13.	Nottingham East	-6.50	Lab
14.	Staffordshire Moorlands	-6.33	Con
15.	Ealing North	-6.31	Con
16.	Somerton & Frome	-6.22	Con
17.	Leicester South	-6.21	Lab
18.	Bexhill & Battle	-6.18	Con
19.	Leyton	-6.14	Lab
20.	Oxford East	-6.03	Lab
21.	Argyll & Bute	-5.79	LD
22.	Birmingham Ladywood	-5.78	Lab
23.	Bury St Edmunds	-5.77	Con
24.	Montgomery	-5.76	LD
25.	Bristol South	-5.70	Lab
26.	Tottenham	-5.60	Lab
27.	Sutton & Cheam	-5.58	Con
28.	St Ives	-5.42	Con
29.	Cheltenham	-5.41	LD
30.	Brighton Kemptown	-5.41	Con
31.	Dorset West	-5.35	Con
32.	Taunton	-5.35	Con
33.	Amber Valley	-5.29	Con
34.	Devon North	-5.18	LD
35.	Barrow & Furness	-5.15	Lab
36.	Norfolk North	-5.10	Con
37.	Conwy	-4.95	Con
38.	Manchester Withington	-4.95	Lab
39.	Carmarthen	-4.95	Lab
40.	Edmonton	-4.95	Con
41.	Harborough	-4.86	Con
42.	Bridgwater	-4.76	Con
43.	Worthing	-4.73	Con
44.	Woolwich	-4.62	Lab
45.	Kingston-Upon-Thames	-4.57	Con
46.	Dorset South	-4.54	Con
47.	Bristol East	-4.41	Lab
48.	Rushcliffe	-4.38	Con
49.	Shoreham	-4.38	Con
50.	Glanford & Scunthorpe	-4.34	Lab

Table 9: 50 Highest Labour Decreases in Share 1987-92 and winning party

		%decr	1st
1.	Glasgow Pollok	-19.69	Lab
2.	Glasgow Govan	-15.89	Lab
3.	Edinburgh Leith	-15.13	Lab
4.	Coventry South East	-14.89	Lab
5.	Ribble Valley	-11.18	Con
6.	Southwark & Bermondsey	-8.93	LD
7.	Falkirk East	-8.10	Lab
8.	Cunninghame South	-7.89	Lab
9.	Aberdeen North	-7.62	Lab
10.	Glasgow Central	-7.30	Lab
11.	Kincardine & Deeside	-6.80	Con
12.	Glasgow Provan	-6.39	Lab
13.	Littleborough & Saddleworth	-6.10	Con
14.	Glasgow Springburn	-5.97	Lab
15.	Cumbernauld & Kilsyth	-5.96	Lab
16.	Greenock & Port Glasgow	-5.93	Lab
17.	Paisley South	-5.49	Lab
18.	Liverpool Broadgreen	-5.38	Lab
19.	Dunfermline West	-5.01	Lab
20.	Paisley North	-4.81	Lab
21.	Glasgow Maryhill	-4.80	Lab
22.	Clackmannan	-4.64	Lab
23.	Edinburgh East	-4.62	Lab
24.	Hamilton	-4.52	Lab
25.	Glasgow Hillhead	-4.42	Lab
26.	Dundee West	-4.39	Lab
27.	Midlothian	-4.38	Lab
28.	Llanelli	-4.23	Lab
29.	Edinburgh West	-4.22	Con
30.	Eastbourne	-4.19	Con
31.	Ross, Cromarty & Skye	-3.85	LD
32.	Glasgow Cathcart	-3.85	Lab
33.	Merthyr Tydfil & Rhymney	-3.83	Lab
34.	Kilmarnock & Loudoun	-3.74	Lab
35.	Clydebank & Milngavie	-3.58	Lab
36.	Motherwell North	-3.57	Lab
37.	Kirkcaldy	-3.54	Lab
38.	Perth & Kinross	-3.40	Con
39.	Cunninghame North	-3.38	Lab
40.	Falkirk West	-3.38	Lab
41.	Ealing Southall	-3.30	Lab
42.	Windsor & Maidenhead	-3.29	Con
43.	Glasgow Garscadden	-3.26	Lab
44.	Fife Central	-3.03	Lab
45.	Glasgow Shettleston	-2.99	Lab
46.	Brecon & Radnor	-2.94	Con
47.	Aberdeen South	-2.89	Con
48.	Bath	-2.83	LD
49.	Linlithgow	-2.39	Lab
50.	Dunfermline East	-2.32	Lab

Table 10: 50 Highest Lib Dem Decreases in Share 1987-92 and winning party

		%decr	1st
1.	Plymouth Devonport	-29.94	Lab
2.	Leeds West	-24.68	Lab
3.	Stockton South	-18.75	Con
4.	Plymouth Drake	-18.24	Con
5.	Norfolk North West	-18.17	Con
6.	Western Isles	-17.28	Lab
7.	Staffordshire South East	-17.12	Con
8.	Stevenage	-15.94	Con
9.	Plymouth Sutton	-15.39	Con
10.	Pembroke	-15.15	Lab
11.	Islington South & Finsbury	-14.80	Lab
12.	Cambridgeshire North East	-14.25	Con
13.	Brigg & Cleethorpes	-14.04	Con
14.	Newcastle-Upon-Tyne North	-13.94	Lab
15.	Great Grimsby	-13.32	Lab
16.	Erith & Crayford	-13.28	Con
17.	Kettering	-13.27	Con
18.	East Kilbride	-13.26	Lab
19.	Glasgow Rutherglen	-13.12	Lab
20.	Monmouth	-13.09	Con
21.	Staffordshire Mid	-12.99	Con
22.	Cardiff North	-12.87	Con
23.	Wyre Forest	-12.59	Con
24.	Exeter	-12.35	Con
25.	Strathkelvin & Bearsden	-12.31	Lab
26.	Coventry South East	-12.30	Lab
27.	Ashfield	-12.23	Lab
28.	Wyre	-12.11	Con
29.	Gordon	-12.01	LD
30.	Southend East	-11.98	Con
31.	Edinburgh Pentlands	-11.96	Con
32.	Norwich South	-11.96	Lab
33.	Knowsley North	-11.92	Lab
34.	Derbyshire West	-11.89	Con
35.	Durham, City Of	-11.70	Lab
36.	Leeds North East	-11.59	Con
37.	Crosby	-11.56	Con
38.	Ceredigion & Pembroke North	-11.56	PC
39.	Davyhulme	-11.46	Con
40.	Stamford & Spalding	-11.41	Con
41.	Renfrew West & Inverclyde	-11.38	Lab
42.	Birmingham Hall Green	-11.36	Con
43.	Harrow East	-11.31	Con
44.	Chelmsford	-11.06	Con
45.	Norwich North	-11.05	Con
46.	Inverness, Nairn & Lochaber	-10.78	LD
47.	Eastwood	-10.77	Con
48.	High Peak	-10.77	Con
49.	Leeds East	-10.76	Lab
50.	Cambridge	-10.75	Lab

Table 11: 50 Highest Conservative Share of the Vote		Table 12: 50 Highest Labour Share of the Vote	
	%share		%share
1. Huntingdon	66.16	1. Blaenau Gwent	78.98
2. Esher	65.44	2. Knowsley North	77.50
3. Sutton Coldfield	65.17	3. Barnsley East	77.19
4. Chelsea	65.12	4. Liverpool Riverside	75.92
5. Hampshire East	64.21	5. Bootle	74.59
6. Beaconsfield	63.95	6. Rhondda	74.55
7. Surrey North West	63.80	7. Islwyn	74.31
8. Croydon South	63.68	8. Easington	72.68
9. Christchurch	63.53	9. Manchester Central	72.65
10. Ravensbourne	63.43	10. Liverpool Walton	72.40
11. Ruislip-Northwood	63.34	11. Ogmore	71.73
12. Chesham & Amersham	63.34	12. Merthyr Tydfil & Rhymney	71.56
13. Broxbourne	62.60	13. Hemsworth	70.84
14. Buckingham	62.47	14. Sheffield Brightside	70.41
15. New Forest	62.37	15. Pontefract & Castleford	69.88
16. Surrey East	62.31	16. Swansea East	69.70
17. Richmond (Yorks)	61.86	17. Barnsley Central	69.25
18. Wealden	61.74	18. Cynon Valley	69.09
19. Horsham	61.71	19. Sheffield Central	68.68
20. Wokingham	61.43	20. Knowsley South	68.60
21. Fylde	61.39	21. Wentworth	68.54
22. Rochford	61.08	22. Liverpool West Derby	68.19
23. Fareham	60.96	23. Neath	68.00
24. Solihull	60.84	24. Glasgow Springburn	67.67
25. Old Bexley & Sidcup	60.34	25. Tyne Bridge	67.15
26. City Of London & Westminster S.	60.32	26. Aberavon	67.08
27. Bexhill & Battle	60.27	27. Glasgow Provan	66.52
28. Chertsey & Walton	60.21	28. Birmingham Ladywood	66.26
29. Epsom & Ewell	60.17	29. Birmingham Small Heath	65.35
30. Wanstead & Woodford	59.96	30. Bolsover	64.51
31. Henley	59.69	31. Glasgow Garscadden	64.42
32. Staffordshire South	59.67	32. Torfaen	64.12
33. Berkshire East	59.67	33. Middlesbrough	64.09
34. Epping Forest	59.52	34. Birmingham Sparkbrook	64.07
35. Chichester	59.34	35. Rotherham	63.95
36. Mole Valley	59.31	36. Caerphilly	63.65
37. Chingford	59.22	37. Birkenhead	63.63
38. Stratford-On-Avon	59.22	38. Gateshead East	63.52
39. Sussex Mid	59.02	39. Motherwell North	63.37
40. Rutland & Melton	58.98	40. Wigan	63.01
41. Stamford & Spalding	58.96	41. Hull East	62.91
42. Woking	58.95	42. Dunfermline East	62.43
43. Hendon South	58.78	43. Manchester Gorton	62.33
44. Southend East	58.76	44. Leeds Central	62.23
45. Spelthorne	58.55	45. Jarrow	62.12
46. Surrey South West	58.51	46. Houghton & Washington	62.02
47. Daventry	58.44	47. Doncaster North	61.79
48. Skipton & Ripon	58.41	48. Peckham	61.77
49. Chislehurst	58.36	49. Glasgow Maryhill	61.64
50. Cheadle	58.21	50. Leigh	61.31

Table 13: 50 Highest Lib Dem Share of the Vote and winning party

	%share	1st
1. Southwark & Bermondsey	56.87	LD
2. Yeovil	51.69	LD
3. Truro	50.49	LD
4. Bath	48.92	LD
5. Montgomery	48.50	LD
6. Liverpool Mossley Hill	47.85	LD
7. Cornwall North	47.41	LD
8. Cheltenham	47.34	LD
9. Devon North	47.10	LD
10. Roxburgh & Berwickshire	46.91	LD
11. Fife North East	46.44	LD
12. Orkney & Shetland	46.42	LD
13. Isle Of Wight	45.63	Con
14. Caithness & Sutherland	45.13	LD
15. Berwick-Upon-Tweed	44.37	LD
16. Hazel Grove	43.11	Con
17. Rochdale	42.84	LD
18. Eastbourne	42.70	Con
19. Richmond & Barnes	42.16	Con
20. Portsmouth South	42.04	Con
21. Ross, Cromarty & Skye	41.59	LD
22. Southport	41.52	LD
23. Devon West & Torridge	41.50	Con
24. Hereford	41.16	Con
25. Taunton	40.84	Con
26. Ribble Valley	40.62	Con
27. Somerton & Frome	40.16	Con
28. St Ives	40.05	Con
29. Tweeddale, Ettrick & Lauderdale	39.89	LD
30. Torbay	39.79	Con
31. Twickenham	39.68	Con
32. Weston-Super-Mare	39.25	Con
33. Oxford West & Abingdon	38.99	Con
34. Dorset North	38.49	Con
35. Cornwall South East	38.11	Con
36. Wells	38.04	Con
37. Winchester	37.80	Con
38. Gordon	37.45	LD
39. Newbury	37.31	Con
40. Salisbury	37.22	Con
41. Dorset West	36.18	Con
42. Teignbridge	35.87	Con
43. Littleborough & Saddleworth	35.85	Con
44. Chesterfield	35.81	Lab
45. Brecon & Radnor	35.80	Con
46. Folkestone & Hythe	35.33	Con
47. Edinburgh West	35.25	Con
48. Hastings & Rye	35.22	Con
49. Kincardine & Deeside	35.13	Con
50. Windsor & Maidenhead	35.06	Con

Table 14: 25 Highest SNP Share of the Vote and winning party

	%share	1st
1. Banff & Buchan	47.53	SNP
2. Moray	44.29	SNP
3. Angus East	40.10	SNP
4. Tayside North	37.48	Con
5. Western Isles	37.19	Lab
6. Glasgow Govan	37.10	Lab
7. Galloway & Upper Nithsdale	36.45	Con
8. Perth & Kinross	36.00	Con
9. Dundee East	33.32	Lab
10. Kilmarnock & Loudoun	30.71	Lab
11. Linlithgow	30.34	Lab
12. Cumbernauld & Kilsyth	28.95	Lab
13. Clackmannan	26.92	Lab
14. Livingston	26.63	Lab
15. Falkirk East	26.18	Lab
16. Fife Central	25.06	Lab
17. Inverness, Nairn & Lochaber	24.68	LD
18. Falkirk West	24.30	Lab
19. Cunninghame South	24.22	Lab
20. Paisley South	24.09	Lab
21. Aberdeen North	23.98	Lab
22. Argyll & Bute	23.81	LD
23. Dundee West	23.64	Lab
24. East Kilbride	23.53	Lab
25. Paisley North	23.33	Lab

Table 15: 15 Highest PC Share of the Vote and winning party

	%share	1st
1. Caernarfon	59.03	PC
2. Meirionnydd Nant Conwy	43.95	PC
3. Ynys Mon	37.12	PC
4. Carmarthen	31.52	Lab
5. Ceredigion & Pembroke North	31.29	PC
6. Llanelli	15.56	Lab
7. Rhondda	11.81	Lab
8. Neath	11.32	Lab
9. Cynon Valley	11.02	Lab
10. Clwyd South West	9.79	Lab
11. Caerphilly	9.68	Lab
12. Pontypridd	9.10	Lab
13. Conwy	7.36	Con
14. Ogmore	6.34	Lab
15. Merthyr Tydfil & Rhymney	6.10	Lab

Table 16: 20 Highest Green Share of the Vote and winning party

		%share	1st
1.	Islington North	3.75	Lab
2.	Hackney N. & Stoke Newington	3.20	Lab
3.	Stroud	2.87	Con
4.	Liverpool Riverside	2.73	Lab
5.	Leominster	2.60	Con
6.	Birmingham Sparkbrook	2.41	Lab
7.	Birmingham Small Heath	2.37	Lab
8.	Holborn & St. Pancras	2.36	Lab
9.	Norwood	2.28	Lab
10.	Westminster North	2.28	Con
11.	Sheffield Central	2.26	Lab
12.	Newham North West	2.25	Lab
13.	Surrey North West	2.20	Con
14.	Brighton Pavilion	2.18	Con
15.	Hackney South & Shoreditch	2.09	Lab
16.	Vauxhall	2.06	Lab
17.	Barnsley West & Penistone	2.02	Lab
18.	Tottenham	2.01	Lab
19.	Weston-Super-Mare	2.01	Con
20.	Oxford East	1.98	Lab

Table 17: 25 Highest Share of the Vote for 'other' parties and Independents

		Party	%share
1.	Belfast West	SF	42.10
2.	Woolwich	SD	38.61
3.	Greenwich	SD	37.21
4.	Belfast East	AP	29.76
5.	Coventry South East	Ind Lab	28.88
6.	Antrim East	AP	23.27
7.	Fermanagh & South Tyrone	SF	22.86
8.	Glasgow Pollok	SML	19.26
9.	Ulster Mid	SF	18.71
10.	Foyle	SF	17.63
11.	Strangford	AP	16.94
12.	Belfast South	AP	15.05
13.	Down North	AP	14.71
14.	Liverpool Broadgreen	Ind Lab	14.23
15.	Belfast North	SF	13.07
16.	Lagan Valley	AP	12.68
17.	Newry And Armagh	SF	12.45
18.	Antrim South	AP	12.37
19.	Edinburgh Leith	Ind Lab	10.28
20.	Londonderry East	SF	10.09
21.	Ealing Southall	Ind Lab	9.43
22.	Coventry North East	Ind Lab	8.45
23.	Leeds West	Lib	8.34
24.	Antrim North	AP	7.56
25.	Londonderry East	AP	6.85

Table 18: 50 Lowest Shares of the vote for winning party

		%share	1st
1.	Inverness, Nairn & Lochaber	26.0	LD
2.	Ceredigion & Pembroke North	31.3	PC
3.	Coventry South East	32.6	Lab
4.	Conwy	33.7	Con
5.	Edinburgh Leith	34.2	Lab
6.	Birmingham Yardley	34.9	Lab
7.	Argyll & Bute	34.9	LD
8.	Brecon & Radnor	36.1	Con
9.	Renfrew West & Inverclyde	36.6	Lab
10.	Carmarthen	36.6	Lab
11.	Falmouth & Camborne	36.9	Con
12.	Edinburgh West	37.0	Con
13.	Ynys Mon	37.1	PC
14.	Gordon	37.4	LD
15.	Aberdeen South	38.5	Con
16.	Glasgow Hillhead	38.5	Lab
17.	Edinburgh Central	38.8	Lab
18.	Cambridge	39.7	Lab
19.	Tweeddale, Ettrick & Lauderdale	39.9	LD
20.	Stirling	40.0	Con
21.	Angus East	40.1	SNP
22.	Perth & Kinross	40.2	Con
23.	Edinburgh Pentlands	40.7	Con
24.	Ayr	40.8	Con
25.	Cunninghame North	41.0	Lab
26.	Greenwich	41.0	Lab
27.	Exeter	41.1	Con
28.	Edinburgh South	41.5	Lab
29.	Ross, Cromarty & Skye	41.6	LD
30.	Cardiff Central	42.0	Lab
31.	Galloway & Upper Nithsdale	42.0	Con
32.	Colne Valley	42.0	Con
33.	Dunfermline West	42.0	Lab
34.	Bristol West	42.2	Con
35.	Strathkelvin & Bearsden	42.3	Lab
36.	Ulster Mid	42.3	DUP
37.	Bristol North West	42.3	Con
38.	Portsmouth South	42.5	Con
39.	Rochdale	42.8	LD
40.	St Ives	42.9	Con
41.	Down North	42.9	UPUP
42.	Leeds North West	43.0	Con
43.	Dumfries	43.1	Con
44.	Liverpool Broadgreen	43.2	Lab
45.	Antrim East	43.2	UU
46.	Swindon	43.3	Con
47.	Norwich North	43.3	Con
48.	Pembroke	43.3	Lab
49.	Southampton Test	43.4	Con
50.	Glasgow Pollok	43.4	Lab

	Table 19: 52 Highest Turnouts			Table 20: 50 Lowest Turnouts	
		%turn			%turn
1.	Leicestershire North West	86.1	1.	Peckham	53.8
2.	Monmouth	86.1	2.	Liverpool Riverside	54.6
3.	Brecon And Radnor	85.9	3.	Newham North West	56.0
4.	Staffordshire Mid	85.6	4.	Sheffield Central	56.1
5.	Sherwood	85.5	5.	Manchester Central	56.9
6.	Ribble Valley	85.0	6.	Newham South	60.2
7.	Derbyshire West	85.0	7.	Newham North East	60.3
8.	Hazel Grove	85.0	8.	Manchester Gorton	60.8
9.	Richmond And Barnes	84.9	9.	Hackney N. & Stoke Newington	61.2
10.	Bury North	84.8	10.	Leeds Central	61.3
11.	Derbyshire South	84.7	11.	Hackney South And Shoreditch	61.4
12.	Amber Valley	84.7	12.	Vauxhall	62.2
13.	Brentwood And Ongar	84.7	13.	Southwark And Bermondsey	62.3
14.	High Peak	84.6	14.	Antrim East	62.4
15.	Chelmsford	84.6	15.	Tyne Bridge	62.6
16.	Stroud	84.5	16.	Holborn And St. Pancras	62.7
17.	Congleton	84.5	17.	Birmingham Small Heath	62.8
18.	Cheadle	84.4	18.	Antrim South	62.9
19.	Hertfordshire North	84.4	19.	Glasgow Central	63.0
20.	Devon North	84.4	20.	City of London & Westminster S.	63.3
21.	Bedfordshire Mid	84.4	21.	Chelsea	63.3
22.	Northavon	84.3	22.	Brent South	64.1
23.	Cannock And Burntwood	84.3	23.	Salford East	64.4
24.	Welwyn Hatfield	84.3	24.	Belfast South	64.5
25.	Wansdyke	84.2	25.	Strangford	65.0
26.	Buckingham	84.2	26.	Lewisham Deptford	65.0
27.	Twickenham	84.2	27.	Glasgow Maryhill	65.1
28.	Cardiff North	84.1	28.	Belfast North	65.2
29.	Bosworth	84.1	29.	Glasgow Provan	65.3
30.	Ellesmere Port And Neston	84.1	30.	Bethnal Green And Stepney	65.5
31.	Norfolk South	84.0	31.	Down North	65.5
32.	Hyndburn	83.9	32.	Tottenham	65.5
33.	Chester	83.9	33.	Orkney And Shetland	65.5
34.	Gloucestershire West	83.8	34.	Glasgow Springburn	65.7
35.	Kingswood	83.8	35.	Hull West	65.7
36.	Warwickshire North	83.8	36.	Antrim North	65.8
37.	Rugby And Kenilworth	83.7	37.	Bow And Poplar	65.8
38.	Nuneaton	83.7	38.	Birmingham Ladywood	65.9
39.	Hertfordshire South West	83.7	39.	Norwood	66.1
40.	Erewash	83.7	40.	Sheffield Brightside	66.3
41.	Staffordshire Moorlands	83.7	41.	Islington North	66.6
42.	Orpington	83.6	42.	Hull North	66.7
43.	Darlington	83.6	43.	Birmingham Sparkbrook	66.8
44.	Copeland	83.5	44.	Aberdeen North	66.9
45.	Bolton West	83.5	45.	Lagan Valley	67.3
46.	Dover	83.5	46.	Liverpool Walton	67.4
47.	St Albans	83.5	47.	Upper Bann	67.4
48.	Gravesham	83.4	48.	Leyton	67.4
49.	Braintree	83.4	49.	Belfast East	67.7
50.	Broxtowe	83.4	50.	Dulwich	67.8
51.	Delyn	83.4			
52.	Blaby	83.4			

Table 21: 50 Highest Increases in % Turnout 1987-1992			Table 22: 52 Highest Decreases in % Turnout 1987-1992	
		%incr		%decr
1.	Hendon North	9.3	1. Liverpool Riverside	-10.7
2.	Kensington	8.6	2. Manchester Gorton	-9.6
3.	Hendon South	8.6	3. Manchester Central	-7.0
4.	Chipping Barnet	8.6	4. Liverpool Mossley Hill	-6.6
5.	Bow And Poplar	8.4	5. Sheffield Central	-6.4
6.	Finchley	8.2	6. Liverpool Broadgreen	-6.3
7.	Bethnal Green & Stepney	7.9	7. Liverpool Walton	-6.2
8.	Kent Mid	7.8	8. Manchester Withington	-5.8
9.	Berkshire East	7.6	9. Dundee West	-5.6
10.	Belfast East	7.5	10. Liverpool Garston	-5.1
11.	Strangford	7.4	11. Cambridge	-4.8
12.	Antrim East	7.2	12. Burnley	-4.6
13.	Medway	7.2	13. Oxford East	-4.3
14.	Thurrock	6.6	14. Sheffield Hallam	-3.9
15.	Solihull	6.5	15. Glasgow Provan	-3.8
16.	Hove	6.3	16. Newham North East	-3.8
17.	Richmond (Yorks)	6.3	17. Glasgow Hillhead	-3.7
18.	Erewash	6.3	18. Dundee East	-3.6
19.	Spelthorne	6.3	19. Durham, City Of	-3.6
20.	Staffordshire Mid	6.2	20. Manchester Blackley	-3.6
21.	Windsor And Maidenhead	6.2	21. Liverpool West Derby	-3.6
22.	Bromsgrove	6.1	22. Leeds Central	-3.5
23.	Reigate	6.0	23. Newham North West	-3.4
24.	Hackney South & Shoreditch	6.0	24. Edinburgh South	-3.4
25.	Basildon	6.0	25. Cardiff Central	-3.3
26.	Wealden	6.0	26. Leeds North West	-3.2
27.	Battersea	6.0	27. Orkney & Shetland	-3.2
28.	Castle Point	5.9	28. Huddersfield	-3.1
29.	Buckingham	5.9	29. Stretford	-3.1
30.	Aylesbury	5.9	30. Aberdeen North	-3.0
31.	Carshalton And Wallington	5.9	31. Hull North	-2.9
32.	Surrey North West	5.8	32. Swansea West	-2.8
33.	Wanstead And Woodford	5.8	33. Glasgow Central	-2.6
34.	Ribble Valley	5.8	34. Southwark & Bermondsey	-2.6
35.	Reading West	5.8	35. Sheffield Brightside	-2.4
36.	Basingstoke	5.8	36. Manchester Wythenshawe	-2.4
37.	Hertfordshire South West	5.8	37. Glasgow Maryhill	-2.4
38.	Bedfordshire Mid	5.8	38. Portsmouth South	-2.2
39.	Ealing Southall	5.8	39. Leyton	-2.2
40.	Sutton And Cheam	5.7	40. Leeds West	-2.1
41.	Brentwood And Ongar	5.7	41. Glasgow Rutherglen	-2.0
42.	Sussex Mid	5.7	42. Hull West	-1.9
43.	Holland With Boston	5.6	43. Leicester South	-1.9
44.	Derby South	5.6	44. Brentford & Isleworth	-1.9
45.	Chelsea	5.6	45. Fermanagh & South Tyrone	-1.8
46.	Stratford-On-Avon	5.6	46. Glasgow Springburn	-1.8
47.	Warwick & Leamington	5.5	47. Fife Central	-1.8
48.	Ravensbourne	5.5	48. Peckham	-1.8
49.	Hertsmere	5.5	49. Vauxhall	-1.8
50.	Shrewsbury & Atcham	5.4	50. Kirkcaldy	-1.7
			51. Oxford West & Abingdon	-1.7
			52. Greenock & Port Glasgow	-1.7

Table 23: 50 Largest Electorates and winning party				Table 24: 50 Smallest Electorates and winning party		
		elect	1st		elect	1st
1. Isle Of Wight		99839	Con	1. Western Isles	22785	Lab
2. Hampshire East		93393	Con	2. Caithness & Sutherland	30677	LD
3. Huntingdon		92914	Con	3. Orkney & Shetland	31472	LD
4. Eastleigh		91760	Con	4. Meirionnydd Nant Conwy	32413	PC
5. Wrekin, The		90893	Lab	5. Glasgow Provan	36579	Lab
6. Berkshire East		90414	Con	6. Tweeddale, Ettrick & Lauderdale	39478	LD
7. Swindon		90068	Con	7. Glasgow Garscadden	41214	Lab
8. Devizes		89746	Con	8. Montgomery	41386	LD
9. Cirencester & Tewkesbury		88413	Con	9. Kensington	42129	Con
10. Peterborough		87639	Con	10. Chelsea	42372	Con
11. Westbury		87537	Con	11. Surbiton	42422	Con
12. Ryedale		87063	Con	12. Roxburgh & Berwickshire	43572	LD
13. Dudley West		86633	Con	13. Glasgow Cathcart	44779	Lab
14. Wokingham		86545	Con	14. Caernarfon	45348	PC
15. Colchester North		86479	Con	15. Edinburgh East	45785	Lab
16. Colchester South & Maldon		86406	Con	16. Glasgow Springburn	45831	Lab
17. Wiltshire North		85852	Con	17. Glasgow Govan	45879	Lab
18. Bridlington		84950	Con	18. Glasgow Pollok	46190	Lab
19. Suffolk South		84835	Con	19. Paisley North	46424	Lab
20. Cambridgeshire South West		84419	Con	20. Newham North West	46475	Lab
21. Worcestershire Mid		84290	Con	21. Cumbernauld & Kilsyth	46515	Lab
22. Waveney		84181	Con	22. Clydebank & Milngavie	47337	Lab
23. Horsham		84159	Con	23. Hammersmith	47504	Lab
24. Surrey North West		83577	Con	24. Greenwich	47790	Lab
25. Grantham		83535	Con	25. Paisley South	47919	Lab
26. Brigg & Cleethorpes		83510	Con	26. Argyll & Bute	47921	LD
27. Northampton South		83476	Con	27. Glasgow Central	48159	Lab
28. Chelmsford		83440	Con	28. Clackmannan	48362	Lab
29. Northavon		83348	Con	29. Hendon South	48401	Con
30. South Hams		83140	Con	30. Monklands East	48430	Lab
31. Derbyshire South		83104	Con	31. Glasgow Maryhill	48479	Lab
32. Basingstoke		82962	Con	32. Knowsley North	48783	Lab
33. Richmond (Yorks)		82880	Con	33. Coventry South East	48797	Lab
34. Stratford-On-Avon		82818	Con	34. Cunninghame South	49025	Lab
35. Staffordshire South		82759	Con	35. Monklands West	49300	Lab
36. Suffolk Central		82735	Con	36. Walthamstow	49347	Lab
37. Shropshire North		82676	Con	37. Falkirk West	49434	Lab
38. Romsey & Waterside		82628	Con	38. Old Bexley & Sidcup	49449	Con
39. Stroud		82553	Con	39. Liverpool Riverside	49595	Lab
40. Crosby		82538	Con	40. Cynon Valley	49696	Lab
41. Feltham & Heston		82133	Lab	41. Motherwell South	50086	Lab
42. Chichester		82126	Con	42. Dunfermline East	50180	Lab
43. Faversham		82037	Con	43. Barking	50480	Lab
44. Bedfordshire Mid		81950	Con	44. Coventry North West	50671	Lab
45. Blaby		81791	Con	45. Dunfermline West	50949	Lab
46. Aldershot		81755	Con	46. Kingston-Upon-Thames	51078	Con
47. Norfolk South		81647	Con	47. Islwyn	51082	Lab
48. Fareham		81125	Con	48. Newham South	51110	Lab
49. Beverley		81033	Con	49. Falkirk East	51224	Lab
50. Rutland & Melton		80975	Con	50. Hendon North	51514	Con

Table 25: 51 Highest Increases in Electorate 1987-92 and winning party

		elect	1st
1.	Wrekin, The	8373	Lab
2.	Lagan Valley	7835	UU
3.	Northampton South	7405	Con
4.	Hampshire East	7020	Con
5.	Huntingdon	6728	Con
6.	Norfolk Mid	6632	Con
7.	Gordon	6193	LD
8.	Lindsey East	6000	Con
9.	Selby	5802	Con
10.	Cambridgeshire North East	5760	Con
11.	Shropshire North	5554	Con
12.	Antrim South	5543	UU
13.	Cambridgeshire South East	5391	Con
14.	Boothferry	5385	Con
15.	Worcester	5221	Con
16.	Wiltshire North	5140	Con
17.	Southwark & Bermondsey	5126	LD
18.	Newbury	5067	Con
19.	Basingstoke	4959	Con
20.	Down South	4951	SDLP
21.	Northavon	4861	Con
22.	Dudley West	4844	Con
23.	Bridlington	4824	Con
24.	Cardiff Central	4800	Lab
25.	Blaby	4697	Con
26.	Stamford & Spalding	4594	Con
27.	Londonderry East	4556	UU
28.	Livingston	4510	Lab
29.	Strangford	4472	UU
30.	Cannock & Burntwood	4385	Lab
31.	Cirencester & Tewkesbury	4342	Con
32.	South Hams	4301	Con
33.	Eastleigh	4208	Con
34.	Bridgwater	4175	Con
35.	Foyle	4154	SDLP
36.	Fareham	4151	Con
37.	Grantham	4101	Con
38.	Colchester North	4059	Con
39.	Staffordshire South East	4033	Con
40.	Norfolk North	3990	Con
41.	Cornwall North	3958	LD
42.	St Ives	3947	Con
43.	Teignbridge	3928	Con
44.	Swindon	3918	Con
45.	Dorset North	3875	Con
46.	Ryedale	3858	Con
47.	Taunton	3812	Con
48.	Gloucester	3716	Con
49.	Norfolk North West	3700	Con
50.	Devizes	3699	Con
51.	Worcestershire Mid	3699	Con

Table 26: 50 Highest Decreases in Electorate 1987-92 and winning party

		elect	1st
1.	Hackney South & Shoreditch	-10653	Lab
2.	Hackney N. & Stoke Newington	-10003	Lab
3.	Ealing Southall	-9269	Lab
4.	Ealing Acton	-8488	Con
5.	Ealing North	-8106	Con
6.	Tottenham	-7688	Lab
7.	Brent East	-7584	Lab
8.	Glasgow Provan	-7165	Lab
9.	Chelsea	-7162	Con
10.	Hornsey & Wood Green	-6926	Lab
11.	Glasgow Garscadden	-6744	Lab
12.	Brent South	-6718	Lab
13.	Manchester Central	-6481	Lab
14.	Harrow East	-6287	Con
15.	Hendon South	-6159	Con
16.	Kensington	-6083	Con
17.	Holborn & St. Pancras	-5795	Lab
18.	Glasgow Springburn	-5732	Lab
19.	Greenock & Port Glasgow	-5694	Lab
20.	Salford East	-5471	Lab
21.	Glasgow Pollok	-5206	Lab
22.	Tyne Bridge	-5072	Lab
23.	Hove	-5060	Con
24.	Hampstead & Highgate	-4849	Lab
25.	Finchley	-4819	Con
26.	Manchester Wythenshawe	-4738	Lab
27.	Glasgow Govan	-4737	Lab
28.	Belfast West	-4680	SDLP
29.	Glasgow Rutherglen	-4594	Lab
30.	Hertfordshire South West	-4539	Con
31.	Glasgow Cathcart	-4528	Lab
32.	Aberdeen South	-4449	Con
33.	Harrow West	-4366	Con
34.	Bristol South	-4330	Lab
35.	Norwood	-4312	Lab
36.	Southend West	-4216	Con
37.	Knowsley North	-4176	Lab
38.	Brent North	-4158	Con
39.	Belfast North	-4056	UU
40.	Warley East	-3981	Lab
41.	Vauxhall	-3943	Lab
42.	Oldham Central & Royton	-3917	Lab
43.	Carshalton & Wallington	-3911	Con
44.	Glasgow Maryhill	-3892	Lab
45.	Liverpool West Derby	-3798	Lab
46.	Kingston-Upon-Thames	-3761	Con
47.	Liverpool Garston	-3741	Lab
48.	Liverpool Riverside	-3733	Lab
49.	Chipping Barnet	-3726	Con
50.	Newcastle-Upon-Tyne Central	-3709	Lab

INDEX TO GENERAL ELECTION CANDIDATES

Index to General Election Candidates

Abbott C.M. 475
Abbott D.J. 621
Abbott D.J. Ms. 282
Abbott J.E. 082
Abbott T.I. 502
Aberdein J.H. 449
Abrams K.J. 625
Ackland R. 269
Adam B.J. 272
Adam G.J. 043
Adams D.R. 415
Adams G. 041
Adams K. Ms. 453
Adams P.H.W. 410
Adamson C.J. 310
Adley R.J. 141
Aherne D. 214
Ainger N.R. 456
Ainley S.M. 426
Ainsworth P.M. 559
Ainsworth R.W. 158
Airey J. 491
Aisbitt T. 555
Aitken J.W.P. 573
Aitman G. 296
Alderdice J.T. 038
Aldersey R.E. 122
Alexander J. 264
Alexander R.T. 416
Alford D. 519
Ali M.A. 378
Alison M.J.H. 505
Allan K.M. Ms. 259
Allason R.W.S. 578
Alldrick C.J. 059
Allen G.W. 442
Allen P.J. 353
Allen R. Ms. 157
Allott K.R. Ms. 518
Almond R.D. 450
Alton D.P.P. 377
Alty J.A. Ms 607
Amer A.C. 345
Amess D.A.A. 027
Ancram M.A.F.J.K. 185
Anderson B.J. 498
Anderson D. 565
Anderson I.H.M. 095
Anderson J. Ms. 487
Anderson J.M. 587
Anderson K.J. Ms. 651
Andrewes D.M. Ms. 136
Andrews P.J. 156
Andrews T.W. 646
Anginotti S. Ms. 024
Anglezarke B.A. Ms. 120
Angus M.F. Ms. 273
Anklesaria F. 577
Anthony S.R. 493
Anton T.P. 646
Appleby P.J. 208
Appleton-Fox N.H. 385
Arbuthnot J.N. 601
Archer R. 370
Argyle J.F.T. Ms. 296
Armstrong A. 160
Armstrong D.G.F. 130
Armstrong H.J. Ms. 209
Arnall W.J. Ms. 117
Arnold D. 204
Arnold J.A. 276
Arnold R.J. 438
Arnold T.R. 302
Ash C.D. 113
Ashby C.M. 335
Ashby D.G. 363
Ashdown J.J.D. 649
Ashford B.S. Ms. 054
Ashford R. 521
Ashforth J. 441
Ashley B. 171
Ashley D.A. Ms. 290
Ashton J.W. 029
Ashworth A.J. 081
Askwith D.N. 627
Aspinwall J.H. 600
Atherton C. Ms. 133
Atherton M.E. Ms. 006
Atherton P.A. Ms. 484
Atkins R.J. 528
Atkinson D.A. 076
Atkinson P.L. 313
Atkinson S.M. Ms. 552
Attlee C.M.S. Ms. 627
Ault J.A. 647
Austen B.H.M. Ms. 233
Austin M. 397
Austin-Walker J.E. 637
Aves J.J. 423
Avino M. Ms. 336
Ayliffe J. Ms. 469
Ayliffe W.J. 063
Backhouse J.E. 376
Badger P.E. Ms. 650
Baguley J.M. 137
Bailey A.L. 466

Name	Page	Name	Page
Baillie D.S.	267	Baxter R.	203
Baird S.E. Ms.	203	Bayley H.	651
Baker K.W.	406	Beadle R.W.A.L.	255
Baker M.A.	510	Beany C.	001
Baker N.B.	192	Beard C.N.	236
Baker N.J.	366	Beasley P.I. Ms.	460
Baker R.C.L.	550	Beat L.A.	583
Balcombe B.R.	021	Beatty P.C.W.	388
Baldry A.B.	020	Beaumont A.E.	366
Balfe R.A.	530	Beaumont-Dark A.M.	057
Ball T.S.	441	Beaupre D.J.	345
Ballard J.M. Ms.	569	Beck A. Ms.	229
Bamford D.J.B.	125	Beck D.R.	511
Banerji S.A. Ms.	306	Beckett J.W.R.	363
Banks M.R.W.	527	Beckett M.M. Ms.	181
Banks R.G.	294	Beckett W.	079
Banks S.G.	137	Beckford C. Ms.	630
Banks S.J. Ms.	207	Bedrock N.	561
Banks T.	424	Beesley D.	479
Bann N.S.	377	Beever G.J.	031
Banton A.J.	574	Beever P.J. Ms.	643
Barber S.P. Ms.	069	Begg T.	201
Barcis R.	352	Beggs R.	010
Baring S.M Ms.	289	Beirne J.	498
Barker M.J. Ms.	030	Beith A.J.	043
Barker M.T.	134	Bell C.E.	266
Barlow T.	202	Bell H.M. Ms.	428
Barnes H.	182	Bell J.	038
Barnes J.V. Ms.	556	Bell R.	171
Barnes R.S. Ms.	280	Bell S.	401
Barnett A.	269	Bellard F.	048
Barnett G.H.	530	Bellingham H.C.	431
Barr A.M.	481	Bellotti D.F.	214
Barratt J.T.	141	Belzak S.	465
Barrie J. Ms.	147	Bence B.H.	036
Barron A.D	626	Bendall V.W.H.	330
Barron K.J.	489	Benn A.N.W.	135
Bartlett P.	359	Bennell S.A. Ms.	132
Bartley C. Ms.	088	Bennett A.F.	179
Barton D.H.	416	Bennett N.J.	456
Barton R.E.	565	Benney C.T.	172
Barwick D.J.	639	Benson S.D	606
Barwood C.W.	057	Bentley A.M.	467
Basden A.	220	Benton J.E.	074
Bashforth H.	098	Bercow J.S.	097
Bates A. Ms.	263	Berens D.	501
Bates J.H.	288	Beresford A.P.	165
Bates M.W.	353	Beresford M.S.	274
Batiste S.L.	229	Bergg P.J.	174
Battle J.D.	359	Bermingham G.E.	499
Batty T.	505	Berreen J.M.	494
Baughan B.J. Ms.	278	Berry P.B	562
Baxter D.S.	439	Berry R.E.	638

Name	Page	Name	Page
Berry R.J. Ms.	185	Booth V.E.H.	248
Berry R.L.	346	Boothroyd B. Ms.	617
Best N.F.	599	Borrow D.S.	647
Bestic P.M. Ms.	121	Boss J.A.	019
Beswick F.C.	551	Boswell J.A.D.	124
Betts C.J.C.	507	Boswell T.E.	176
Betts L.	438	Bott-Obi J.M. Ms.	564
Bevan A.D.G.	060	Bottomley E.T. Ms.	088
Bevan P.A. Ms.	298	Bottomley P.J.	230
Bidwell S.J.	212	Bottomley V.H.B.M. Ms.	561
Biffen W.J.	517	Boulton B.J.	080
Bigg E. Ms.	627	Bovaird A.J.	308
Bilcliff M.	476	Bovey K.	408
Billcliffe S.	611	Bowden A.	093
Billenness P.H.	168	Bowden G.F.	200
Billing D.L.	503	Bowen D.	465
Billingham A.T. Ms.	020	Bowis J.C.	032
Binge B. Ms.	103	Bowler G.M. Ms.	629
Birchenough N.	628	Bowler J.J.	463
Birdwood J.P. Ms.	188	Bowles S.M. Ms.	018
Birkhead D.M. Ms.	328	Boxall J.H.	097
Birtwistle G.	103	Boyce J.	488
Bishop M.A.	112	Boyd R.D.	642
Bissett Johnson S.J. Ms.	309	Boyes R.	322
Black I.	279	Boyson R.	085
Black M.	459	Boyton L.A.	551
Blackburn J.G.	199	Bradbourn P.C.	634
Blackham T.S.	530	Bradley J.W.	087
Blackman R.J.	086	Bradley K.J.C.	394
Blackwood S.F.	203	Bradshaw R.M.	243
Blair A.C.L.	504	Brady F.P.S.	164
Blair I.M.	630	Braham P.	081
Blair J.K.	012	Brake T.A.	125
Bland N.T.G.	632	Bramley G.	524
Bleakley R.M.	364	Brand P.	334
Blears H.A. Ms.	106	Brandon-Bravo M.M.	443
Bliss L. Ms	387	Brandreth G.D.	134
Blomfield E.J.	537	Brandt I. Ms.	260
Blunkett D.	508	Brannigan J.	017
Blunt C.J.R.	616	Brass D.J. Ms.	183
Boad S.E. Ms.	607	Bray J.W.	414
Boait J.E. Ms.	271	Brazier J.W.H.	117
Boal M.M. Ms.	010	Brenan T.J.R.	238
Boateng P.Y.	086	Brennan A. Ms.	375
Body A.C.	090	Brennan M.J.	615
Body R.B.F.S.	317	Brennan N.M.	453
Boff A.	320	Brent B.	098
Bone P.W.	337	Brenton D.G.	187
Boney C.R.	098	Bretman A.M.	572
Bonner-Evans E.E. Ms.	565	Brett A.J.	374
Bonsor N.C.	588	Brett-Freeman J.P.	463
Booth G.R.	358	Brettell C.R.	460
Booth P.J.H.	472	Brettell-Winnington N.J.	112

Name	Page	Name	Page
Brewster J.L.	607	Buchanan-Smith A.	586
Brickell A.J.	601	Buckethead L.	328
Bridge I.G.	442	Bucknall S. Ms.	643
Brierley A.D.	418	Buckrell D.A. Ms.	631
Brierly D. Ms.	446	Budge P.	580
Brighouse H.W.	131	Budgen N.W.	635
Bright G.F.J.	387	Bull D.J.C.	028
Brightwell J.C. Ms.	367	Bullick E.A.H.	245
Brimecome M.J.	242	Bullman K.E.J.	633
Brinton H.R. Ms.	243	Bulloch A. Ms.	340
Britton R.A.	007	Bullock J.D.	393
Broadbent S.E.H. Ms.	617	Bunce R.J.	577
Broadhurst S.R. Ms.	128	Bundred G.S. Ms.	380
Brocklebank G.	008	Bunstone A.J.	276
Brocklebank-Fowler C.	432	Burden R.H.	055
Brocklebank-Fowler S.E.	542	Burgess E.J. Ms.	129
Brodie C.G.	261	Burgon C.	229
Brodie I.M.	094	Burke A.N. Ms.	620
Brodie-Browne I.M.	152	Burke L.C.	538
Broidy S.N. Ms.	130	Burke P.	314
Brooke P.L.	143	Burlingham-Johnson A. Ms.	340
Brookes S.M. Ms.	548	Burn T.D.	260
Brooks R.M. Ms.	492	Burnett A.D.	467
Broome N.J.	629	Burns A.	066
Brophy A.	144	Burns J.J.P.	250
Brotheridge T.L.	177	Burns S.H.M.	129
Brotherton B.	177	Burrows P.J.	295
Brown G.	205	Burstow P.K.	563
Brown K.J.	204	Burt A.J.H.	105
Brown L.	378	Burt J.S.	585
Brown L.C. Ms.	601	Buscombe K.M.	386
Brown M.	254	Bush E.M. Ms.	119
Brown M.C.C. Ms.	630	Bussey D.	141
Brown M.R.	092	Butcher J.P.	161
Brown N.E.	636	Butler C.J.	606
Brown N.H.	420	Butler N.J.	371
Brown N.P.	181	Butler P.	403
Brown P.	152	Butterfill J.V.	077
Brown R.D.M.	223	Button V.J.	007
Browne D.	013	Buxton B.J.	276
Browne J.E.D.D.	626	Buzzard P.M. Ms.	499
Browning A.F. Ms.	575	Byers S.J.	595
Browning R.J.	047	Byrom L.T.	349
Bruce D.J.	226	Cable J.V.	584
Bruce G.	110	Caborn R.G.	509
Bruce I.C.	193	Caiger J.J.	638
Bruce M.G.	272	Cairns S. Ms.	390
Bruce-Smith M.A.	131	Calcraft A.	539
Brushett P.	076	Calder J.M.	532
Bryant C.L.	456	Callaghan J.	314
Bryden P.J.	175	Callanan M.J.	255
Buchanan A.N.	392	Calton P. Ms.	128
Buchanan E. Ms.	148	Cameron D.A. Ms.	016

Cameron I.J.H.	297	Channon H.P.G.	525
Cameron N. St.C.	642	Chaplin A.W. Ms.	047
Campbell A. Ms.	112	Chaplin S.J. Ms.	417
Campbell C.	477	Chapman A.E. Ms.	366
Campbell G.L.	250	Chapman S.B.	138
Campbell H.C. Ms.	223	Chappell A.C.R.	365
Campbell J.R.B.	051	Charalambous A.L.	580
Campbell K.S.	561	Charlesworth R.A.	180
Campbell R.	068	Chaudhary A.Q.	058
Campbell S.J.	344	Chaytor D.M.	111
Campbell T.	039	Chedzoy A.	193
Campbell W.M.	247	Chegwidden J.M. Ms.	471
Campbell-Savours D.N.	641	Chewings A.D.	493
Canavan D.	240	Chidgey D.W.G.	216
Candeland B.A.	394	Chisholm M.G.R.	223
Cann J.C.	333	Chope C.R.	522
Carey S.J.	590	Christou J. Ms.	443
Carlile A.C.	410	Church J.A. Ms.	539
Carlisle E.P.	365	Church R.W.	435
Carlisle J.R.	386	Churchill W.S.	177
Carlisle K.M.	371	Churchman J.C.	099
Carmichael A	519	Churchman S.W.	022
Carmichael W.N.	355	Clamp S.J.	184
Carmichael-Grimshaw M. Ms.	063	Clapham M.	025
Carr M.	479	Clappison W. J.	312
Carrington M.H.M.	251	Clark C.M. Ms.	560
Carson D.J.E.	379	Clark D.A.	413
Carter F.A. Ms	422	Clark D.G.	529
Carttiss M.R.H.	278	Clark J.S.	519
Cartwright G.E.	198	Clark M.	483
Cartwright J.C.	637	Clark M.C.	509
Cartwright S.F.	148	Clark M.L. Ms.	247
Cash W.N.P.	532	Clark N.H.	432
Caskie K.M. Ms.	224	Clark P.G.	257
Cassin A.J. Ms.	099	Clarke D.	174
Castle M.V.	429	Clarke E.L.	402
Catling S.B. Ms.	630	Clarke K.H.	493
Cavenagh S.J.	123	Clarke R.J.	597
Cawsey I.A.	092	Clarke T.	408
Cender C.E. Ms.	246	Clarkson E.L. Ms.	170
Chad R.K.	129	Clawley H.M. Ms.	058
Chadwick D.	512	Clayton A.S.	582
Chadwick W.D.	469	Clayton R.	142
Chalker L. Ms.	594	Clayton R.A.	035
Challen C.R.	045	Clayton R.M.	392
Chalmers F.C.	115	Clelland D.	585
Chalmers M.J. Ms.	113	Clements B.R.	466
Chalmers R.A.	112	Clements G.	527
Chalmers T.	549	Clifford T.M. Ms.	510
Chamberlain V.M. Ms.	295	Clifton-Brown G.R.	142
Champagnie M.L. Ms.	335	Clinch N.F.	366
Chandler P.J. (NLP)	376	Close S. A.	350
Chandler P.J. (LD)	640	Clucas H.F. Ms.	164

Clwyd A. Ms.	172	Corbyn J.B.	335
Coaker V.R.	256	Cordle S.C.	512
Coates R.M.	063	Cordon S.R.	567
Cobain F.	041	Cormack P.T.	535
Cockbill M.R. Ms.	092	Corrie J.A.	013
Cockell C.S.	328	Corris A.C. Ms.	541
Codman A.C.	442	Corston J.A. Ms.	095
Coe S.N.	241	Cosgrove J.D.	241
Coffey A. Ms.	541	Cosgrove P.J.	586
Coghill R.W.	456	Cosin M.I. Ms.	403
Cohen E. Ms.	526	Cotter B.J.	622
Cohen H.	370	Cottier D.P.	035
Cohen J.B.	305	Coubrough L. M. Ms.	073
Cole J.M.C.	514	Couchman J.R.	257
Coleman B.G.	326	Coulam P.	369
Coleridge T.R.	350	Cousins J.M.	419
Coles S.C.	185	Coutts D.M.	203
Collett A.P.	004	Cowan S.	450
Colley G.D.	341	Cowton S.R.	023
Colley R.E. Ms.	455	Cox A.G.	400
Collie L.R. Ms.	263	Cox D.N.	575
Collinge A.	045	Cox J.I.	579
Collins D.H.	187	Cox M.A.	292
Collins J.D.	378	Cox T.M.	577
Collins M.E. Ms.	562	Cox V.A. Ms	462
Collins N.G. Ms.	286	Coyne M.F.	110
Collins S.B.	621	Craig C.C.B.	501
Collins W.S.B.	440	Craig M. Ms.	218
Colvin M.K.B.	485	Cran J.D.	045
Compobassi P.	574	Cran M.	324
Condie C.W.	122	Crane C.J.	026
Congdon D.L.	166	Cranston R.F.	481
Connarty M.	239	Crausby D.A.	070
Connolly P.J.	642	Creech C. Ms.	583
Connor K.	487	Creese M.R.	519
Conrad W.G.A.	376	Critchley J.M.	004
Conway D.L.	516	Cropp D.L.	055
Cook F.	542	Crosbie E. Ms.	320
Cook M.H. Ms.	157	Cross D.J.	098
Cook P.S.	002	Cross S.R.H.	134
Cook R.F.	381	Crossan D.	170
Cooke D.R.H	387	Crosskey R.S.	288
Cooklin B.D.	267	Crossley P.N.	097
Cooksey J.M.	007	Crowson M.	339
Coombs A.M.V.	648	Cruden A.H.	106
Coombs S.C.	567	Crumbie A. Ms.	361
Cooper J.G.	008	Cryer G.R.	080
Cooper L.A. Ms.	319	Cryer N.	252
Cooper R.E. Ms.	375	Crystal P.M.	251
Cooper T.H.	112	Cufley L.W. Ms.	249
Cope Sir J.A.	437	Cullen G.	245
Corbett R.	051	Cullingham M.A.	430
Corbin R.D.	014	Cummings J.S.	213

Cummins M.	084
Cundy R.W.C.	047
Cunliffe L.F.	364
Cunniffe E.T.	628
Cunningham C.H.	480
Cunningham J.A.	154
Cunningham J.D.	160
Cunningham J.J.	074
Cunningham R. Ms.	459
Curphey S.E. Ms.	117
Curran B.	428
Curran B.P.	589
Currie E. Ms.	183
Curry D.M.	518
Curtis C.I.	028
Curtis D.	380
Cushinan H.J.	012
D'Arcy B.H.M.	018
D'Avila J.P.	567
Dacres G.C.	455
Dafis C.G.	127
Dalgleish J.M.	631
Dalling I.D.	447
Dalling S.J. Ms.	448
Daly C.A.	334
Dalyell T.	373
Daniels C.	605
Darby D. Ms.	600
Darby J.V.	251
Darling A.M.	221
Davenport A.B	503
Davey L.	120
Davey-Kennedy P. Ms.	383
David F.A. Ms.	409
Davids T.F.	085
Davidson I.G.	262
Davidson J.C.	003
Davidson J.T.	649
Davies A.P.	457
Davies B.	447
Davies C.	374
Davies C.D.	390
Davies C.G.	274
Davies D.J.D.	382
Davies D.K.	591
Davies G.	623
Davies G.R. (PC)	478
Davies G.R. (Lab)	165
Davies H.	492
Davies H.L.	565
Davies J.M. Ms.	100
Davies J.Q.	538
Davies J.R.	127
Davies P.	534
Davies P.G.	154
Davies P.R.G.	320
Davies P.W.	392
Davies R.	109
Davies R.A.	211
Davies R.V.	153
Davies T.A.R.	066
Davies V.J.E.	509
Davis B.R.	605
Davis D.M.	073
Davis L.J.K.	609
Davis P.	639
Davis S.V. Ms.	594
Davis T.A.G.	053
Davison R.	318
Daw M.J.	393
Dawe H.F. Ms.	572
Dawe P.J.	137
Dawson G.	485
Day S.R.	128
De Pinna L.A.	370
Dean T.M. Ms.	084
Deans A.J.	590
Decter R.D.	528
Deedman D.R.	276
Deen J.L.W.	643
Denby N.M.	188
Denham A.E. Ms.	324
Denham J.Y	522
Dent M.J.	544
Denton-White R.D.	342
Derksen D. Ms.	138
Deva N.J.A.	087
Devine L.J. Ms.	221
Devlin T.R.	543
Dewar D.C.	261
Dibble K.	042
Dick E.G. Ms.	204
Dick G.C.	259
Dickens G.K.	374
Dickie J.	436
Dicks T.P.	301
Dickson D.M. Ms.	390
Dino-Martin D.J.	012
Dixon D.	338
Dobbin J.	105
Dobson F.G.	316
Docker I.	458
Dodd R.C.	178
Dodds N.A.	010
Dodsworth J.L.	372
Doherty A.	383

Doherty P.	249	Edwards G.L.N.	420
Donnelly A.L.	274	Edwards H.W.E.	409
Donnelly J.A.	262	Edwards J.F. Ms.	620
Donnelly P.D.	465	Edwards N.M. Ms.	220
Donner P.B.	186	Efford C.S.	230
Donohoe B.	171	Egan G.P.	274
Doran F.	003	Egan S. Ms.	357
Dorrell S.J.	384	Egerton J.R.S.	364
Douglas C.E.	124	Eggar T.J.C.	231
Douglas M.N.	490	Elcock S.M.	502
Douglas R.G.	261	Elder A.E.	383
Douglas-Hamilton J.A.	226	Elletson H.D.H.	064
Dover D.R.	140	Elliott B.E.	037
Dover J. Ms.	077	Elliott J.A. Ms.	321
Dowd J.P.	369	Ellis B.E.J.	193
Dowding G. Ms.	352	Ellis D.A.	531
Down G.L.	382	Ellis-Jones A.K.F. Ms.	480
Dowson J.	254	Ely R.J.	602
Drake A.J.	178	Emerson M.P.	234
Dreben J.I.	515	Emery P.	318
Drew D.E.	552	Emmerson J.E. Ms.	044
Driver M.R.	189	Emmett A.A. Ms.	426
Drozdz G.M.	075	Enright D.A.	303
Dubs A.	032	Escott N.M. Ms.	641
Duff A.N.	328	Etherington W.	556
Duffy J.	563	Ettie P.F.F.	273
Duggan J.J.	321	Evans D.J.	614
Dummett G.M.J.	090	Evans D.R.	415
Dumpleton O.	322	Evans G.	108
Duncan A.J.C.	494	Evans J.	498
Duncan P.A. Ms.	304	Evans J.P.	083
Duncan-Smith G.I.	137	Evans J.S. Ms.	506
Dunlop D. Ms.	038	Evans K.J.	382
Dunn A. Ms.	447	Evans N.M.	479
Dunn R.J.	175	Evans R.J.E.	590
Dunnachie J.F.	265	Evans R.K.	409
Dunning B.F.	070	Evans R.V.	526
Dunphy P.G.	320	Evennett D.A.	236
Dunton A.	583	Everitt D.B.	075
Dunwoody G.P. Ms.	163	Ewing F.	332
Durant R.A.B.	474	Ewing M.A. Ms.	411
Duriez R.C.	219	Eyre S.J.A.	547
Durkin E.A. Ms.	031	Faber D.J.C.	618
Dutt M.	361	Fabricant M.L.D.	533
Dyer E.W.	472	Fairbairn N.H.	459
Dykes H.J.M.	295	Falchikov M.G.	373
Eagle A. Ms.	594	Fallon M.C.	174
Eagle M. Ms.	164	Fanthorpe D.P.	593
Earl D.S	211	Fareham J.L.	325
Eastham K.	391	Farmer A.J.	525
Edey R.	582	Farmer G.W.	222
Edmonds R.C.	044	Farmer L. Ms.	483
Edwards D.G.	445	Farrar V.F.	567

Name	Page	Name	Page
Farrell A.	143	Forbes E.A. Ms.	373
Farren S.N.	011	Ford M.A.	002
Farron T.J.	209	Forman F.N.	125
Farthing E.N.	394	Forsyth M.B.	540
Fatchett D.J.	354	Forsythe C.	012
Faulds A.M.W.	603	Forth E.	639
Favell A.R.	541	Foss A.P.O.	033
Fawcett D.J.	363	Foster D.	061
Fawcett N.E.	005	Foster D.M.E.	030
Fear S.R.	502	Foster I.C.	289
Fearn R.C.	527	Foster J. Ms.	425
Fearn R.D.	184	Foster M.J.	638
Feather H.A.	155	Foster N.A.	018
Fee A.L.	040	Foulds W.F.	033
Fenn S.J.	395	Foulkes G.	124
Fenna E.W.	582	Fowler P.E.H.	108
Fenner Dame P.E.	397	Fowler Sir P.N.	564
Fenner M.D.	613	Fox J.M.	514
Ferguson G.D.	507	Fox L.	636
Fergusson L.	218	Fox T.R. Ms.	049
Fewster B.	075	France R.B.	176
Field B.J.A.	334	France-Hayhurst J. Ms.	410
Field C. Ms.	404	Francis A.H.	403
Field F.	049	Francis B.M.	118
Field J.C.	405	Francis Sir G.	064
Field R.R.C.	063	Frankish P. Ms.	277
Fields T.	375	Frankland M.R.	360
Filmore J.A. Ms.	541	Franklin B.J.	327
Finlay-Maxwell C.S. Ms.	490	Franklin R.K.	508
Finnegan M.	152	Franks C.S.	026
Fischer M.W.	478	Fraser J.	166
Fishburn J.D.	340	Fraser J.D.	440
Fisher G.A.	540	Frazer C.M.	455
Fisher G.J.	020	Freeman J.M.	037
Fisher M.	544	Freeman R.N.	342
Fitchett K.E.	282	Freitag P.	213
Fitzmaurice J.F.	192	French D.C.	270
Fitzpatrick S.	197	French P.R.	618
Fitzsimmons S.	380	French T.	589
Flack D.F.L.	126	Fry P.D.	612
Flanagan M.A.	328	Fryer J.H.	370
Flanagan T.B.	339	Fuller J.P.G.	179
Fleming A.R.	226	Furness J.N.P.	323
Fletcher S. Ms.	542	Fyfe M. Ms.	264
Fletcher S.W.	502	Gaffney J.E.	487
Flindall I.E.	590	Galbraith J.H.	423
Flinn T.	247	Galbraith S.	549
Flood V.H.	625	Galdas M.	434
Floyd R.	315	Gale A.P.	310
Flynn P.P.	427	Gale R.J.	572
Fogg J.N.	548	Gallagher T.	245
Foggitt P.J.	575	Gallie P.R.	019
Fookes Dame J.E.	462	Galloway G.	263

Games S.N.	291	Goodhart W.H.	452
Gapes M.J.	331	Goodlad A.R.	220
Gardiner G.A.	476	Goodman E.A.C.	582
Gardiner P.F.	136	Goodson-Wickes C.	625
Garel-Jones W.A.T.T.	609	Goodwill R.	475
Garner J.A. Ms.	219	Goodwin C.E. Ms.	148
Garnier E.H.	292	Goodwin N.	212
Garrett J.L.	439	Gordon E. Ms.	484
Gaskell P.K.	403	Gordon I.	421
Gasson J.A. Ms.	121	Gordon J.H.H.	381
Gaston J.A.	011	Gordon M. Ms.	078
Gay G.N.W.	594	Gorman T.E. Ms.	048
Geach J.H.	581	Gormley A. Ms.	587
Gentry B.A.R.	592	Gorrie D.C.E.	226
George A.H.	500	Gorrod P.N.	487
George B.T.	597	Gorst J.M.	304
George D.G.	256	Goss J.M.	073
Gerrard N.F.	598	Goth J.A.	308
Gibb N.J.	544	Gould B.C.	173
Gibb S.C. Ms.	575	Graham A.J.	230
Gibbon M. Ms.	595	Graham L.A. Ms.	521
Gibbons I.A.	214	Graham R.F.	611
Gibson E.M. Ms.	053	Graham T.	477
Gibson F.J.	484	Grant B.	580
Gibson I.	438	Grant J.A.	115
Gibson M.G.	568	Grant-Hutchinson P.	218
Gibson R.	486	Gray I.	148
Gibson R.A.	458	Gray J.W.	486
Gifford Z. Ms.	312	Gray R.	494
Gilbert J.W.	198	Gray R.	265
Giles A.	470	Green D.H.	084
Gill C.J.F.	385	Green D.W.	137
Gill G.P.	584	Green G.A.	276
Gillan C. Ms.	133	Green G.G.	056
Gillard C.R.	567	Greene D.	038
Gillen J.M.	448	Greene J.	437
Gilmour J.D.	037	Greenhalgh I.	605
Gilroy L.W. Ms.	157	Greenway H.	211
Gleed M.J.	429	Greenway J.R.	495
Glossop G.W.	189	Greenwood B.R.J.	379
Goble N.J.	643	Gregory C.R.	651
Godfrey H.R.A.	625	Gregory L.C. Ms.	562
Godfrey J.P.	264	Grenville M.R.S.	627
Godman N.A.	279	Grice D. Ms.	533
Godsiff R.D.	058	Grieve S. Ms.	215
Godwin P.	515	Griffith-Jones M	133
Gold H. Ms.	263	Griffiths A.O.	081
Gold M.D.	584	Griffiths B. Ms.	049
Gold P.J.	510	Griffiths D.W.	584
Goldie A.M. Ms.	477	Griffiths G. (LD)	163
Goldie G.M.A.	200	Griffiths G. (NLP)	628
Goldie-Scot D.J.	482	Griffiths M.R.F.	193
Golding L. Ms.	418	Griffiths N.	225

Griffiths P.H.S.	467	Hannaway J.	311
Griffiths W.J.	089	Hanson D.G.	178
Grist I.	118	Hardee M.G.	280
Grocott B.J.	644	Harding A.E.	121
Grogan J.B.	530	Harding D.M. Ms.	312
Grogan J.T.	505	Harding K.	239
Groucott A.T.	603	Harding-Price D.	371
Ground R.P.	244	Hardman W.	071
Grower B.B.	077	Hards C.G.	520
Grylls W.M.J.	560	Hardstaff V.M. Ms.	510
Gummer J.S.	554	Hardy A.J.W.	340
Gunnell J.	358	Hardy G.A.	516
Gunstock A.	248	Hardy P.	615
Guthrie J.A.	362	Hargrave R.	413
Guy-Moore I	611	Hargreaves A.R.	052
Gwinnett M.	633	Hargreaves J.K.	329
Hadden P.	040	Harman H. Ms.	455
Haddow J.M. Ms.	169	Harman J.A.	151
Hadley G.W.	625	Harper R.C.M.	221
Hagan S.C.G.	053	Harris C.M.	514
Hagel J.W. Ms.	193	Harris C.P.	393
Hagenbach K.M.	471	Harris D.A.	500
Hague W.J.	481	Harris E.B.A. Ms.	206
Hain P.G.	415	Harris J.W.	553
Hale S.L.	289	Harris L.M.	545
Hall A. Ms.	291	Harris M. Ms.	001
Hall C.L.	017	Harris N.	483
Hall M.G. Ms.	074	Harris P.R.B.	416
Hall M.T.	606	Harris R.J.	113
Hall P.	036	Harris R.O.	009
Hall R.	518	Harrison A.E. Ms.	462
Hall R.J.E.	417	Harrison D.G.	438
Halliday R.N.F.	239	Harrison G.	303
Halliwell G.J.	318	Harriss P.E.	632
Hallmark C.G.	635	Harrod A.R.A.	603
Halom V.L.	556	Harrow C.T.A.	246
Hamilton A.G.	234	Harskin M.	086
Hamilton F.	356	Hart P.G.	180
Hamilton I. Ms.	132	Hartley M.K.F. Ms.	581
Hamilton M.N.	568	Hartropp S.J.	181
Hamilton S. Ms.	408	Hartshorne J.P.	313
Hammond P.J.	098	Hartshorne M.	116
Hampson C.J.	189	Harvey G.G.	311
Hampson K.	357	Harvey N.A.L.	324
Hamza S.J. Ms.	295	Harvey N.B.	186
Hancock M.T.	468	Harvey W.A.	147
Hancox C.V. Ms.	568	Haselhurst A.G.B.	496
Hankey A.M.A.	562	Haswell D.B.L.	591
Hankin A.	550	Hatchard A.R. Ms.	563
Hankinson P.C.D.	211	Hatchard G.D.	234
Hankon A.B.	284	Hatfield S.M.	091
Hanley J.J.	480	Hattersley R.S.G.	059
Hannam J.G.	238	Haughey D.	587

Hawkins G.F.J.	624	Hersey R.G. Ms.	336
Hawkins J.A.	368	Heseltine M.R.D.	306
Hawkins L.F. Ms.	167	Hesford S.	555
Hawkins N.J.	065	Hess E.J.W.	623
Hawkins R.J.	517	Hetherington D.	045
Hawksley P.W.	284	Hewson M.G.	579
Hawthorne T.W.	139	Hicks M.P. Ms.	633
Hayden F.E.	600	Hicks R.	157
Hayes J.H.	182	Higgins C.J.	380
Hayes J.J.J.	293	Higgins J.	267
Hayes M.P.	496	Higgins T.L.	643
Hayes N.J.	571	Hiley J.D.	275
Hayes S.	040	Hill A.A.B. Ms.	159
Hayhurst R.M.	560	Hill C.J.G.	211
Haynes G.O. Ms.	093	Hill D.J.	304
Haynes T.P.	074	Hill J.S.A.	523
Hayward R.A.	346	Hill S. Ms.	592
Hayward S.J.E. Ms.	637	Hill T.K.	550
Headicar R.	316	Hills N.C.	035
Headley C.L.B. Ms.	016	Hilton L.R. Ms.	330
Heal S.L. Ms.	533	Hinchliffe D.M.	593
Heald O.	309	Hind K.H.	351
Healey J.	495	Hinde J.R.	620
Healy M.G.	197	Hirst M.W.	549
Heaney R.J.	619	Hite W.R.	078
Heath D.	521	Hoban M.F.	244
Heath E.R.G.	446	Hobbs A.R.	249
Heathcoat Amory D.P.	613	Hobhouse W.S.	391
Heaton R.L.H.	460	Hockey Y. Ms.	560
Hedges T.P.E.	098	Hodgson J.R.T.	522
Hein J.	583	Hodgson T.E.	554
Hemming J.A.M.	060	Hodkin P.D	562
Hemsley K.A.	516	Hoey C.L. Ms.	592
Henderson D.J.	421	Hogarth G.G.	331
Henderson K.	482	Hogg D.M.	275
Henderson M.D.	264	Hogg N.	169
Henderson T.	393	Holdroyd T.C. Ms.	354
Hendron J.G.	041	Hole L.J. Ms.	569
Hendry C.	315	Holland A. Ms.	175
Hendry L.M. Ms.	226	Holland C.J.	198
Henfrey A.W.	043	Hollands M.C.P.H. Ms.	232
Henig R.B. Ms.	352	Holmes A. St.J.	439
Hennell P.G.	394	Holmes N.M. Ms.	479
Hennessy J.A.	288	Holmes P.A. Ms.	340
Henniker-Major L.A. Ms.	553	Holmes P.T.	241
Henning D.	065	Holmes S.T. Ms.	076
Hepburne Scott J.P.	217	Holt E.J. Ms.	644
Heppell J.	441	Home Robertson J.D.	217
Heppell J.P.	275	Hood E.C. Ms.	204
Herbert G.E.S.	143	Hood J.	148
Herbison D.	170	Hook D.	610
Herley S.	286	Hoon G.W.	015
Hersey M.K.	316	Hope A.	571

Hope P.I.	342	Humberstone J.C.	352
Hope S.N.	051	Hume J.	250
Horam J.R.	450	Hunt D.J.F.	629
Hordern P.M.	321	Hunt H.M. Ms.	282
Horne J. Ms.	524	Hunt J.L.	472
Horne-Roberts J. Ms.	316	Hunter A.R.F.	028
Horner S.A.	570	Huntington J.G.	504
Horswell J.	179	Hurd D.R.	630
Horton G.T.A.W.	489	Hurford R.E.	510
Horton R.E. Ms.	130	Hurlstone T.E.	588
Horvath J.I.R. Ms.	576	Hurren T.J.	294
Horwood M.C.	451	Huscroft M.J.	595
Hosie S.	347	Hutchinson H.	587
Hossack R.L. Ms.	411	Hutchinson R.T.	558
Hosty J.G.	151	Hutton J.M.P.	026
Hough J.D.	317	Hyams M. Ms.	160
Houston W.	240	Hyde J.R.G.	627
Howard G.W.B.	359	Hyland D.E.	508
Howard J.L.	529	Hyslop F.J. Ms.	223
Howard J.W.	513	Hywel-Davies J.	609
Howard M.	249	Ibbs R.M.	546
Howarth A.T.	548	Illsley E.E.	023
Howarth D.R.	112	Ingham R.V.	145
Howarth G.E.	348	Ingram A.	215
Howarth J.G.D.	116	Ingram F.J.	389
Howe G.E.	557	Irvine M.F.	333
Howell D.	299	Irving B.J.R.	309
Howell D.A.R.	281	Irwin A.P.	292
Howell I.R.	285	Irwin G.	481
Howell R.F.	430	Jack J.M.	252
Howells G.W.	127	Jackson E.J. Ms.	465
Howells K.S.	465	Jackson G.M. Ms.	291
Howes M. Ms.	497	Jackson H.M. Ms.	512
Howitt L.H. Ms.	624	Jackson J.L. Ms	136
Howson M.C.	534	Jackson J.M. Ms.	386
Hoyle E.D.H.	605	Jackson M.J.	609
Huddart J.R.W.	646	Jackson P.	277
Hudson M.	100	Jackson R.V.	602
Hughes C Ms.	252	Jackson W.T.	171
Hughes D.E.	153	Jacques N.	092
Hughes G.	147	Jago D.M.	265
Hughes J.	158	James M.S.	573
Hughes J.M-J. Ms.	123	James P.E.	090
Hughes J.V.	567	James T.D.R.	069
Hughes K.M.	190	Jamieson D.C.	461
Hughes M.J.	400	Jamieson F.M. Ms.	236
Hughes P.J.	078	Jani C.I.	086
Hughes R.	002	Janke B. Ms.	558
Hughes R.G.	296	Janman T.S.	574
Hughes R.G.M.	049	Janner G.E.	362
Hughes R.J.	426	Jardine D.M.	486
Hughes S.	318	Jarvie T.H.	120
Hughes S.H.W.	530	Jebb C.R. Ms.	534

Jeffers S.T.	390	Jopling T.M.	621
Jenkin B.C.	149	Jordan F.R.	156
Jenking R.E.	452	Jordan R. Ms.	401
Jenkins B.D.	536	Jowell T.J.H.D. Ms.	200
Jenkins I.C.	198	Jug T.	424
Jenkinson S.M. Ms.	430	Jump H.S. Ms.	499
Jenks P.J.	626	Kaplan E.S.	333
Jessel T.F.H.	584	Kaplan F.B. Ms.	554
Jevons M.	191	Kaufman G.B.	393
Jewkes E.B. Ms.	228	Kavanagh-Dowsett M.T.M.P. Ms.	403
Johns C.M. Ms.	137	Keane K.J.M.	232
Johnson C.V.	138	Keating L.M.	581
Johnson D.P.	086	Keelan P.J.	427
Johnson L.A.	235	Keen A.	244
Johnson R.P.	143	Keen A. Ms.	087
Johnson S.A. Ms.	248	Keene C.R.	525
Johnson Smith G.	611	Keith I. Ms.	003
Johnson Y.E. Ms.	210	Kellaway A.J.	425
Johnston P.J.B.	381	Kellett-Bowman Dame M.E.	352
Johnston R.	332	Kelly H.W.	404
Johnston T.R.	169	Kelly J.E. Ms.	307
Johnstone R.A.	621	Kelly J.M.	568
Jolicoeur D.	257	Kelly M.F.D.	620
Jones A.F. Ms.	323	Kelly P.J.	561
Jones A.G.	441	Kelsey S.E.	044
Jones A.L.	089	Kember P.A.	397
Jones A.M.	114	Kemp P.	304
Jones C. Ms.	589	Kemp P.A. Ms.	389
Jones D.	025	Kemp R.C. Ms.	021
Jones E.L.	146	Kennedy C.P.	486
Jones E.V.	227	Kennedy J.	022
Jones F.A.	546	Kennedy J.E. Ms.	375
Jones F.E.A. Ms.	253	Kennedy L.	196
Jones G.G.	307	Kennedy M.F.	041
Jones G.H.	119	Kennedy M.P.	391
Jones H.M. Ms.	337	Kennedy R.A.	571
Jones H.T.	102	Kent B.	452
Jones I.W.	650	Kenwright S.N.	651
Jones J.O.	118	Kenyon J.M. Ms.	324
Jones L.C.	597	Keohane J.F.	088
Jones L.M. Ms.	057	Ketteringham A.	133
Jones M.D. (LD)	648	Kettyles D.	245
Jones M.D. (Lab)	146	Key S.R.	502
Jones M.V.	336	Khabra P.S.	212
Jones N.D.	131	Khamisa M.J.	059
Jones R.B.	311	Khan A.G.	592
Jones R.O.	650	Khilkoff-Boulding R.E.B.	276
Jones R.P. (Green)	386	Kidney D.N.	532
Jones R.P. (NF)	578	Kiely J.F.	095
Jones S.B.	007	Kilfedder J.A.	196
Jones S.N.	528	Kilfoyle P.	379
Jones T.L. Ms.	241	Kilpatrick I.T.	559
Jopling N.M.F.	504	King J.	527

Name	Page	Name	Page
King M.	515	Lawrence P. Ms.	393
King R.D.	055	Lawson I.	454
King T.J. (Green)	321	Lawson R.H.	622
King T.J. (Con)	090	Laxton R.	180
Kingzett B.	274	Lazarowicz M.J.	224
Kinnock N.G.	337	Leadbetter J.B. Ms.	146
Kinzell C.	325	Leadbetter P.D.N.	140/252
Kirk I.M.	537	Leavey P.A.	569
Kirkham K. Ms.	543	Lee B.	538
Kirkhope T.J.R.	356	Lee B.D.	636
Kirkwood A.J.	490	Lee D.J.	149
Kirsen N.E. Ms.	636	Lee D.S.	071
Kirton E.T.	064	Lee J.R.L.	457
Kitson I.A. Ms.	226	Leedham A.E. Ms.	531
Knapman R.M.	552	Leeke M.L.	113
Knifton R.J. Ms.	636	Leeman J.A.	091
Knight A.A. Ms.	235	Legg B.C.	404
Knight Dame J.C.J.	050	Legg R.A.S.	194
Knight G.	180	Leigh E.J.E.	253
Knight R.	298	Leighter H.F. Ms.	248
Knowles M.	441	Leighton M.C.	440
Knowles N.	640	Leighton P.L.	598
Knox D.L.	534	Leighton R.	423
Knox R.T.	225	Lennox J.A.	557
Kortvelyessy N. Ms.	130	Lennox-Boyd M.A.	412
Kotz J.	496	Lepper D.	094
Koumi L.M.A.W. Ms.	176	Leslie G.	265
Kras D. Ms.	201	Leslie J.	305
Kremer A.L.	132	Leslie S. Ms.	347
Kumar A.	353	Leslie S.A.	171
Kutapan N. Ms.	520	Lester J.C.	295
Kynoch G.A.B.	344	Lester J.T.	101
L'Estrange A.S.	580	Lestor J. Ms.	219
Lahiff A.P.	064	Lettice D.J.	414
Laidlaw S.G. Ms.	454	Letwin O.	291
Lait J.A.H. Ms.	299	Leverett E.C.	610
Laker J.	646	Levitt T.	315
Lamb N.P.	430	Levy P.	471
Lambert C.N.D.	279	Lewin M. Ms.	062
Lambert J.D. Ms.	598	Lewis G.	199
Lambert S.	490	Lewis G.S.	398
Lamont N.S.H.	345	Lewis N.	316
Lang I.B.	254	Lewis P.G.	135
Lang J.	379	Lewis T.	642
Langridge B.D. Ms.	114	Lewsley H.	350
Langstaff D.	641	Ley N.J.	317
Lappin K.M. Ms.	348	Liddell-Grainger C.M.	585
Larkin P. Ms.	278	Liddle R.J.	309
Larkins H.R. Ms.	437	Lidington D.R.	018
Law A.S.	281	Light R.C.	190
Lawman S.J. Ms.	440	Lightbown D.L.	536
Lawrence I.J.	104	Lilley P.B.	497
Lawrence M.E. Ms.	506	Lillis J.B. Ms.	107

Lincoln S.I. Ms.	062	Lustig R.E.	494
Lind G.	215	Lyell Sir N.W.	035
Lines E.A. Ms.	546	Lynch A.M. Ms.	498
Lines P.D.M.	532	Lynch B.T.	524
Lines R.J.M.	418	Lynch S.	039
Ling G.J.	219	Lynn P.J.T.	040
Litherland R.K.	392	Lynne E. Ms.	482
Little A.J.	301	Lyon D.W.	220
Little R.A.	614	Lyons F.A.	461
Little T.M. Ms.	205	Mabbutt G.A.G.	436
Livingstone K.R.	084	Mabey S.J.	348
Livney K.R. Ms.	232	MacAlister C.D.	302
Livsey R.A.L.	083	MacAskill K.W.	373
Lloyd A.	141	MacCormick D.N.	013
Lloyd A.J.	551	MacDonald C.A.	619
Lloyd D.R.	566	MacDonald J.T.	486
Lloyd J.N.	238	MacFarlane F.M. Ms.	619
Lloyd J.V.	205	MacGregor J.R.R.	432
Lloyd L. Ms.	305	MacGregor K.	110
Lloyd P.R.C.	242	MacIntyre T.A. Ms.	631
Llwyd E.	398	MacKenzie G.	250
Lock K.H.	474	MacKinlay A.S.	574
Lockwood A.E. Ms.	514	MacKinlay C.	257
Lofthouse G.	464	MacRae S. Ms.	266
Logan A.F.H. Ms.	389	Macartney W.J.A.	344
Lomax K.J.	199	Macdonald M.	240
Long G.D.	443	Macdonald P.I.	618
Long H.S. Ms.	096	Maciejowska J.S.M. Ms.	480
Longworth M.C. Ms.	388	Mackay A.J.	042
Lopez A.E.	519	Mackay C. Ms.	292
Lorber P.	085	Mackechnie W.	201
Lord C.R.	031	Mackie A.G.	414
Lord J.B.R.	616	Mackie J.A.	144
Lord M.N.	553	Mackintosh H.F.D.	381
Lorys M.J.	035	Maclean D.J.	458
Loughton T.P.	508	Maclennan R.A.R.	110
Love A.M.	227	Maclennan T.A.S.	570
Lownie A.J.H.	408	Macrae J.D.	248
Lowry A-M. Ms.	350	Mactaggart J.L. Ms.	185
Lowry J.	041	Mactaggart M.	461
Loyden E.	376	Madden M.F.	081
Lucas C. Ms.	451	Maddock D.M. Ms.	523
Lucas D.	497	Madel W.D.	037
Lucas E.T. Ms.	614	Maden R.	648
Lucas J.R.	420	Maelor-Jones M.	493
Lucas L.	283	Maginness A.	039
Lucker V.J.	482	Maginnis K.	245
Ludford S.A. Ms.	335	Mahaldar A.S.K.	360
Luff P.J.	638	Mahon A. Ms.	285
Lukehurst D.	101	Maines C.S.	450
Lumsden A.	402	Mainwaring S. Ms.	108
Lundgren W.E. Ms.	556	Maitland O.H. Ms.	563
Luscombe H.M.	461	Major J.	328

Malik K.	057	Marwick T. Ms.	246
Malins H.J.	167	Marx P.J.R.	437
Mallon S.	428	Mason B.O. Ms.	385
Mallone R.S.	280	Mason C.M.	263
Malone P.G.	626	Massey W.	320
Maltman D.L.	477	Mates M.J.	289
Manclark G.F.	225	Matthews T.F.	319
Mandelson P.B.	297	Matthissen J.E.	553
Mander A.M. Ms.	359	Mattingly C.T.	307
Mann C.J.	083	Maude F.A.A.	608
Mann D.E.	063	Maughan P.J.	421
Mann H.	281	Mawhinney B.S.	460
Mann J.P.B.	194	Mawle A. Ms.	485
Mans K.D.R.	647	Maxton J.A.	259
Manson C.D.	282	May T.M. Ms.	209
Manson S.P.	021	Mayall M.N.A.	451
Mansour G.E. Ms.	368	Mayhew Sir P.B.B.	582
Maples J.C.	369	McAllion J.	203
Mapp P.G.D.	519	McAllister L.J. Ms.	445
Marek J.	645	McAlorum K. Ms.	215
Marjoram A.C. Ms.	248	McAuley J.C.	311
Markham J.P.	231	McAvoy T.	267
Markless R.H.	345	McBride D.I.	187
Marks J.	164	McCabe D.M.	009
Marland P.	271	McCanlis D.	030
Marlow A.R.	435	McCarry J.K.	011
Marquand C.N.H.	173	McCarthy K.	547
Marriott R.M.	412	McCartin E. Ms.	453
Marsden G.	065	McCartney I.	390
Marsden J. Ms.	188	McClelland D.	012
Marsh J.T.	433	McCormick P.M.	449
Marsh J.W.	114	McCracken R.H.J.	280
Marshall D.	268	McCrea R.T.W.	587
Marshall G.P.B.	603	McCreadie R.A.	225
Marshall H.	118	McCubbin A.M. Ms.	473
Marshall J.	361	McCullough J.	279
Marshall J.L.	305	McDonagh S.A. Ms.	405
Marshall R.M.	014	McDonnell A.	040
Marshall-Andrews R.G.	397	McDonnell J.M.	301
Martell A. Ms.	502	McElduff B.	587
Martienssen D.S.	624	McFall J.	201
Martin C. Ms.	577	McGarvey K.	542
Martin D.J.P.	468	McGinty C.P.	230
Martin E. Ms.	395	McGowan P.J.	383
Martin G.C.	563	McGrady E.	197
Martin J.	332	McGrath C.F.L.	105
Martin J. Ms.	033	McGrath D.A.	052
Martin M.J.	269	McGrath E.P. Ms.	298
Martin N.	207	McGugan J.A.	002
Martin P.C.	221	McGuinness M.	250
Martin T.R.	285	McHallam A.J.	316
Martlew E.A.	122	McIlroy L.A. Ms.	250
Martyn J.D.F.	471	McIntosh G.	414

Name	Page	Name	Page
McKay T.	217	Miller S.	269
McKee V.J.	158	Milligan S.D.W.	216
McKelvey W.	343	Mills D.	089
McKenna K.A.	395	Mills I.C.	399
McKenzie W.D.	387	Millward G.R.	507
McKenzie-Hill J.S. Ms.	197	Miners A.J.	584
McKerchar J.	254	Miszewska A.K.L. Ms.	256
McKie F. Ms.	449	Mitchell A.J.B.	256
McKinney D.	222	Mitchell A.V.	277
McLaughlin J.	587	Mitchell D.B.	290
McLeish H.B.	246	Mitchell I.G.	169
McLeod C.A.	009	Mitchell J.M. Ms.	287
McLeod G.W.S.	202	Mitchell N.R.	608
McLoughlin P.A.	184	Mitchell P.D.	393
McManus R.C.	140	Mitchell S.A. Ms.	360
McManus T.P.	039	Mitchell T.A.F.	300
McMaster G.	454	Mitchell V.C. Ms.	392
McNair A. Ms.	280	Mitchison N.	619
McNair-Wilson P.M.E.D.	422	Moate R.D.	243
McNally M.E. Ms.	311	Moffatt L.J. Ms.	162
McNamara J.K.	326	Moher J.	085
McNulty A.J.	295	Mole C.M.V. Ms.	099
McWalter T.	386	Molloy F.	245
McWhirter J.	361	Molloy S.P.	315
McWilliam J.D.	067	Molyneaux J.H.	350
Meacher M.H.	448	Mond G.S.	396
Meacock R.	480	Money M.C.	228
Meadowcroft A.P.	326	Monk P.D.	554
Meadowcroft M.J.	359	Monro H.S.P.	202
Meadowcroft R.S.	188	Montgomery J.A.	040
Meads H.S.	564	Montgomery W.F.	006
Meale J.A.	396	Moonie L.G.	347
Mears M.L.	149	Moore N.P.	251
Megson V. Ms.	303	Moore P.	511
Melding D.R.M.	066	Moraes C.A.	296
Mellor D.	453	Moran M. Ms.	125
Mellor D.J.	471	Morgan A.N.	202
Menhinick C.N.	394	Morgan H.R.	121
Mercer G.L.	286	Morgan J. Ms.	119
Mercer T.W.	183	Morgan R.M.C.	602
Merchant P.R.G.	034	Morley E.A.	258
Meredudd S.R. Ms.	083	Morrell P.M.	272
Merritt P.R. Ms.	444	Morrice I.D.	402
Metcalfe J.	458	Morrilly J.H.	323
Michael A.E.	120	Morris A.	395
Michaelis J.M.	523	Morris B.H.	351
Michie R. Ms.	013	Morris C.	072
Michie W.	511	Morris D.S.	161
Micklem A.C. Ms.	238	Morris E. Ms.	060
Milburn A.	174	Morris G.R.J.	300
Miller A.F. Ms.	048	Morris J.	001
Miller A.P.	228	Morris J.A. Ms.	399
Miller M.D.	496	Morris M.W.L.	436

Morris P. Ms.	447	Newsome B.	476
Morrish D.J.	575	Newton A.H.	082
Morrison A.H.	545	Nicholls P.C.M.	571
Morrison J.	201	Nicholls-Jones P.	478
Morrison W.	287	Nicholson D.J.	569
Morrow A.J.	196	Nicholson E.H. Ms.	187
Morse J.	119	Nicholson H.P.	129
Mort T.S.R.	537	Nicolle D.J.	446
Mortimer N.R.	268	Nicolson I.H.	025
Moss M.D.	113	Nimmo A.	477
Mouland I.J.	472	Noble J.	356
Mowlam M. Ms.	475	Norman F.M. Ms.	365
Moynihan C.B.	368	Norman G.L. Ms.	283
Muddyman P.K. Ms.	104	Norris D.	600
Mudie G.E.	355	Norris J. Ms.	437
Mulholland J.H.	006	Norris S.J.	233
Mullan T.M.M. Ms.	040	Nottingham C.	258
Mullin B.A. Ms.	019	Nowosielski N.A.B.	357
Mullin C.J.	557	Noyce C.D.	296
Mullin R.	453	Nunn P.	067
Munro A.	175	O'Brien A.	233
Murat E.	460	O'Brien J. Ms.	509
Murphy A.G. Ms.	084	O'Brien M.	608
Murphy P.P.	579	O'Brien P.J.	264
Murphy S.F.	635	O'Brien R.	032
Murray D.E.	622	O'Brien W.	434
Murray L.A. Ms.	042	O'Donnell J.	038
Murray P.J.	348	O'Hara B.	260
Murray S.W.	233	O'Hara E.	349
Myles A.B.	221	O'Leary D.	039
Nandhra P.K. Ms.	212	O'Neill M.A. Ms.	576
Nandkishore B.	331	O'Neill M.J.	144
Napier C.R. Ms.	624	O'Neill T.A.J. Ms.	367
Naseem M.	080	O'Rourke M.R.	590
Nash R.A.	014	O'Sullivan D.A.	424
Nasr M.H.	079	O'Toole S.G.	469
Naysmith J.D.	096	Oakes G.J. (LD)	238
Neale C.A. Ms.	641	Oakes G.J. (Lab)	286
Neale E. Ms.	369	Oaten M.	609
Neale G.A.	156	Obomanu M. Ms.	580
Needham R.F.	624	Oddy B.J.	319
Needle C.J.	432	Oldaker V.J. Ms.	028
Neeson S.	010	Oldbury J.D.	597
Neil A.	343	Oliver W.A.	426
Nellist D.J.	160	Ollerenshaw E.	314
Nelson D.	197	Olner W.J.	444
Nelson R.A.	136	Onley N.M.	180
Nelson S.B. Ms.	452	Onslow C.G.D.	631
Nelson V. Ms.	649	Opik L.	419
Neubert M.J.	484	Oppenheim P.A.C.L.	008
Newall T.S.	379	Organ D.M. Ms.	271
Newby R.	607	Orme S.	501
Newman D.	561	Orr P.A. Ms.	304

Orr P.S. Ms.	651	Pawley A.	463
Orr W.G.	261	Pawley P.J.	351
Orrell J.K.	338	Pawsey J.F.	491
Orskov J.P. Ms.	268	Paxton W.	258
Osborne A.G.	019	Payne C.D. Ms.	550
Osborne D.	057	Peacock E.J. Ms.	031
Osbourne D.R.	345	Peacock J.A.	062
Oswald J.	287	Peacock R.W.	432
Ottaway R.G.J.	168	Pearce B.A. Ms.	357
Otten G.N.	395	Pearce D.A.	228
Oubridge G.E.	566	Pearce S.N.C.	078
Overall E.J. Ms.	093	Pearce T.H.	094
Owen D.A.	318	Pearcey J. Ms.	177
Owen E. Ms.	516	Pearson C.A.	150
Owen G.G.V.	146	Pearson K.	334
Owen N.J.	501	Pearson R.	285
Owen P.	632	Pearson S.J.	111
Owens J. Ms.	460	Peat C.A.	532
Owens P.J.	577	Peckham S. Ms.	573
Owens T.	587	Pendry T.	537
Page A.W.	646	Penlington G.N.	536
Page M.E. Ms.	433	Penn C.A. Ms.	388
Page R.L.	310	Penn M.S.	302
Page T.A.	142	Percy C.F.	195
Paget-Brown N.	191	Perrin K.R.	158
Paice J.E.T.	114	Perry R.J.	566
Paine E.	136	Perry R.V.	647
Paisley I.R.K.	011	Perry W.J.	213
Palmer A. Ms.	010	Pervez K.	370
Palmer C.R.	271	Pescod P.R.	067
Palmer D.L.	119	Petchey A.R.K.	126
Palmer H. Ms.	467	Petter S.	078
Palmer M.E.	299	Philbrick K.H.R. Ms.	343
Paris M.C. Ms.	124	Phillips D.M.	382
Parker G. Ms.	473	Phillips G.D.	642
Parker R.G.	614	Phillips I.D.	385
Parker W.	558	Phillips J.A.	289
Parry D.J.	059	Phillips J.L. Ms.	572
Parry R.	378	Phillips J.R. Ms.	072
Parry R.E. Ms.	398	Phillips K. Ms.	540
Parry S.M. Ms.	650	Phillips M.	415
Parsons B.A.	439	Phillips M.S. Ms.	299
Parsons H.N.	410	Phillips N.D.	097
Parsons J.V.	550	Philp B.J.	195
Patchett T.	024	Philpott H.L.	109
Paterson D.J.	263	Philpott T.P.J.G.	056
Paterson M.B.	150	Pickles E.J.	088
Paterson N.L.	164	Pickthall C.	351
Paterson O.W.	645	Pickup R.	479
Patnick C.I.	510	Pidcock D.M.	081
Patten C.F.	030	Pike P.L.	103
Patten J.H.C.	452	Pilgrim J.W.	613
Pattie G.E.	132	Pindar M.J.	550

Pink S.R.A.	431
Pinkerton J.B. Ms.	346
Pinniger J.R.	017
Pitt W.H.	573
Pitt-Aikens T.	210
Plane A.S.	306
Planton A.W.	598
Plaskitt J.	630
Platt T.S.	191
Plummer D.	523
Pollard A.K. Ms.	555
Pollard K.P.	497
Pollard N.P.J.	220
Pollock J. Ms.	521
Popat S.	080
Pope G.J.	329
Porter C.A.	016
Porter D.J.	610
Porter G.B.	628
Porter J.A.	272
Porter S.R.	454
Portillo M.D.X.	232
Potter J.R.	027
Powell M.W.	179
Powell R.	445
Powell R.G.J.	537
Powell W.R.	155
Powis A.R.	596
Poyzer D.J.	537
Pratt D.	354
Preece A.	529
Prentice B.T. Ms.	368
Prentice G.	457
Prescott J.L.	325
Price A.	274
Price A.R.	619
Price K.A.	115
Priest R.	018
Priestley B.C.	599
Priestley N.J.	151
Primarolo D. Ms.	097
Pringle A.J.	241
Pringle T.J.	462
Prior M.J.	121
Prisk M.	424
Pritchard W.A.	398
Prochak S.M. Ms.	046
Procter J.M.	024
Prosser G.M.	195
Prosser R.D.	291
Prus J.L.	046
Pryce C.J.	336
Pullen N.A.	544
Purchase K.	633
Purse P.A. Ms.	033
Putman R.C.	154
Pym C.	404
Quick A.O.H.	157
Quin J.G. Ms.	255
Quinn D.	483
Raca A.	530
Radford S.R.	375
Radice G.H.	208
Rae D.C.	224
Rae J.A.	228
Rae J.C.B.	551
Raiano D.J. Ms.	379
Raiano M.	349
Rammell W.E.	293
Ramsay W.W.	589
Randall S.J.	327
Randerson J Ms.	118
Ranson E.M. Ms.	062
Rapson S.N.J.	468
Rathbone J.R.	366
Raven J.R.	149
Rayner P.R.	401
Rayner V.A. Ms.	618
Raynsford W.R.N.	280
Rea D.J.	531
Read P. Ms.	060
Reaper D.	286
Reay J.A. Ms.	237
Redden G.F.	038
Redfern J.P.	545
Redmond M.	191
Redpath M.R. Ms.	039
Redwood J.A.	632
Reed A.J.	384
Reeve A.	271
Reid A.	454
Reid C. Ms.	624
Reid G.C.	219
Reid J.	413
Reilly A.A.	539
Reilly M.J.	240
Reilly P.F.	351
Rendel D.D.	417
Rendell M.D.	131
Rennie A.N.	260
Rennie P.R.	202
Renold R.C.	104
Renson D.A. Ms.	014
Renton R.T.	562
Renwick J.C.	006
Revans W.J.	090

Revell M.J.	068
Reynolds K.A.	596
Reynolds M.J.	029
Reynolds P.	384
Reynolds S.	005
Rhodes B.C.	575
Riaz M.	079
Rice P.J.	350
Richards D.	493
Richards H.W.	083
Richards J.W.	478
Richards P.R. Ms.	030
Richards R.	145
Richardson D.J. Ms.	165
Richardson G.P.	326
Richardson J. Ms.	022
Richardson R.C.	503
Richling J.H.	237
Richmond I.	139
Riddick G.E.G.	151
Ridley H.F.	179
Rifkind M.L.	224
Rigby B.P.	377
Riley J.J.	007
Ripley J.D	185
Risbridger J.O.	649
Ritchie K.G.H.	034
Rizvi M.B.A	223
Rizz C.	291
Roads F.M.	601
Robathan A.R.G.	062
Robb G.M.	297
Roberts C.W.	376
Roberts I.W.P.	153
Roberts J.R.	153
Roberts P.D.	576
Roberts R.D.C.	531
Robertson G.I.M.	287
Robertson L.A.	015
Robertson R.S.	003
Robertson W.B.	540
Robertson-Steel I.R.S.	050
Robinson D.E.	134
Robinson D.H.	004
Robinson G.	159
Robinson M.N.F.	521
Robinson M.P.	552
Robinson N.E. Ms.	122
Robinson P.D.	038
Robinson R.E. Ms.	372
Robson T.J.	341
Roche B.M. Ms.	320
Roche F.D.	247
Roche H.L. Ms.	375
Rockall A.G.M.	464
Roderick C. Ms.	615
Rodgers B. Ms.	589
Roe M.A. Ms.	100
Roffe M.W.	155
Rogers A.C.	610
Rogers A.H.	135
Rogers A.R.	478
Rogers C.W.	574
Rogers D.	387
Rogers J.D.	007
Roles G.M. Ms.	559
Rolfe M.J.	459
Rollings P.J.	037
Ronson B.O. Ms.	072
Roodhouse J.M.	491
Rooker J.W.	056
Rooney T.H.	079
Rose B.	446
Rosindell A.R.	266
Ross E.	204
Ross J.D.	101
Ross P.W.	407
Ross W.	383
Ross-Mills J. Ms.	140
Ross-Smith A.G.	381
Ross-Wagenknecht S. Ms.	432
Rossiter D.P.	173
Rosta J.M. Ms.	362
Roughan R.G.	548
Rounthwaite A.S.	176
Rowe A.J.B.	341
Rowe G.	156
Rowe L.A.	210
Rowland R.P.J.	400
Rowlands E.	400
Rowlands G.P.	650
Roylance C.W.	441
Ruane C.S.	145
Ruben V.	348
Ruddock J.M. Ms.	367
Ruhemann P.M.	474
Rumbold A.C.R. Ms.	405
Rumming J.A.S.	030
Russell M.G.	273
Russell N.R.	076
Russell-Swinnerton I.J.	306
Ryan D.L.	464
Ryder R.A.	429
Sackville T.G.	072
Sadler I.L.	535
Sainley Berry P.G.	456

Sainsbury T.A.D.	323	Shabbeer M.T.	149
Salmon H.S. Ms.	168	Sharma V.	284
Salmon J.C.N. Ms.	087	Sharp M.L. Ms.	281
Salmond A.	021	Sharp R.	540
Sample P.W.L.	502	Sharpe D.J.	453
Samuel M.R.L.	168	Sharratt J.M. Ms.	318
Samways J.P.E.	440	Shaw A. Ms.	310
Sanders A.M.	578	Shaw D.	547
Sanderson H.G.H.	599	Shaw D.L.	195
Sandford A.J. Ms.	424	Shaw J.A.	044
Sangar A.P.	509	Shaw J.G.D.	470
Sanson G.F. Ms.	090	Shaw P.J.	034
Saunders A.J.	548	Sheaff L.R.	102
Saunders D.N.	541	Sheehan M.G.	492
Saunders D.W.J.	001	Sheerman B.J.	324
Saunders K.J.	241	Sheldon R.E.	017
Saunders P.A Ms.	361	Shelton Sir W.J.M.	550
Saunders R.T.C.	644	Shephard G.P. Ms.	433
Savidge M.K.	344	Shepheard D.	328
Saville A.J.	412	Shepheard J.W.	472
Sawday G.A.	098	Shepherd C.R.	307
Sawdon A.J.	424	Shepherd D.G.	372
Sawford P.A.	612	Shepherd P.A. Ms.	592
Sawyer G.	025	Shepherd R.C.S.	005
Sayeed J.	095	Sheppard T.	107
Saywood A.M.	258	Sheridan J.B.	411
Scanlon M.E. Ms.	247	Sheridan T.	265
Scholefield A.J.E.	345	Sherlock N.R.	561
Scobie D.S.	222	Sherred P.W.	195
Scott A.M. Ms.	314	Shersby J.M.	590
Scott J.	332	Shields E.L. Ms.	495
Scott J.E. Ms.	333	Shirley C.K.	340
Scott J.L.	261	Shore P.D.	044
Scott J.M.	543	Short C. Ms.	054
Scott M.J.	278	Short D.C.	365
Scott N.P.	130	Shrewsbury M.J.	566
Scott P.	218	Shutler M.J.	422
Scott P.D.	093	Shutt D.T.	470
Scott R.B.	019	Sibley E.A. Ms.	208
Scott R.J.	330	Siddelley J.E.	534
Scott-Hayward M.D.A.	206	Siegle L.E. Ms.	192
Scouler T.	557	Sillars J.	262
Seckleman H.A	328	Silvester B.G.	163
Sedgemore B.C.J.	283	Simmerson R.E.G.	649
Seekings G.K.	162	Simmons C.	497
Seibe A.I. Ms.	210	Simmons C.H. Ms	186
Selby P.J.S.	586	Simon P.G.	632
Senior D.	023	Simpson A.	443
Senior D.M.	247	Simpson E.A. Ms.	159
Sewards G.B.	161	Simpson I.N.	339
Sewell J.M.	270	Simpson K.R.	461
Sewell P.L.	402	Simpson M.S.	290
Sexton S.E.	641	Simpson P.M.	050

Sims R.E.	139	Soley C.S.	288
Simson M.J.H.	403	Solly G.E. Ms.	227
Sinclair G.S.	323	Somerville L.J. Ms.	526
Sinclair I.	384	Souter D.N.	312
Sinton J.R.	154	Southcombe M.J.	520
Sked A.Dr.	030	Southworth H.M. Ms.	628
Skeet Sir T.H.H.	036	Sowler T.R.H.	011
Skelton A.	442	Spaven D.	262
Skinner D.E.	069	Spearing N.J.	425
Skinner M.D.	611	Spearman A.M.	204
Slade A.C.	554	Speed F.M. Ms.	139
Slater R.E.G.	161	Speed H.K.	016
Slatter P.G.	057	Speers J.A.	428
Slaughter B. Ms.	267	Spellar J.F.	604
Slowey J.E. Ms.	052	Speller A.	186
Small J.D.	280	Spelman C.A. Ms.	029
Smith A.D.	451	Spenceley L.H. Ms.	293
Smith A.M.	172	Spencer B.T.	499
Smith C.	143	Spencer D.H.	094
Smith C. Ms.	370	Spicer J.W.	194
Smith C.E. Ms.	393	Spicer W.M.H.	640
Smith C.R.	336	Spink R.M.	126
Smith C.R.C.	411	Spinks M.J.	336
Smith D.G. (Lab)	033	Spivack B.	435
Smith D.G. (Con)	607	Spottiswood J.C.T.	485
Smith D.H.	138	Spring R.J.G.	107
Smith E.A. Ms.	519	Springham A.R.	077
Smith G.W.T.	528	Sproat I.M.	298
Smith H.D. Ms.	413	Squire R.A. Ms.	206
Smith I.	349	Squire R.C.	319
Smith J. (SNP)	206	St. Aubyn N.F.	581
Smith J. (Lab)	407	Stafford J.J.	235
Smith J.A.	004	Staight G.P.	601
Smith J.D.	448	Stainton J.M. Ms.	321
Smith J.G.	134	Stallard W.	618
Smith J.J. Ms.	639	Stamp B.J.	533
Smith J.W.P.	591	Stanbury D.M.	462
Smith K.A.	489	Staniforth M.E. Ms.	151
Smith K.A.	224	Stanley J.P.	576
Smith L. Ms.	036	Stanley M.T.	501
Smith L.T.	066	Stars Y. Ms.	329
Smith M. Ms.	039	Stears M.J.	211
Smith M.F. Ms.	046	Steel R.W.	125
Smith M.G.	616	Steel Sir D.M.S.	583
Smith T.J.	033	Steen A.D.	526
Smith V.P. Ms.	111	Steen M.	466
Smithard J.C.G. Ms.	143	Steinberg G.N.	207
Smithson M.	036	Stephen B.M.L.	515
Smyth W.M.	040	Stephen N.R.	344
Snape P.C.	616	Stephens F.G.	500
Soames A.N.W.	162	Stephens K.E.	270
Soden M.C.	638	Stephens N.J.	399
Sole M.J.	195	Stephens R.T.	446

Stephenson K. Ms.	629	Syder S.A.	377
Stern M.C.	096	Sykes J.D.	503
Steven W.A.	259	Symonds M.A.	337
Stevens H.G.	562	Syms R.A.R.	596
Stevens H.J.	517	Szamuely H. Ms.	288
Stevens J.C.	360	Taggart S.	275
Stevens L.D.	444	Tankard C.M.	581
Stevens R.D.	299	Tapsell P.H.B.	372
Stevens W.A.	032	Tatlow P.R. Ms.	131
Stevenson G.W.	546	Tattersall J.P.	151
Stevenson S.J.S.	225	Tayler A.B. Ms.	623
Stewart A.S.	513	Tayler A.P.	364
Stewart D.J.	332	Taylor A.J. Ms.	460
Stewart D.M.	327	Taylor A.R.	427
Stewart E.N.	260	Taylor D.G.	009
Stewart J.A.	218	Taylor D.J.	360
Stewart R.	262	Taylor D.L.	363
Stewart R.J.A.	151	Taylor F.	046
Stimson N.J. Ms.	525	Taylor I.C.	237
Stoate H.G.A.	175	Taylor J. Ms. (SD)	536
Stockton P.F.	143	Taylor J. Ms. (Lab)	494
Stockwell M.A.D.	290	Taylor J.D. (LD)	096
Stoddart R.M.	456	Taylor J.D. (UU)	547
Stoddart W.J.	402	Taylor J.D.B.	131
Stone D.	182	Taylor J.M.	520
Stone R.E.	636	Taylor M.	607
Storr D.M. Ms.	239	Taylor M.B.	314
Stott A.W.	384	Taylor M.O.J.	581
Stott R.	623	Taylor N.	253
Strang G.S.	222	Taylor N.H.	145
Straw J.W.	063	Taylor Sir E.M.	524
Streeter E.G.A. Ms.	251	Taylor W.A. Ms.	188
Streeter G.N.	463	Teh V.	455
Strickland C. Ms.	133	Telford P.	462
Stunell R.A.	302	Temperley H.P.N.	613
Sturdy R.W.	434	Temple-Morris P.	365
Sturgeon N. Ms.	268	Tennant M.E.	205
Sugrue J.E. Ms.	216	Tenney R.I.	359
Sullivan A.C.W.	195	Teverson R.	157
Sullivan M.S.	105	Thair D.A.	473
Sullivan N.A. Ms.	106	Thakore V.D.	085
Sumberg D.A.G.	106	Thomas A.H. Ms.	578
Summersby M.A.	419	Thomas A.L.	418
Summerson H.H.F.	598	Thomas A.M.	645
Sutch D. E.	328/337/649	Thomas C.	439
Sutherland G.D.	226	Thomas H.A.	058
Sutton S.M. Ms.	115	Thomas H.R.G.	123
Swan A.J.	223	Thomas J.M. Ms. (Lab)	435
Swayne D.A.	617	Thomas J.M. Ms. (NLP)	406
Sweeney W.E.	591	Thomas N.R.L.	594
Swift M.S. Ms.	145	Thomason K.R.	099
Swinney J.R.	570	Thorne V.M. Ms.	457
Swithenbank I.C.F.	313	Thompson D.	111

Thompson H.P.	438	Turner C.W.	017
Thompson J.	599	Turner D.	634
Thompson J.A.	420	Turner D.G.	306
Thompson J.C.	242	Turner D.K.	323
Thompstone S.R.	396	Turner E.J. Ms.	094
Thomson G.	217	Turner G.	431
Thomson W.R.	540	Turner K.A.	288
Thorn I.L.	150	Turner M.A.	412
Thorne N.G.	331	Turton J.S.	015
Thornton J.L.	629	Tustin S.L. Ms.	231
Thornton M.	164	Twelvetrees C. Ms.	634
Thurnham P.G.	070	Twinn I.D.	227
Thurston R.D.	358	Twite M.R.	548
Ticciati R.	020	Tyler P.A.	156
Tidy J.	576	Tyler S.J.	530
Tipping S.P.	513	Tyley S.P.	068
Titmuss C.G.	526	Tyndall J.H.	078
Todd E. Ms.	604	Tyrie A.G.	322
Todd M.W.	183	Ullrich K. Ms.	414
Tomkinson N.D.W.	160	Unsworth P.J.	474
Tomlin R.L.	559	Unwin D.A.	089
Tompson K.	451	Upham M.	231
Tong P.	070	Uwins S.P.P.	321
Tonge J.L. Ms.	480	Valente G.J.	341
Tootill A.J.	318	Van Hagen S.F.	300
Tough A.G.	147	Varley C.J.	074
Touhig J.D.	480	Vaughan G.F.	473
Townend J.E.	091	Vaz K.A.S.	360
Townsend C.D.	047	Verma M.K.	172
Toye J.W.A.	427	Verma P.K.	120
Tracey P.M.	068	Vernon-Jackson J.K. Ms.	422
Tracey R.P.	558	Viggers P.J.	273
Treadwell G.C.	186	Viney G.P.	525
Treadwell R.H. Ms.	156	Vitty D.	196
Treasaden P.W.	116	Von Ruhland C.J.	118
Tredinnick D.A.S.	075	Vye M.J.	117
Treleaven P.C.	212	Wade W.P.	061
Trend M. St.J.	627	Wainwright O.	153
Trend W.A.	468	Waite C.R. Ms.	429
Tress R.D.	327	Wakeling P.L.	506
Trevett M.J.	311	Walch L.J.	071
Trevor J.E. Ms.	612	Waldegrave W.A.	098
Trice C.L.	397	Walden G.G.H.	102
Trice-Rolph P.A.	142	Walker A.C.	039
Trimble D.	589	Walker G.F.	362
Trippier D.A.	487	Walker H.	189
Trotter N.G.	586	Walker H.B.	064
Truelove R.	243	Walker J.R.G.	527
Truscott P. Dr.	578	Walker J.R.W.	101
Tuck P.R.	235	Walker K.G.	458
Tuffrey M.W.	592	Walker M.M. Ms.	166
Turnbull M.J.	238	Walker P.J.	606
Turner A.J.	283	Walker W.C.	570

Wall E.	180	Wharton C.C. Ms.	449
Wallace J.C.	313	Wheale S.D.	391
Wallace J.R.	449	Wheatley W.G.	645
Wallace N.C.	202	Wheeler Sir J.D.	620
Wallbank M.A.	257	Wheway R.	161
Waller G.P.A.	339	Whicker E.J.	053
Walley J.L. Ms.	545	Whitby M.J.	178
Wallis D.P. Ms.	082	White C.J.	308
Wallis J.P.	417	White H.R.	466
Walmsley C.R.	356	White J.W.	333
Walmsley J.M. Ms.	358	White K.	623
Walmsley K.J.T.	637	White K.M.	102
Walsh J.M.M.	014	White P.	472
Walsh T.J. (Lab)	406	White S. Ms.	263
Walsh T.J. (Green)	405	Whitebread L. Ms.	115
Walshe R.F.C.	506	Whitehead A.P.V.	523
Walters S.	407	Whitehouse R.F.	634
Warburton P.N.	525	Whitehouse S. Ms.	604
Ward D.	079	Whitelaw M.N.	577
Ward J.D.	466	Whitemore M.F.	117
Ward K.F.	222	Whitfield J.	188
Ward T.	588	Whiting S.	190
Ward T.F.	338	Whitley D.F.	549
Wardell G.L.	274	Whitney R.W.	646
Wardle C.F.	046	Whittingdale J.F.L.	150
Wareham A.D.	141	Whittle L.G.	109
Wareing R.N.	380	Whittle P.M. Ms.	128
Warlow E. Ms.	119	Whittle S.J.	329
Warman J.	445	Whorwood J.E.	564
Warneken A.F.	294	Wicks M.H.	167
Warran S.	500	Widdecombe A.N. Ms.	389
Warren R.A.	234	Wiggin A.W.	622
Wassell J.D. Ms.	531	Wiggin M.	635
Wastling J.H.	325	Wiggin P.D.	328
Waterfield B Ms.	549	Wiggin S.E. Ms.	371
Waterman A.M.	431	Wigley D.W.	108
Waterson N.C.	214	Wigoder L.J.	620
Watkins M.C.	579	Wildgoose D.B.	488
Watkins R.G.	432	Wilkinson J.A.D.	492
Watson M.	260	Wilkinson N.J. Ms.	163
Watson M.D.	406	Wilkinson R.M.	343
Watters A.M. Ms.	144	Wilkinson V.R.	598
Watts J.A.	519	Willetts D.L.	300
Webb D.C.	357	Williams A.D.	482
Weights B.	515	Williams A.J. (Lab)	138
Weights J.L. Ms	136	Williams A.J. (Lab)	566
Weller T.	284	Williams A.W.	123
Wells B.	308	Williams B.H. Ms.	153
Wells G.A.	452	Williams G. (LD)	027
Welsh A.	009	Williams G. (Lib)	034
West A.C.	644	Williams G.E.	597
Weston E.J.	142	Williams J.B.	107
Weston E.M. Ms.	242	Williams J.G.	011

Name	No.
Williams M.C. Ms.	034
Williams O.J.	127
Williams P.M. Ms.	049
Williams R.	398
Williams R.A.W.	108
Williams R.N.	627
Williams W.G.	146
Williams W.H.	001
Williamson C.	264
Williamson D.R.	061
Williamson F.	187
Williamson M-T. Ms.	214
Willis I.L. Ms.	126
Willmore I.	082
Willott A.L. Ms.	625
Wilmot A.	196
Wilmot J.C. Ms.	553
Wilshire D.	531
Wilson A.M. Ms.	451
Wilson B.D.H.	170
Wilson C.	291
Wilson D.	221
Wilson K.J.	404
Wilson M.	162
Wilson S.	547
Wilson S.W.	109
Wilton J.F.	050
Windsor J.G.	282
Wingfield R.I.	139
Wingrove I.B.	032
Winnick D.J.	596
Winter M.A.S.	577
Winterton J.A. Ms.	152
Winterton N.R.	388
Wintle G.	283
Wintram C.D. Ms.	362
Wise A. Ms.	469
Witherden M.J.	409
Withers S.H.	491
Wolf-Light P.	316
Wolfson G.M.	506
Wolsey S.P.	347
Wood A.M.	493
Wood J.I. Ms.	155
Wood P.A. Ms.	416
Wood S.J.	410
Wood T.J.R.	539
Wood-Dow N.J.S.	071
Woodell V.S.	602
Woodford G.H.M.	640
Woodin M.E.	452
Woodroofe M.I	207
Woolhouse G.	100
Woollcombe G.D.	345
Woolley H.E. Ms.	507
Worth B.L.	054
Worth N.C.	146
Worthington T.	147
Wotherspoon R.E.	114
Wray J.	266
Wrede C.D.H.	291
Wright A.J.	294
Wright A.W.	116
Wright J.	407
Wright T.J.	593
Wrigley P.	355
Wroe G.S.	509
Wylie B.A.	535
Wynne J.L. Ms.	470
Wynne R.E.	065
Yates J.E. Ms.	412
Yates P.G. Ms.	389
Yeo T.S.K.	555
Yorke S.J.D.	488
Young D.W.	071
Young H. Ms.	476
Young J.	259
Young Sir G.S.K.	210
Younger-Ross R.	571
Yuill I.G.	203
Zapp F.	241
Zelter A.C. Ms.	430
Zivkovic A.	468
Zsigmond A.	378

STATISTICS ON THE ADMINISTRATION OF THE ELECTION

CANDIDATES EXPENSES

Personal expenses   £345,738

Expenses subject to legal maximum:

Clerks	£122,955	Printing	£8,680,252
Committee rooms	£321,477	Meetings	£101,241
Miscellaneous	£801,117	Agents	£405,074

POSTAL BALLOT PAPERS

	Issued	Returned	Rejected	Included at start of count	% of issued papers counted.
England	693,238	593,590	18,430	575,160	83.0
Wales	47,644	40,043	1,995	38,048	79.9
Scotland	66,607	56,355	1,759	54,596	82.0
Northern Ireland	27,585	24,907	572	24,335	88.2
United Kingdom	835,074	714,895	22,756	692,139	82.9

SPOILT BALLOT PAPERS

	a	b	c	d	Total	Ave per const
England	1,381	10,325	4,283	14,033	30,022	57
Wales	123	1,114	263	882	2,382	63
Scotland	660	441	442	1,043	2,586	36
Northern Ireland	429	2,658	20	1,629	4,736	279
United Kingdom	2,593	14,538	5,008	17,587	39,726	61

a - want of official mark
b - voting for more than one candidate
c - writing or mark by which voter could be identified
d - unmarked or void for uncertainty